JN141142

MINERVA
人文・社会科学叢書
231

〈近居〉の社会学
―関西都市圏における親と子の居住実態―

松川尚子著

ミネルヴァ書房

〈近居〉の社会学

——関西都市圏における親と子の居住実態——

目　次

序　章
〈近居〉を研究対象とする

本書は，日本における親と子の〈近居〉の実態を社会学的に研究しようとしたものである。この研究は，「これまでの社会学研究のなかで，なぜ〈近居〉に関する研究がおこなわれてこなかったのか」という問題意識から始まった。本書では，どのようにして近居の実態を明らかにできるのか，その研究方法を模索し試みた結果として，これまでにわかってきた実態についてまとめている。

1　近居への着目

(1)〈近居〉への気づき

私が〈近居〉に関心をもったのは，「関西ニュータウンの比較調査研究」(以下「NT 調査」)の分析をおこなっていた時である。NT 調査とは，2004年に関西都市圏の８つのニュータウンを対象に実施された大規模な調査票調査である。

大学院生だった私は，この調査データを用いてニュータウン住民の〈家族〉に関する分析をしていた。まずニュータウン住民の同居家族構成について整理してみると，９割以上が親と別居であった。同居こそ稀なケースであり，別居が一般的であるといえよう。ということは，同居か別居かを把握するだけでは，現実の親子関係を測定できないのではないか，別居を前提としたうえでどのような親子関係が築かれているかを見なければならないのではないかと考えた。

では，ニュータウン住民の親はどこに住んでいるのだろう。私は，親の居住地の場所つまり空間的位置を把握することに着目した。NT 調査では，親の居住地を〈最寄駅〉で質問していた。つまり，これまで一般的に用いられてきた市町村単位の質問文よりも詳細なレベルで親の居住地が把握できていたのである。私は，回答者１人ひとりの親の居住地データを地図に落とし込んでいった。すると，ニュータウンを中心として，親の居住地の分布を視覚的に表現することができた。それは，近居も遠居も含めて，親の居住地を空間的に把握していたのである。調査対象地をニュータウンに限定していたNT調査は，親の居住地を空間的・視覚的に把握することに非常に適した調査データだったのである。そして，ニュータウン住民の親が「決して遠くはない」ところに住み，空間的な特徴をもっているということに気づいたのである。

（２）実感としての〈近居〉

現実社会においても，「近居」という言葉を聞くことがある。近年では，UR（都市再生機構）が「近居割」[1]という割引制度を設けているほどである。これは子育て世帯の子と高齢者世帯の親が近居をすれば家賃の割引が受けられるという制度である。また，神戸市では2013（平成25）年度から「神戸市親・子世帯の近居・同居住み替え助成事業」を実施している。子育て世帯とその親世帯が近くに住むことになった場合に引越し費用の助成をするという取り組みである。奈良市では，市外在住の子育て世帯と市内在住の親世帯が新たに同居・近居する場合の住宅取得・リフォーム工事経費の一部を助成するという「奈良市三世代同居・近居住宅支援事業」を実施している。こうした自治体による近居の助成制度は，「親元近居支援事業」（東京都品川区），「子育て世代親元近居等支援事業」（高松市）など多くの自治体でおこなわれている。

また，政府も少子化対策として「近居」を推進する姿勢をみせている。「少子化社会対策大綱――結婚，妊娠，子供・子育てに温かい社会の実現をめざして」（2015年３月20日閣議決定）では，子育ての経済的負担の緩和・子育てしやすい環境の整備を図るための具体的施策として，「家族において世代間で助け合いながら子や孫を育てることができるようにするため，三世代同居・近居を希望する方がその希望を実現できるよう三世代同居・近居を支援するための優遇策等の方策を検討する。また，UR 賃貸住宅による三世代同居・近居への支援を引き続き行う」（上記資料「別添」１，p.16より）とされている。

さらにメディアを通じて「近居」という言葉を聞くこともある。NHK「クローズアップ現代」の「ふるさとの親どう支える？――広がる呼び寄せ高齢者」（2016年６月20日放送）[(2)]では，都市部で高齢者を呼び寄せる実態がみられ，その選択肢の１つとして近居があげられていた。またNHK「所さん！　大変ですよ「明るい老後計画　誰とどこで過ごしますか？」」（2017年11月２日放送）[(3)]では，「友達近居」という言葉が紹介されていた。

2　学術研究としての近居

（１）抜け落ちていた〈近居研究〉

このように，政府や自治体，マスコミや一般社会でも使用されている「近居」という言葉であるが，学術分野ではどうだろうか。近居というキーワードで文献検索をおこなうと，ほとんどが建築分野での研究事例であった。高齢者の居住問題との関連で近居を取り扱っているものが多かった。一方社会学研究においては，近居そのものを扱った研究はほとんどみられなかった。また，近居の実態を把握している公的データや公開データも，ほとんど見当たらないという状況だった。

〈近居〉という言葉が一般的に広く使用され，近年とくに聞かれるようになったにもかかわらず，近居の実態を明らかにしたものはない。「どれだけの人が近居しているのか？」「どの程度，近居しているのか？」といった疑問に答えられないのである。したがって，近居という居住状態がもつ効果や家族関係に及ぼす影響については検証されていないのである。先に述べた「少子化社会対策大綱」における三世代同居・近居の支援施策も，この施策に関しては現状数値が提示されていない。また，数値目標も設定されていない。まさに実態を把握できていないことの表れといえるだろう。

（2）〈近居〉とは

近居に関係する言葉として思いつくのは，「スープの冷めない距離」であろう。これは，1940年代にイギリスの高齢者問題について実証研究をおこなったJ. H. シェルドンの言葉であるとされている（吉原 2009：289）。彼は，「親族が'近く' に住んでいるかどうか」を問うにあたり，「近く」とは「料理を温めなおす必要がない距離」であると考えた。そして，それは「徒歩５分以内」であると定義した。以下，原文を紹介する。

> Question 26, 'Do relatives live near?'
>
> It is impossible to give a precise opinion on the accuracy obtained in the answers—— as everything depends on the meaning given to the word 'near'. In practice I used it to mean a distance within which a hot meal could be carried from one house to the other without needing re-heating ——or not more than 5 minutes' walking distance（Sheldon 1948：150).

日本でも，「スープの冷めない距離くらいがちょうどいいわね」などというように，一般的に使用されている。また，中国でも使用されているとのことである（「汤的非冷却距离」「汤不冷掉的距离」)。このようにイギリスのみならず日本や中国において，しかもある程度の実感をもって使用されているということは，日本社会だけにとどまらない普遍的な感覚である可能性が感じられる。

しかし，「スープの冷めない距離」や「徒歩５分」は，近居の実態を表す言葉として，現代においても適当だろうか。

シェルドンが調査研究をおこなった1940年代においては，この言葉が近居の距離感を表していたのだろう。しかし交通技術の発達によって，時間距離は大きく変化した。徒歩５分でなくてもいい，車で30分で行ければいい，60分までなら許容範囲，といった考えもあるだろう。とくにモータリゼーションがもたらした生活様式の変化や生活範囲の拡大は，人々の生活を大きく変えている。

さらに「スープを届ける」という行為そのものも，現代の生活行動に見合っているかという問題がある。かつては，「スープを届ける」という行為が実際の生活でおこなわれたり，必要であったりしたのかもしれない。だが現在の日本においては，その行為自体は重要性を持たなくなっているといえる。「スープを届ける」ことにかわる，近居によって可能になる行為や目的があるのではないか。つまり，近居によって可能となる行為や目的には変化が生じていると考えられる。そして，その行為が日常的に可能な範囲に居住することが，広義の意味での近居になるのではないだろうか。

（3）〈近居〉の位置づけ

近居を概念としてどう位置づけるかという問題がある。

1つは，〈同居〉の対立関係としての〈近居〉である。これには，二組の夫婦が同居せず別に住居をかまえるといった，直系的な家族慣習からの変容という意味合いがあるだろう。もう1つは，別居という状況に距離的要素を組み込んだ，〈遠居〉に対する〈近居〉という意味づけである。こちらは，先に述べたような「呼び寄せ」のように，遠くに別居していたものが，近くに住むようになったということである。同じ〈近居〉という現象であっても，この2つでは意味づけが異なる。

1960年代頃であれば，「核家族化」「夫婦家族制」という流れのなか，「同居から近居（別居）」という現象に着目し，〈同居〉の対立関係として〈近居〉がとらえられただろう。しかし，今語られている〈近居〉は，近居の助成制度が「市外在住の子育て世帯と市内在住の親世帯が新たに同居・近居する場合」（奈良市）であったり，テレビ放送で「ふるさとの親を都市部の子どもが呼び寄せる」という事例が示されたりしているように，〈遠居〉からの〈近居〉として位置づけられているだろう。「家族から離れていく」のではなく，「家族に近づいていく」という意味での近居である。

このように，〈近居〉については今後より精微に概念化していく必要がある。しかし，そもそも近居の実態が不明であるのは問題である。そこで本書では，まずは実態を把握していくことを主眼に調査研究を進めることとした。

3　本書の構成

第1章では,「なぜ〈近居〉は研究されてこなかったのか」という点について,日本の家族社会学の研究史を整理しながら検討する。また,近居の実態を把握できる調査が実施されてこなかったことを指摘する。第2章では,近居に関連する数少ない公的調査であった「国民生活に関する世論調査」の公開データを用いて,近居に関する国民の意識について分析する。近居に関する意識が,属性や地域によってどう異なっているのか,またどのように変化しているのかについて明らかにする。第3章では,本書の分析で使用した「関西ニュータウンの比較調査研究」について説明する。調査概要に加え,本調査データの特徴を説明する。また,本調査の回答者の属性や特徴について整理する。第4章では,「関西ニュータウンの比較調査研究」を用いて,ニュータウン住民の親の居住地がどこにあるのかを分析する。親の居住地を空間的に把握することを試み,近居の実態について明らかにする。第5章では,〈居住地選択行動〉という視点から,近居の実態を分析する。居住地を選択する際に,親の居住地つまり[実家との距離]を考慮したのかどうか,[実家との距離]が居住地選択行動にどのように関連していたのかについて分析する。つまり,近居の実態の〈意識〉の面に着目した。第6章では,近居の実態がどう変化しているのか,時代論的な観点から述べる。親の居住地はどのように変化しているのか,[実家との距離]の考慮については変化しているのか,〈事実〉と〈意識〉の両面から分析をする。第7章では,〈近居研究〉の可能性と課題について整理する。NT 調査以外に実施した調査も加えて,近居研究が持つ可能性と,近居を社会調査によって把握する際の課題について検討する。

注

(1)　UR 都市機構の近居割(近居割ワイド)とは,「子育て・高齢者等優遇対象世帯とこれを支援する世帯（近居世帯）が，UR 都市機構の指定する同一団地，近隣団地（概ね半径２キロ圏内）または「近居割ワイド」として指定されたエリア内に居住する場合，新たに入居する世帯の家賃を入居後５年間所得に応じて５％減額する制度」（UR 賃貸住宅，2018: 133）である。優遇対象世帯とは，①子育て世帯（現に同居する満18歳未満の子〔「子」には孫，甥，姪等の親族を含む〕を扶養している世帯）・②高齢者世帯（満60歳以上の方を含む世帯）・③障がい者世帯（４級以上の身体障がい，または重度の知的障がい等のある方を含む世帯）であり，近居世帯とは，優遇対象世帯を支援するために対象団地等に居住する直系血族または現に扶養義務を負っている３親等内の親族を含む世帯が該当する（UR 賃貸住宅，2018，『UR 住まいガイド関西版』より）。

(2)　NHK「クローズアップ現代」 http://www.nhk.or.jp/gendai/articles/3824/1.html

(3)　NHK ネットクラブ　https://hh.pid.nhk.or.jp/pidh07/ProgramIntro/Show.do?pkey=001-20171102-21-29336

第Ⅰ部
同居・近居・別居をめぐって

第1章
なぜ〈近居〉は研究されてこなかったのか

本章では，「なぜ〈近居〉は研究されてこなかったのか」という点について，日本の家族社会学の研究史を整理し，その要因を検討する。また，近居の実態を把握できる調査が実施されてこなかったことについて，その原因を考察する。

1　家族社会学の研究史的特徴から

（1）1950年代まで

日本の社会学研究においては，伝統的家族や村落社会の構造を家の構造原理によって解明しようとしてきた。戦前から1960年代前後までの家族社会学研究の主流は，家および親族組織に関する制度論的・構造論的研究であり，家制度や家の構造原理に関心が注がれていた（渡辺ほか 2001：3)。

日本の戦前の家族制度である家制度は，直系家族制の性質をもつ日本的家族制度である。その特徴は，「①「家」の超世代的継承を第一義とする。②「家」が戸主（家長）によって統率され，強大な戸主権が認められている。③遺産だけでなく，戸主の地位や家業・家格などを含む家督を長男子が単独相続する。④男女の著しい不平等がある」の4つであるとされている（湯沢 1986：8)。

家制度は明治31年に明治民法によって明確に規定された。それは，「家長と家族統制，家の永続とその相続，それにもとづいた人間関係の差別序列を理想化してこれを規範化したもの」（福尾 1972：214）で，「家族が世代を超えて存続繁栄することに重点を置く制度」（大橋・増田 1966：3）であった。戸主権が設定され，戸主の地位の継承つまり家督相続については，子どもたちのうち男子本位，嫡出本位，長子本位の順位で一人だけが定められた。この相続人が，財産や家職や家業を引き継ぐ。相続の特権として系譜・祭具および墳墓の所有権も含まれる。これは，家の連続性に関連するものを継承する意味がある。また，二代以上続いた家の廃家は禁止されていた。これにも家の連続性を重視していたことが表れている。明治民法による家制度は，「長男子による家の継承」がその大きな特徴だったのである。その後，国家主義・国粋主義の時勢のもとで家族制度尊重論がより高まりをみせ，明治民法はわずかの改正をおこなったのみで昭和の敗戦まで続いた。

明治政府がこうした制度を明確化し法制化したのは，「家をもって国家社会構造の単位となし」，「封建時代の家の理念をもって父子相承の永続的生命と認め」，「その固定化をはか」るためである（福尾 1972：220–221）。実際の家族の実態には法の意図を逸脱した現象もあったものの，明治民法は「地方各地に残る古習をつぎつぎに破壊する作用をなし」「姉家督や末子相続の地方民俗もいつの間にか消滅していった」と指摘されている（福尾 1972：222）。

明治期以前は，さまざまな相続制のもとにさまざまな家族慣行がおこなわれていた。姉家督制や末子相続制，隠居分家制，分家する次三男以下などへの分割相続制などである。こうした家族慣行の面において地域性が明らかにされたことは，日本の社会学における大きな研究成果であった。

たとえば蒲生（1960）は，相続の問題に地域的な違いがあることを明らかにしている。直系制家族においては，「相続の問題は分家の問題と関連し，分家による生活の維持が可能にして充分なる場合と，しからざるとでは相続の持つ意義を左右する」のであり，単にイデオロギーの強弱だけでなく自然条件と歴史的な条件のもとで，そうした地域性が生じるとしている（蒲生 1960：18）。全国的に分布して最も多いのは長男子相続であるが，姉相続（男女にかかわらず長子が相続）は岩手・秋田・山形・宮城・福島の農業経営の集約度の低いとされる東北五県の一部にみられ，末子相続は長野・愛知・和歌山・高知・長崎・宮崎等の一部すなわち長野県を北限とした西南日本において農業経営の集約度の高いといわれる地域にみられ，選定相続はごくわずかに全国的に散在していたとされている（蒲生 1960：18-19）。相続のほか，分家・隠居の問題や，村落における家連合として同族団・組・親族関係・主従関係・近隣関係等の問題をとりあげ，「東北地区の村には同族団の存在が顕著であって，上下的主従的家連合であった」，「北陸地区の村では同じく上下的主従的家連合ではあるが，同族団は存在せず」，「関東地区の村では（中略），講組的結合であり近隣関係が優勢」，「中部地区の山村では親分子分の関係が家連合の主体」，「近畿地区では地縁結合が強固であり，母方親族関係が重視され」，「中国及び四国地区では講組の地縁的結合」，「九州地区は組結合の中に年齢階層が存在した」といった点を明らかにしている（蒲生 1960：72）。こうした地域性は他の研究者らによっても同様に明らかにされている（大間知 1960，泉ほか 1978）。このような地域性は，「東北日本型」「西南日本型」として類型化され，さらに東北日本型は東北と北陸・中部に，西南日本型は関東・近畿・中国・四国のグループと漁村および西南日本に分けられている。

家族の地域性に関する研究について，加藤は「こうした家族の地域性は，高度成長期の頃までは社会学や民俗（族）学によって精力的に研究されてきた。しかし，その後の都市化の進展とともに，近代家族論が優勢となり，こうした研究は顧みられなくなっている」（加藤 2009：7）と指摘している[(1)]。

（2）1950年代から現在にかけて

戦後は1946年に新憲法が公布された。日本国憲法は，基本的人権の平等・男女同権を規定し，婚姻は両性の合意のみで成立し夫婦同権であることを基本とした。伝統的家族制度は否定され，民法が改正された。改正民法は，「戸主権を廃止し，家・家族の概念を除き，家督相続の制度を廃し」，「同順位の相続人は相続分の均等を原則」とした。つまり長男子による単独相続が廃止され，「家」は存在基盤を失った。さらに新戸籍法が施行され，一夫婦一戸籍が原則とされた。こうした法制の改正により，日本の家族制度は法律面において直系家族制から夫婦家族制へと変革された。

その後1960年代から始まる高度経済成長によって日本の社会は大きく変化し

た。都市化による大規模な人口移動が生じ，都市では核家族という形態の家族が増加した。こうしたなか，アメリカの核家族普遍説や核家族化の学説が，日本の家族社会学において「好ましい理論として受け入れられ」(岩間ほか 2015：26) ていった。核家族論が広汎な支持を得た1950年代・60年代のアメリカは，「第二次世界大戦後の繁栄期，ベビーブームの時代にあたる。男性が雇用労働者として働き，女性たちは家内的存在として家事・育児に専念し，３，４人の子どもを育てるという中流階級の核家族が「アメリカの家族」(American Family) という理想像として，安定したモデルとなりえた時代」(片山編 1995：26) であった。

1940年代後半，パーソンズは産業社会に適合的な家族として「孤立した核家族」を提唱した (Persons 1948)。これは，核家族が分離独立した住居をもち，共通の経済的基盤をもち，夫婦どちらの定位家族とも同居せず，経済的にも独立していることをさしている。核家族においては，夫婦関係の重要性が高まり，定位家族のメンバーとの紐帯が弱くなる，と特徴づけられている。こうしたパーソンズの主張に対し，リトウォクは「修正拡大家族」という概念を提示した[(2)]。リトウォクのいう拡大家族とは，必ずしも夫婦がその親やきょうだいと同居している家族形態をさすのではない。産業社会において，核家族は構造的には孤立しながらも，親族との紐帯はその重要性を持ち続けていると主張した。そして官僚制の進んだ現代社会においても，官僚制組織が十分効果を発揮できない領域における第１次集団に着目することの重要性を指摘した (Litwak & Meyer 1967)。リトウォクは，「親族が集まれるような場所に住みたい」「親が気兼ねなく移り住めるような広さのある家がほしい」といった質問文によって拡大家族志向を測定し，その結果として移動性の高さや地理的な距離は拡大家族間の関係を阻害せず，一方で拡大家族志向が強くても移動性を阻害しないことを示した。これらはパーソンズの核家族孤立論を反証する結果であり，それに呼応した調査研究も数多くおこなわれた。このように親族組織の機能に関する実証的研究が「親族ネットワーク論」として欧米で盛んにおこなわれた。それらは都市社会学におけるワースの都市主義理論の再検討という側面と，家族社会学におけるパーソンズの核家族孤立論や双系的親族構造論の再検討としてなされた（森岡 1964など）。こうした研究からは，核家族は構造的に孤立しながらも，拡大家族との関係が依然として重要な意味を持っているということが明らかにされた。リトウォクだけでなく，サスマン（Sussman 1953）やヒル（Hill 1970）らによる実証研究がおこなわれ，さらに成人きょうだい関係や社会階層別の親族関係研究が蓄積されていった。ただし，アメリカのその後の親族研究については，「コリーン・ジョンソンによれば，皮肉なことに『孤立した核家族』説への反論が優勢になってからは，研究者の関心が次第に親族には向かなくなっていった」（片岡 2009：48）と指摘されている。

日本においても1970年代はじめにかけて親族関係に関する研究が数多くおこなわれた。欧米での研究で主要なテーマの１つとなっていた親族関係における非対称性に関する研究がおこなわれ，親族関係の単系／双系，父系／母系に関する議論がなされた。親族関係における非対称性とは，夫方親族と妻方親族との間における交際の仕方が対等（等量）ではなく，いずれかの側に強調されたり偏りがみられたりする現象のことをいう。欧米は日本とは違って親との同居が少なく，したがって親族関係研究は非同居を前提とした異居近親関係研究である。非対称の研究においてもほぼ親との非同居を前提としていたため，日本においても別居子が研究対象に含められることとなった。笹森（1955），布施（1958），小山（1964），大橋・清水（1972），老川（1976）らによって，非対称性に関する研究がおこなわれた。

しかし，それでも日本においては別居子の研究は不十分だったといえよう。その要因の１つに，那須・湯沢命題の影響があげられる。いわゆる那須・湯沢命題とは，「同居子との濃密な接触と，別居子との疎遠な交渉」「同居でなければ疎遠になる」というものである。木下は，とくに「別居子との疎遠な交渉」に関して次のように指摘している。「当初より命題導出過程や根拠となる国際比較データの信憑性等についてさまざまな疑問点，問題点が指摘［例えば，老川 1976，三谷 1988］されながらも，この命題が日本における別居の成人子とその親との関係を示すモーダル・パターンとして広く受け入れられている状況が存在すると思える」。そして，「しかし，日本における成人した別居子と親との接触は諸外国と比較して本当に疎遠といえるだろうか」，「この命題の真偽は，今後さらにデータの蓄積とともに，解釈の視点についても検討を必要とする問題であり，現段階での安易な一般化は慎むべき状況にあるといえよう」と問題提起している（木下 1996：147-148）。つまり十分な検討がなされないまま，この命題どおりに「別居子とは疎遠なものである」と認識され，その結果として別居子が研究対象から抜け落ちてきたといえる。

1980年代以降の日本の家族社会学は，アメリカのフェミニズム研究やジェンダー研究の影響を大きく受けたということができる。女性の社会進出，男女の平等，少子化という時代背景もあり，家庭内での女性の性別役割分業に対する批判が高まった。フェミニズムは，「生産活動＝男性」を優位に，「再生産活動＝女性」を劣位に位置づける性別役割分業の権力性と，それと密接に結びついている社会の全体構造を問題とした（松田 2009：159）。1979年の国連「女性差別撤廃条約」の採択によって，フェミニズムの流れは世界的な規模の運動に発展していった。日本においても，1986年の男女雇用機会均等法の成立，1999年の男女共同参画社会基本法の成立によって，男女が対等に参画できる社会に向けて法整備がなされていった。

この頃日本の家族社会学においては，「育児不安」という概念が打ち出され，育児研究が登場した。牧野による「妻がより広い人間関係をもつことが育児不安を低める」という知見はネットワーク研究へと展開され，また「「夫と育児をしていると感じること」が重要である」という知見は「夫の育児参加・家事参加」や「夫婦関係」に関する研究へと展開された。

このような流れのなか，夫の家事参加や育児参加に関する研究が盛んにおこなわれた。多くの研究が，夫婦間での家事・育児の分担は大きく妻に偏っていることを指摘している（松田・鈴木 2002，岩井・稲葉 2000，松田 2004，大和 2006など）。また，夫の育児参加は家事参加より頻繁におこなわれていること（岩井・稲葉 2000，永井 2004など），育児参加はその内容によって夫の参加の程度が異なっていること（兵庫県家庭問題研究所 1990，船橋 1999など）といった点が明らかにされてきた。またどのような夫が家事参加・育児参加をしているのか，その規定要因について多くの研究がなされている（岩渕 2009）。

1990年代以降は，研究の方法論として，それまでの集団論的な家族研究への批判が高まり，個人に焦点をあて個人のネットワークの一部として家族をとらえるアプローチが主流となっていった。「日本の家族社会学が社会福祉論との密接な関連のもとで展開され」（大谷 1995：48）たことから，ソーシャル・サポート・ネットワークに関する研究が盛んにおこなわれた。何らかの支援が必要な個人や弱者を対象にサポート・ネットワークの構造を解明しようとする研究がおこなわれた。個人の私的領域を「社会で支える」という風潮が強まり，政策としても育児や介護の社会化が国や地方自治体や民間によって進められた。女性の社会進出や少子化の観点からは育児に関するサポート・ネットワーク研究が，そして近年の高齢社会という状況をうけて介護に関するサポート・ネットワーク研究も多くなされてきている。また高齢化率の上昇・平均寿命の伸長を背景に，中期親子関係研究や介護問題を取り扱った研究が盛んにおこなわれるようになってきている。

以上，日本の家族社会学における主要な研究史について概観してきた。これまでの日本の家族社会学において〈近居〉は主要なテーマとされず，したがって近居の実態も把握されてこなかったということを指摘したい。それは，家族社会学の研究対象として〈近居〉が問題とされてこなかったからである。その理由は，以下の３つに整理することができる。

2　近居が注目されなかったのはなぜか

（1）〈同居〉が前提だった日本の伝統的家族

戦前から1960年前後までの家族社会学研究では，家制度や家の構造原理に関心が注がれていた。「「家制度」とは，家族生活の統率者として家長をたて，家族そのものに属する財産（家産）や，代々の家長が中心になって行なう家職や家業をもち，先祖の祭祀を行ない，家族が世代を超えて存続繁栄することに重点を置く制度」（大橋・増田 1966：3）である。家族研究においては，「家」を「誰が・継ぐか」が関心の争点となる。居住関係でいえば，「誰が・同居するか」ということである。同居をしない子ども・後継ぎ以外の子どもについては研究関心の外側に置かれることになる。まして後継ぎ以外の子どもの居住地は大きな問題ではなかった。欧米の親族研究が「異居近親関係研究」であったのに対し，日本では同居が前提だったのである。後継ぎ以外に大きな関心が向けられなかったことは，日本の家族社会学においてきょうだい研究が少なかったということにも表れている。

また，同居が関心の中心であったことは，家族を研究対象としてとらえるうえでは，同居という居住状況に着目することが不可欠だったからでもある。直系家族・夫婦家族といった家族類型を類別するのは，まさに同居しているか否かという居住状況なのである。「直系制・夫婦制の家族類型は居住規則（rule of residence）を主な根拠として設定されたものだし，直系家族・夫婦家族の家族類型も居住形態について類別されている」（森岡・山根 1976：8）とあるように，直系制家族・夫婦制家族の議論においては，同居／別居という居住形態が判断の大きな基準となっている。

この点は，「家族をとらえることの困難さ」といった問題と関連している。「家族イコール同居」「家族イコール世帯」ではないことは，多くの研究者によって指摘されているところである。「家族は必ずしも世帯内に限局されるものではない。別世帯を形成しながら，家族としては一つであることが，少なからずあるからである」（森岡 1983）のである。しかし家族を客観的に把握しようとする場合，とくに量的調査においては，外部から観察可能なのは居住を同じくする「世帯」である。よって家族ではなく世帯が調査対象の基本となってきた。必然的に「同居」の状況が研究対象となっていたのである。このことは，家族社会学において集団論的パラダイムの影響が大きかったことも背景にあるだろう。

（2）〈場所〉より〈関係性〉を重視

日本においても1970年代はじめにかけて親族関係に関する研究が数多くおこなわれた。欧米での研究でも主要なテーマの１つとなっていた親族関係における非対称性に関する研究がおこなわれた。欧米では親との非同居を前提としているため，日本でも別居子についても研究対象に含められることとなった。

別居子との関係の測定については，経済的危機の際に頼る先・接触頻度・訪問頻度・訪問行動・通信行動・贈答行動・援助行動といった項目が調査された。たとえば三谷は，「訪問行動，通信行動，贈答行動およびサーヴィスに関わる援助行動においてはすべて妻方（娘方）優位であるのに対し，夫方（息子方）優位の項目は経済的援助の領域に限られる」（三谷 1991：46）といった点を明らかにしている。その他の調査研究においても，妻方親族との間にも有力な結合関係が存在していること（笹森 1955），夫婦家族では直系家族と異なり経済的危機の際に頼る先として妻方親族と夫方親族がほぼ同じであること（布施 1958），都市の創設世帯では妻方優位の傾向が生じつつあること（小山 1964）などが明らかにされた。一方で，接触頻度はやや夫方優位（大橋・清水 1972），経済的援助では夫方優位（執行 1973）といったある面では夫方が優位であることも明らかにされた。こうした調査研究は，ある面では夫方優位の，またある面では妻方優位の関係が築かれていることを示している。

こうした非対称性の解釈の１つとして近住説も含まれている。近住説とは，「親子間相互作用の頻度は物理的距離に影響されている」あるいは「距離要因が非対称性の媒介要因になっている」という，非対称性を説明する仮説の１つである。しかし主要なテーマは交際の内容つまり〈関係性〉が問題であり，「親あるいは子がどこに住んでいるか」，つまり〈場所〉については把握されてこなかったといえる。どちらの親の近くに住んでいるかという議論はなされなかった。〈場所〉よりも〈関係性〉を重視する傾向があったといえる。

（3）注目されてこなかったサポート源としての〈親〉

家事育児研究やとくにフェミニズム研究においては，親よりも夫婦関係や夫に関心が向いていたといえる。そのことが，現実には親によるサポートがあったり影響が大きかったりしたとしても，その実態に注目されてこなかったと指摘できる。

夫の家事参加・育児参加の規定要因として，おもに次の6つの要因について検討がおこなわれている。「①家事量仮説」（世帯内で必要となる家事・育児の量が多いと，夫が家事や育児をより多くおこなうという仮説），「②代替資源の有無」（親など育児や家事を代替するものがいるほど夫婦は家事や育児をおこなわないという仮説），「③時間的余裕」（時間に余裕があるほど家事・育児をおこなうという仮説），「④夫婦の相対的資源（勢力）」（妻の学歴・収入などの社会経済的資源が多いほど夫は家事・育児をおこなうという仮説），「⑤性役割イデオロギー」（性役割意識が強いほど夫は家事・育児をおこなわないという仮説），「⑥夫婦の情緒関係」（情緒関係が強まるほど夫婦は共同行動をおこなうので，共同行動としての夫の家事・育児参加が高まるという仮説）の6つである（大和 2006：20–21）。

「②代替資源の有無」は，いいかえれば，親など他のサポート源があれば，夫婦は家事や育児の負担を減らすことができるということである。サポート源として親が有効であることを示しているはずだが，「夫が家事育児を実行しないこと」の要因として意味づけられている。このことは，親のサポートを〈効果〉として評価しにくい背景となっていたといえる。

また，フェミニズムの立場からは親を重要なサポート資源として位置づけた研究は少なかったといえる。なぜなら，「女性が社会進出するために，その母親から育児サポートを得る」ということは，結局のところ女性を家庭内労働従事者として認めることになってしまうからである。親とくに女親のサポートの効果については言及されにくかった背景があるといえるだろう。

一方ソーシャル・サポート・ネットワーク研究においても，親というサポート資源をもっていない者あるいは親ではないサポート資源について言及することが，政策的な観点からも重要であったと思われる。個人の私的領域を「社会で支える」という風潮が強まったことも，親ではないサポート資源の重要性をより高めただろう。

これらの結果として，親あるいは子はさまざまなサポート資源の1つとして認識はされていたものの，その実態には着目されてこなかったといえる。実際には親のサポートが有効だったとしても，その影響が評価されにくかったと指摘できる。よって，その親がどこに住んでいるかという実態まで把握されることはほとんどなかったといえるだろう。

「日本の伝統的家族においては〈同居〉が前提であった」「〈場所〉よりも〈関係性〉が重視された」「サポート源としての〈親〉の実態に注目されてこなかった」といった点から，これまでの日本の家族社会学においては，別居の子の居住地は研究の中心テーマではなかったのである。近居という視点は抜け落ちていたといえる。

3　近居の実態を測定している調査

したがって，近居の実態もほとんど把握されてこなかったといえる。本節では，子との同別居状況や別居子の居住地を測定している大規模な調査として，国勢調査と全国家族調査について整理する。

（1）国勢調査

日本で唯一の全数調査であり，広く一般に利用できる国勢調査であるが，親（あるいは子）が近居しているかどうかは調査されていない。国勢調査では，調査票の「世帯主との続き柄」の回答結果から「世帯の家族類型」が分類されている。世帯の中で原則として最も若い世代の夫婦とその他の親族世帯員との関係によって「核家族世帯」と「その他の親族世帯」とに分類され，各カテゴリー内でさらに詳細に分類される。この項目をみれば，核家族居住なのか多世代居住なのか，つまり複数の夫婦が同居しているかどうかについては把握可能である。

調査項目は「世帯員に関する事項」（氏名，男女の別，就業状況，従業地や通学地など）と「世帯に関する事項」（世帯員の数，住居の種類など）である。国勢調査は，世帯を対象に調査がなされるのである。世帯とは次のように定められている。「『世帯』とは，住居及び生計を共にする者の集まり又は独立して住居を維持する単身者をいう」（国勢調査令〔昭和55年第98号〕）。つまり国勢調査で把握されるのは，同一世帯つまり同居している世帯員なのである。別居の家族については把握されないことが前提なのである。

しかし，国勢調査においても，別世帯の子の居住場所を把握することの重要性は指摘されていた。国勢調査では，本調査の前に数次にわたり試験調査が実施されている。国勢調査に関する審議をおこなう統計審議会のもとに設置された専門部会のひとつである「人口・労働統計部会」の議事録には，「平成12年国勢調査第３次試験調査において，別世帯の子の居住場所という調査事項を新規に入れて検討したが，うまくいかなかった」という内容が記されている（関西学院大学社会学部大谷研究室 2004：41-42）。結果的に，別居子の居住地を調査に組み込むことは断念されている。

このような事実から，国勢調査では別居子の居住地を調査していないものの，子の同別居状況と別居の場合の居住地を把握することの必要性が認識されていたこと，さらにそれを測定することの難しさが示されているといえる。

（２）全国家族調査

そうしたなか，「全国家族調査」で同別居の区分だけではない居住関係が調査されたのは画期的である。「全国家族調査」（National Family Research of Japan，以下「NFRJ」と略す）とは，日本家族社会学会全国家族調査委員会が日本全国を対象に実施している大規模なサンプリング調査である。この調査は1998年に第１回が実施され，その後第２回（2003年）・第３回（2008年）と定期的におこなわれている[3]。

NFRJ では，本人の父親・母親，配偶者の父親・母親のそれぞれについて同別居状況を調査している。別居の場合の居住関係については時間距離を用いて測定している。ただし，これまで実施された３回の調査すべてにおいて選択肢が変更された。表１−１は各回の選択肢を整理したものである。

表1-1　NFRJ における親の居住地質問の選択肢

NFRJ98	NFRJ03	NFRJ08
1　自分と同居している	1　自分と同じ家屋	1　同じ建物内（玄関も同じ）
2　となり・同じ敷地内	2　同じ敷地内のはなれ・別棟	2　同じ建物内（玄関は別）
		3　同じ敷地内の別棟
	3　となり	
3　歩いていけるところ	4　歩いていけるところ	4　15分未満
		5　15～30分未満
4　片道1時間未満のところ	5　片道1時間未満のところ	6　30～60分未満
5　片道3時間未満のところ	6　片道3時間未満のところ	7　1時間～3時間未満
6　片道3時間以上	7　片道3時間以上	8　3時間以上

まず1つ目の変更点は，NFRJ98とNFRJ03では移動手段と移動時間が混在した選択肢であったが，NFRJ08では移動時間のみによって測定されることになった点である。NFRJ では，「最もよく使う交通手段」でかかる「時間」をたずねている。2つ目の変更点は，近距離のカテゴリーが細分化された点である。具体的には，「1時間未満」が「15分未満」「15～30分未満」「30～60分未満」に分けられた。変更の理由に「近居親子の場合『どの程度近居であるか』を把握される必要がある」（島ほか 2009：119）とあるように，まさに近居に関わる部分に関心が寄せられているということである。

NFRJ のデータを用いた居住関係における単系／双系に関する分析もおこなわれるようになってきている。とくに同別居の規定要因分析に関する知見が蓄積されてきている。たとえば同居は長男が優位（田渕・中里 2004，施 2006），居住は一貫して夫方優位（施 2008），同居選択における第一子・長男選好が高齢層で有意に見られる（嶋崎 2008）というように，居住関係における夫方・妻方の非対称性が依然として観察されている。田渕・中里が「高齢者の世帯形成を実証的に研究する上で，同別居だけでなく，近居や隣居，遠居を含んだ居住関係を視野に含めた複眼的なアプローチが求められているだろう」と指摘している（田渕・中里 2004：122）ように，今後は近居を含めた別居の場合の居住関係に関する研究についても蓄積されていくと思われる。

国勢調査や NFRJ のほかには，日本版 GSS や官公庁による実態調査があげられる。日本版GSS（JGSS）においても，別居の親の居住場所を把握する質問文(4)が取り入れられていたが，2006年に単発的に採用されたのみであった。他の調査には親の居住場所を質問しているものもあるが，「同一都道府県内」「同一地域内」といった大まかな行政区分を問うものがほとんどであった。また，居住場所への時間が問われているものもあったが，老親の扶養問題など対象が限定されていたものであった。

このように，近居の実態について把握し，経年変化が分析できる調査はほとんどないというのが実情である。また国勢調査やNFRJの経緯が示しているように，近居を測定することは難しく，その方法はまだ確立されていないといえる。

こうしたなか，「国民生活に関する世論調査」では，老後の暮らし方についての質問で，同別居や近居に関する意識を調査していた。この質問文は2001年以降2016年まで毎年調査されていた。同居や近居に対する意識について経年変化分析をおこなうことができる数少ない調査である。次章では，この「国民生活に関する世論調査」の公開データを用いて，近居に関する国民の意識について分析をおこなう。

注

(1)　加藤は「唯一といっていい例外が清水浩昭による研究である」とも指摘している（加藤 2009：15）。

(2)　日本においては，那須宗一によって「修正直系家族」が提唱された（那須 1967）ものの，概念提起にとどまり実態把握や検証の点では不十分だったと指摘できる。

(3)　NFRJは，無作為抽出に基づく全国確率標本データを定期的に構築すること，そうしたデータを多くの研究者の公共利用に供することを主たる目的としている。データは，東京大学社会科学研究所「SSJデータアーカイブ」で公開されている。以下は，これまでに実施された調査の一覧である。また第1回調査（NFRJ98）・第2回調査（NFRJ03）・第3回調査（NFRJ08）の調査概要については次のとおりである。

1998年　第1回調査（NFRJ98）
2001年　特別調査「戦後日本の歩み」（NFRJ-S01）
2003年　第2回調査（NFRJ03）
2008年　第3回調査（NFRJ08）

2009〜13年　全国家族調査パネルスタディ（NFRJ08-Panel）

〈第１回全国家族調査（NFRJ98）〉
調査対象：1921〜70年生まれの男女（1998年12月時点で満28〜77歳）
調査方法：訪問留置法
調査時期：1999年１〜２月
標本抽出：層化多段抽出法
標本数　：10,500人
回収率　：66.52%（回収数6985）
調査票　：「一般調査票」28〜57歳
「高齢者調査票」58〜77歳

〈第２回全国家族調査（NFRJ03）〉
調査対象：1926〜75年生まれの日本国民（2003年12月31日現在で28〜77歳）
調査方法：訪問留置法
調査時期：2004年１〜２月
標本抽出：層化２段無作為抽出法
標本数　：10,000人
回収率　：63.0%（回収数6302）
調査票　：「若年調査票」28〜47歳（1956〜75年生）
「中高年調査票」48〜77歳（1926〜55年生）

〈第３回全国家族調査（NFRJ08）〉
調査対象：日本国内に居住する1936〜80年生まれの日本国民（2008年12月31日現在で28〜72歳）
調査方法：訪問留置法
調査時期：2009年１〜２月
標本抽出：層化２段無作為抽出法
標本数　：9400人
回収率　：55.35%（回収数5203）
調査票　：「若年票」28〜47歳（1961〜80年生）
「壮年票」48〜62歳（1946〜60年生）
「高年票」63〜72歳（1936〜45年生）

(4)「日本版 General Social Survey（JGSS）」では，2006年に実施された調査で，親の同別居状況と居住関係について質問している。父親・母親・義父・義母それぞれについて質問している。以下は，質問文とその回答結果である（質問文は父親，回答結果は父親・母親）。

〈質問〉お父様は，誰かと一緒に暮らしていますか。この中からあてはまるもの1つを選んで，順に教えてください。

コード		父親	母親
0	あなた（回答者本人）	31.1	31.2
1	あなたの既婚の兄や弟	11.4	15.8
2	あなたの既婚の姉や弟	3.3	4.9
3	あなたの未婚の兄弟姉妹	7.6	6.8
4	夫婦で二人暮らし	33.8	23.5
5	一人暮らし	5.8	10.3
6	施設に入所	1.3	3.1
7	その他	2.9	2.6
9	無回答	2.7	1.9
	n	1652	2378
8	非該当		

＊　調査票では「別居している」父親の同居者を尋ねているが，データ上はFF［01-09］REL（家族［01-09］：続柄）から「同居している」父親のデータを補填して集計したため，コードに「0あなた（回答者本人）を追加している。

〈質問〉お父様は，あなたの家からどのくらい離れた所に住んでいますか。この中から選んで順に教えてください。

コード		父親	母親
1	隣，同じ建物，同じ通り	4.1	4.3
2	歩いて15分以内	10.9	11.0
3	車や電車等で30分以内	28.1	30.0
4	車や電車等で1時間以内	17.6	16.7
5	車や電車等で3時間以内	17.2	18.3
6	それより遠い	17.8	17.0
9	無回答	4.2	2.8
	n	1138	1636
8	非該当		

第2章
近居についての国民の意識
──「国民生活に関する世論調査」からみる〈老後の暮らし方〉──

内閣府が実施する「国民生活に関する世論調査」では，老後は誰とどのように暮らすのがよいかについて質問している。同居・近居・別居のいずれを志向しているのか，さらに子どものうち誰と暮らすのを志向しているのかを調査している。つまり，近居や同居に関する国民の意識がわかる。本章では，この調査を用いて，居住に関する〈意識〉の側面について分析する。国民が居住についてどのような意識をもち，それがどのように変化しているのかについて明らかにしていく。

1 〈老後の暮らし方〉を問う質問

「国民生活に関する世論調査」とは，内閣府が実施する世論調査の１つで，日本全国を対象にしたサンプリング調査である。調査目的や調査項目はそのときどきで変更されているが，おおむね〈日本国民を対象とした・無作為抽出法・標本数10000・調査員による面接聴取法〉という方法で継続して実施されている[(1)]。2016年に調査対象年齢が変更され，「20歳以上」から「18歳以上」となった。

「国民生活に関する世論調査」の「老後は誰とどのように暮らすのがよいか」についての質問は，1996年と1999年に単発的になされた後，2001年以降毎年調査されていたが，2017年度以降は削除されてしまった。質問文は次のとおりである。

あなたは，一般的に，老後は誰とどのように暮らすのがよいと思いますか。
あなたの考えに近いものをこの中から1つお答えください。

この調査では，誰と（[息子（夫婦）][娘（夫婦）][どの子（夫婦）でもよい]）・どのように暮らす（[同居する][近くに住む][別に暮らす]）のがよいかを問うている。2007年以前の選択肢では，どの子でもよい場合の［同居する］と［近くに住む］が区別されていなかったが，2008年の変更によって改善された。変更前と変更後の選択肢は次のとおりである。

〈変更前（2007年以前）〉	〈変更後（2008年以降）〉
（ア）息子（夫婦）と同居する	（ア）息子（夫婦）と同居する
（イ）息子（夫婦）の近くに住む	（イ）息子（夫婦）の近くに住む
（ウ）娘（夫婦）と同居する	（ウ）娘（夫婦）と同居する
（エ）娘（夫婦）の近くに住む	（エ）娘（夫婦）の近くに住む
（オ）どの子（夫婦）でもよい	（オ）どの子（夫婦）でもよいから同居する
	（カ）どの子（夫婦）でもよいから近くに住む
（カ）子どもたちとは別に暮らす	（キ）子どもたちとは別に暮らす
その他	
わからない	（ク）わからない

本章では，この質問の調査結果を用いて分析をする[2]。以下では，［同居する］を［同居］，［近くに住む］を［近居］，［別に暮らす］を［別居］と省略する。また［息子（夫婦）］は［息子］，［娘（夫婦）］は［娘］，［どの子（夫婦）］は［どの子］と略す。

2 〈老後の暮らし方〉に関する意識の変化

（1）1996年から2016年にかけての変化

まず，「どのように暮らすのがよいか」という点について調査結果を整理する。表2－1は，［同居］・［近居］・［別居］の割合を年次比較したものである。1996年から2007年については，どの子でもよい場合の［同居］と［近居］が区別できないため，これらを合計した値としている。

まず［同居］は，2008年27.0％から2016年23.4％とわずかに減少傾向である。［近居］は，2008年30.6％から2016年31.6％とほぼ横ばい傾向である。どの年も，［同居］より［近居］の割合のほうが多い。［別居］については1996年から比較できるが，増減に関する明確な傾向はみられない。

どのようにすれば，10年以上にわたる調査結果を生かした分析が可能になる

表2－1　同居・近居・別居の経年変化

	総数	同居	近居	別居	わからない・その他
96年	7303	68.8		25.0	6.2
99	7022	52.6		36.3	10.9
01	7080	50.3		38.6	11.1
02	7247	49.0		40.5	10.5
03	7030	49.6		39.0	11.5
04	7005	47.3		40.2	12.6
05	6924	47.3		38.0	14.6
06	5941	54.0		38.4	7.7
07	6086	51.6		39.5	9.1
08	6146	27.0	30.6	36.7	5.8
09	6252	25.6	32.1	34.5	7.8
10	6357	26.3	32.0	33.7	8.0
11	6212	25.5	32.7	34.5	7.4
12	6351	24.1	34.1	34.8	7.0
13	6075	24.2	33.7	34.2	7.8
14	6254	23.3	33.6	36.3	6.8
15	5839	23.7	33.3	36.3	6.6
16	6281	23.4	31.6	36.0	9.0

だろうか。次に,「誰と暮らすのがよいか」という点に着目して調査結果を整理する。表2－2は，各年の回答結果をまとめたものである。ここでは,［息子と同居］と［息子と近居］の合計値,［娘と同居］と［娘と近居］の合計値,［どの子でもよいから同居］と［どの子でもよいから近居］の合計値を再掲した（表中のカッコ内の数字)。それぞれを［息子がよい]［娘がよい]［どの子でもよい］という指標としてとらえることで,「どの子を志向しているのか」という視点からの経年変化分析が可能となる。

まず特徴的なのは,［息子と同居］が年々減少している点である。1996年23.2％から2016年11.8％とほぼ半減している。[息子と近居］は，とくに傾向はみられない。[娘と同居],［娘と近居］についても，目立った増減はみられず横ばい傾向が続いている。

次にどの子を志向しているのかについてみてみよう。まず特徴的なのは，やはり［息子がよい］が年々減少している点である。最も多かった96年32.4％か

表2－2　老後の暮らし方についての経年変化

年	息子がよい			娘がよい			どの子でもよい			別居	わからない・その他
	同居	近居	(計)	同居	近居	(計)	同居	近居	(計)		
96年	23.2	9.2	(32.4)	7.8	10.5	(18.3)			18.1	25.0	6.2
99	20.8	9.8	(30.6)	5.8	7.1	(12.9)			9.1	36.3	10.9
01	18.9	9.2	(28.1)	6.3	7.3	(13.6)			8.6	38.6	11.1
02	17.6	8.6	(26.2)	5.7	7.3	(13.0)			9.8	40.5	10.5
03	16.9	8.5	(25.4)	5.7	7.6	(13.3)			10.9	39.0	11.5
04	16.1	8.7	(24.8)	5.4	7.5	(12.9)			9.6	40.2	12.6
05	15.1	8.7	(23.8)	5.7	7.2	(12.9)			10.6	38.0	14.6
06	16.3	10.3	(26.6)	6.1	8.7	(14.8)			12.6	38.4	7.7
07	16.8	10.2	(27.0)	6.0	8.2	(14.2)			10.4	39.5	9.1
08	15.5	8.0	(23.5)	6.0	6.8	(12.8)	5.5	15.8	(21.3)	36.7	5.8
09	13.4	7.9	(21.3)	6.2	6.3	(12.5)	6.0	17.9	(23.9)	34.5	7.8
10	15.0	7.7	(22.7)	5.8	6.8	(12.6)	5.5	17.5	(23.0)	33.7	8.0
11	13.7	7.9	(21.6)	6.0	6.6	(12.6)	5.8	18.2	(24.0)	34.5	7.4
12	12.7	7.8	(20.5)	5.4	7.5	(12.9)	6.0	18.8	(24.8)	34.8	7.0
13	12.6	8.3	(20.9)	5.8	7.2	(13.0)	5.8	18.2	(24.0)	34.2	7.8
14	12.0	8.3	(20.3)	5.5	7.3	(12.8)	5.8	18.0	(23.8)	36.3	6.8
15	11.9	7.8	(19.7)	5.8	7.2	(13.0)	6.0	18.3	(24.3)	36.3	6.6
16	11.8	7.5	(19.3)	5.6	6.8	(12.4)	6.0	17.3	(23.3)	36.0	9.0

ら，2016年19.3％と減少している。次に注目されるのは，［どの子でもよい］が明らかに増加している点である。選択肢変更の影響もあるだろうが，2000年代前半には10％前後であったが2016年には23.3％と倍増している。一方，［娘がよい］については大きな増減はみられない。

このように，［同居］の減少，［息子がよい］の減少，［どの子でもよい］の増加という傾向が明らかとなった。［近居］に関してはほぼ横ばい傾向であった。こうした変化は全国的に共通してみられるのだろうか。

「国民生活に関する世論調査」は，単純集計だけでなく男女別や年齢別といった集計結果も公表されている。それらを利用し，まず性別と年齢という〈属性〉，さらに〈居住形態〉の違いに着目して分析をおこなう。そして〈都市規模〉と〈地域〉によって傾向が異なるのかについて分析する。

（2）属性による違い

表2－3は，2016年の集計結果を男女別・年齢別に整理したものである。ここでは，［息子と同居］［娘と同居］［どの子でもよいから同居］の合計を［同居］，［息子と近居］［娘と近居］［どの子でもよいから近居］の合計を［近居］として集計した。さらに，どの子を志向しているのかをみるために，［息子と同居］と［息子と近居］を合計して［息子がよい］，［娘と同居］と［娘と近

表2－3　男女別・年齢別の集計結果（2016年）

	該当者数	同居	近居				別居	わからない・その他
				息子がよい	娘がよい	どの子でも		
総数	6281	23.4	31.6	(19.3)	(12.4)	(23.3)	36.0	9.0
男性	3007	26.0	25.8	(21.3)	(9.2)	(21.3)	38.2	10.0
女性	3274	21.1	36.8	(17.4)	(15.4)	(25.1)	34.0	8.0
20代以下	480	17.9	35.4	(15.6)	(6.3)	(31.4)	34.0	12.7
30代	777	12.0	42.3	(12.1)	(9.0)	(33.2)	37.1	8.6
40代	1000	16.3	38.5	(13.3)	(12.3)	(29.2)	35.0	10.2
50代	963	20.0	31.5	(15.7)	(12.1)	(23.7)	38.0	10.5
60代	1462	23.6	29.5	(20.9)	(12.1)	(20.1)	39.4	7.5
70代以上	1599	37.0	22.8	(28.2)	(16.5)	(15.1)	32.6	7.7

居］を合計して［娘がよい］，［どの子でもよいから同居］と［どの子でもよいから近居］を合計して［どの子でもよい］とし，それぞれ再掲した（表中のカッコ内の数字）。

まず男女別の集計結果については，大きな差はないものの，男性の方が［同居］が多く，女性の方が［近居］が多い。どの子を志向しているのかについては，男性の方が［息子がよい］が多く，女性の方が［娘がよい］が多い。［別居］や［どの子でもよい］はほぼ同じ割合である。

次に年齢別の集計結果についてみてみる。［同居］の割合は，40代以下は大きな違いはみられず10％台で，50代20.0％，60代23.6％，70代以上37.0％と高年齢層ほど割合が多くなっている。一方［近居］の割合は，20代以下35.4％・30代42.3％，40代38.5％，50代31.5％，60代29.5％・70代以上22.8％と年齢が低いほど多くなっている。［別居］については大きな違いはみられない。どの子を志向しているのかについては，［息子がよい］の割合は，20代～50代は15％前後だが，60代20.9％・70代以上28.2％と高年齢層ほど多くなっている。［娘がよい］の割合も，年齢が高いほど多い。反対に，［どの子でもよい］の割合は20代以下31.4％・30代33.2％・40代29.2％・50代23.7％・60代20.1％・70代以上15.1％と年齢が低いほど多い傾向にある。高年齢層ほど［同居］［息子］を志向し，低年齢層ほど［近居］［どの子でもよい］を志向する傾向があることが明らかとなった。

表2－4　居住形態別の集計結果（2016年）

	該当者数	同居	近居				別居	わからない・その他
				息子がよい	娘がよい	どの子でも		
持ち家（計）	5284	25.4	31.4	(20.7)	(12.9)	(23.2)	35.3	7.9
一戸建	5081	26.0	31.4	(21.0)	(13.0)	(23.4)	34.8	7.8
集合住宅	203	9.3	31.5	(10.3)	(11.3)	(19.2)	47.3	11.8
賃貸住宅（計）	909	13.0	32.4	(11.8)	(9.9)	(23.7)	40.2	14.5
一戸建	212	14.1	28.3	(13.6)	(8.9)	(19.9)	43.9	13.7
集合住宅	697	12.6	33.5	(11.1)	(10.2)	(24.8)	39.0	14.8

注：「賃貸（給与住宅）」・「その他」は総数が少ないため省いている。

表2－4は，2016年の集計結果を居住形態別に整理したものである。表2－3と同様の方法で集計した。まず［同居］の割合は，持ち家（計）25.4％，賃貸住宅（計）13.0％である。持ち家居住者の方が同居を志向している。所有状況だけでなく住居の形態にも着目すると，持ち家一戸建26.0％，賃貸一戸建14.1％と一戸建で高い傾向である。［近居］については大きな差はないものの，集合住宅でやや高くなっている。持ち家一戸建は，［別居］に加え，［わからない・その他］も最も少ない点が特徴的である。

どの子を志向しているのかについては，どの居住類型においても［どの子でもよい］が最も多い。そのなかで特徴をみせているのは，［息子がよい］が持ち家一戸建21.0％，賃貸一戸建13.6％，賃貸集合住宅11.1％，持ち家集合住宅10.3％と，持ち家一戸建で割合が多い点である。また［娘がよい］は持ち家ほど多くなっている。

これらの分析から，老後の暮らし方に関する考え方には回答者の居住状況が大きく関係している点，その所有状況と形態の違いに留意すべきであるという点を指摘することができる。

（3）都市規模による違い

表2－5は，2008年と2016年の集計結果を都市規模別に整理したものである。ここでも表2－3と同様に，まず［同居］と［近居］のそれぞれの合計を集計し，さらに［息子がよい］［娘がよい］［どの子でもよい］のそれぞれの合計値を再掲した（表中のカッコ内の数字）。さらに，［同居］と［近居］の合計を100とした場合に，［息子がよい］［娘がよい］［どの子でもよい］がそれぞれどの程度の割合なのかについても掲載した（表中のカッコ内斜め数字）。同居と近居の合計の差に左右されずに，どの子を志向しているのかを比較するためである。

まず［同居］の割合についてみてみると，2008年は大都市21.8％，中都市24.9％，小都市31.0％，町村36.7％，2016年は大都市19.0％，中都市22.1％，小都市28.3％，町村29.1％である。2008年・2016年とも，都市規模が小さいほど［同居］の割合が多くなっている。反対に，［別居］の割合については，

表２－５　市規模別の集計結果

	該当者数	同居	近居	息子がよい	娘がよい	どの子でも	別居	わからない・その他
				同近居を100	*同近居を100*	*同近居を100*		
08年総数	6146	27.0	30.6	(23.5) *(40.8)*	(12.8) *(22.2)*	(21.3) *(37.0)*	36.7	5.8
大都市	1401	21.8	29.5	(17.5) *(34.1)*	(13.5) *(26.3)*	(20.3) *(39.6)*	42.6	6.1
中都市	2598	24.9	32.0	(21.8) *(38.3)*	(13.0) *(22.8)*	(22.1) *(38.8)*	37.5	5.6
小都市	1442	31.0	29.7	(28.1) *(46.3)*	(11.0) *(18.1)*	(21.6) *(35.6)*	33.6	5.8
町村	705	36.7	29.2	(31.9) *(48.4)*	(14.2) *(21.5)*	(19.8) *(30.0)*	28.4	5.7
16年総数	6281	23.4	31.6	(19.3) *(35.1)*	(12.4) *(22.5)*	(23.3) *(42.4)*	36.0	9.0
大都市	1586	19.0	32.6	(16.5) *(32.0)*	(12.1) *(23.4)*	(23.0) *(44.6)*	39.6	8.8
中都市	2610	22.1	32.3	(17.8) *(32.7)*	(12.3) *(22.6)*	(24.3) *(44.7)*	37.4	8.3
小都市	1479	28.3	31.2	(24.7) *(41.5)*	(11.6) *(19.5)*	(23.2) *(39.0)*	30.7	9.7
町村	606	29.1	26.0	(19.3) *(35.0)*	(15.5) *(28.1)*	(20.3) *(36.8)*	34.2	10.7

注：都市規模区分は次のとおり。大都市：東京都区部，政令指定都市，中都市：人口10万人以上の市，小都市：人口10万人未満の市，町村：町村。

2008年は大都市42.6％，中都市37.5％，小都市33.6％，町村28.4％，2016年は大都市39.6％，中都市37.4％，小都市30.7％，町村34.2％であり，おおむね都市規模が大きいほど［別居］の割合が多くなる傾向である。［近居］については，都市規模別で大きな差はないものの，2008年・2016年とも都市部でやや多い傾向がみられる。こうした傾向については，他の調査年についても同様であった。

次に，どの子を志向しているのかについてみてみる（表中カッコ内斜め数字）。［息子がよい］の割合は，2008年は大都市34.1％，中都市38.3％，小都市46.3％，町村48.4％，2016年は大都市32.0％，中都市32.7％，小都市41.5％，町村

35.0％である。2008年・2016年とも，都市規模が小さいほど［息子がよい］の割合が多い傾向である。［どの子でもよい］の割合は，2008年は大都市39.6％，中都市38.8％，小都市35.6％，町村30.0％，2016年は大都市44.6％，中都市44.7％，小都市39.0％，町村36.8％である。2008年・2016年とも，都市規模が大きいほど［どの子でもよい］の割合が多くなっている。［娘がよい］についてはこうした傾向はみられない。

次に，2008年から2016年にかけてどのように変化しているかについて都市規模別にみてみる。図2－1は，2008年から2016年にかけての各年の集計結果をグラフに表したものである。まず［同居］の割合は，大都市21.8％から19.0％，中都市24.9％から22.1％，小都市31.0％から28.3％，町村36.7％から29.1％へと，すべての都市規模で減少傾向である。とくに町村で大きく減少している。［近居］の割合は，大都市29.5％から32.6％，中都市32.0％から32.3％，小都市29.7％から31.2％，町村29.2％から26.0％へと，町村以外では横ばいか微増している。［別居］の割合は，大都市42.6％から39.6％，中都市37.5％から37.4％，小都市33.6％から30.7％，町村28.4％から34.2％と，町村だけ増加している。このように，［同居］はどの都市規模においても減少しているがとくに町村で大きく減少し，一方で町村においては［別居］が増加していた。［近居］は，大都市・中都市・小都市において微増か横ばい傾向であった。

次に，［息子がよい］の割合は，大都市34.1％から32.0％，中都市38.3％から32.7％，小都市46.3％から41.5％，町村48.4％から35.0％と，いずれの都市規模においても減少している。とくに町村で大きく減少している。［どの子でもよい］の割合は，大都市39.6％から44.6％，中都市38.8％から44.7％，小都市35.6％から39.0％，町村30.0％から36.8％へと，いずれの都市規模においても増加している。［娘がよい］については大きな変化はみられない。都市規模にかかわらず，［息子がよい］の減少，［どの子でもよい］の増加という点が共通してみられた。

以上のように，都市規模別で老後の暮らし方に関する考え方に違いが生じていた。都市規模が小さくなるほど［同居］［息子がよい］を志向する割合が高

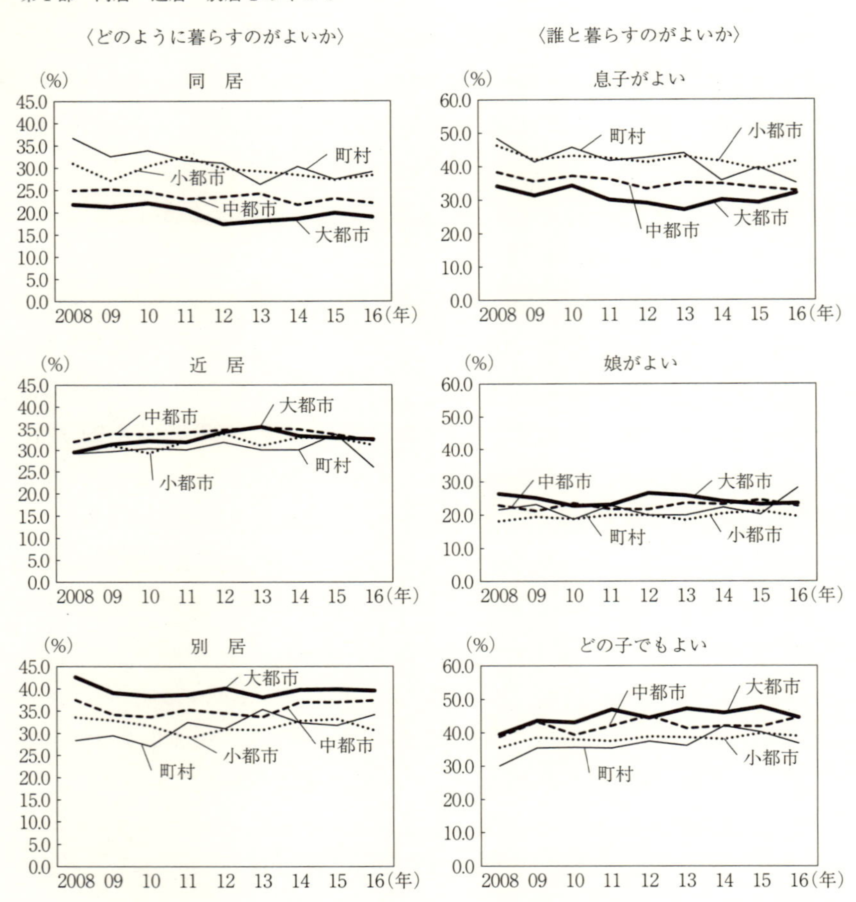

図２－１　都市規模別の集計結果
（[息子がよい][娘がよい][どの子でもよい]については，同居と近居の合計を100とした場合の値）

く，反対に都市規模が大きくなるほど［別居］［どの子でもよい］を志向する傾向があった。また，2008年から2016年にかけての10年弱の変化ではあるが，いずれの都市規模においても［同居］が減少しているのに対し，町村では［別居］が増加，大都市・中都市・小都市では［近居］が微増傾向である。また，［息子がよい］の減少・［どの子でもよい］の増加という変化が都市規模の違いにかかわらず共通して生じていたことが明らかとなった。

（4）地域による違い

表2－6と表2－7は，それぞれ2008年と2016年の集計結果を地域別に整理したものである。表2－5と同様の方法で集計している。また図2－2は，各年の集計結果をグラフに表したものである。

まず［同居］が多いのは，東北（2008年37.9％・2016年37.7％），北陸（2008年31.4％・2016年34.7％），東山（山梨県・長野県・岐阜県）（2008年33.0％・2016年32.7％）である。この3つの地域は，グラフが示すように，ほとんどの年で［同居］が一番多い割合を占めている。反対に，他の地域は［同居］が一番少なくなっている。とくに北海道，南関東，近畿，南九州は［同居］が少ない。［近居］が多いのは，2008年は北陸38.0％，東山34.4％，東海33.6％，2016年は中国36.5％，北関東34.8％，東山34.7％であるが，いずれの年もほとんどの地域で3割程度である。ほとんどの地域で［近居］が［同居］を上回っている。［別居］が多いのは，2008年は北海道46.9％，近畿44.1％，南関東42.1％，2016年は北海道48.6％，四国40.3％，南九州39.2％，近畿39.0％，以下，北九州・東海・南関東と続く。

どの子を志向しているのかについてカッコ内の斜め数字の値を比較してみる（図2－2のグラフもカッコ内斜め数字を表している）。［息子がよい］が多いのは，2008年は東北51.5％，東海47.1％，四国44.0％，南九州42.7％，北陸42.2％，2016年は東山46.3％，北陸44.6％，東北43.2％である。グラフが示すように，東北・北関東・北陸・東山は，ほとんどの年で［息子がよい］が一番多い。［娘がよい］が多いのは，2008年は北海道30.4％，近畿26.6％，2016年は北九州25.2％，北海道・近畿が25.0％である。［どの子でもよい］が多いのは，2008年は四国44.7％，北陸41.4％，南関東39.7％，北海道38.6％，2016年は近畿47.1％，中国46.6％，南関東45.4％，南九州45.2％である。［息子がよい］が多かった4地域以外は，［どの子でもよい］がほとんどの年で一番多くを占めている。

表2－6　地域別の集計結果（2008年）

	該当者数	同居	近居	息子がよい	娘がよい	どの子でも	別居	わからない・その他
				同近居を100	*同近居を100*	*同近居を100*		
総数	6146	27.0	30.6	(23.5) *(40.8)*	(12.8) *(22.2)*	(21.3) *(37.0)*	36.7	5.8
北海道	292	20.8	24.3	(14.0) *(31.0)*	(13.7) *(30.4)*	(17.4) *(38.6)*	46.9	7.9
東北	501	37.9	24.4	(32.1) *(51.5)*	(12.0) *(19.3)*	(18.2) *(29.2)*	30.5	7.2
関東（計）	1846	25.0	28.7	(20.0) *(37.2)*	(12.7) *(23.6)*	(21.0) *(39.1)*	39.9	6.3
北関東	363	32.5	30.9	(25.9) *(40.9)*	(13.8) *(21.8)*	(23.7) *(37.4)*	31.1	5.5
南関東	1483	23.2	28.2	(18.6) *(36.2)*	(12.4) *(24.1)*	(20.4) *(39.7)*	42.1	6.5
中部（計）	1238	32.5	34.9	(29.7) *(44.1)*	(13.3) *(19.7)*	(24.4) *(36.2)*	28.6	4.0
北陸	324	31.4	38.0	(29.3) *(42.2)*	(11.4) *(16.4)*	(28.7) *(41.4)*	25.6	4.9
東山	270	33.0	34.4	(26.7) *(39.6)*	(14.8) *(22.0)*	(25.9) *(38.4)*	26.7	5.9
東海	644	32.7	33.6	(31.2) *(47.1)*	(13.5) *(20.4)*	(21.6) *(32.6)*	30.9	2.8
近畿	945	19.5	32.4	(18.9) *(36.4)*	(13.8) *(26.6)*	(19.2) *(37.0)*	44.1	4.0
中国	374	29.4	30.0	(24.9) *(41.9)*	(12.6) *(21.2)*	(21.9) *(36.9)*	34.5	6.1
四国	224	27.7	31.2	(25.9) *(44.0)*	(6.7) *(11.4)*	(26.3) *(44.7)*	34.4	6.7
九州（計）	726	25.8	32.6	(23.9) *(40.9)*	(13.2) *(22.6)*	(21.3) *(36.5)*	34.4	7.3
北九州	429	27.8	32.7	(24.1) *(39.8)*	(13.5) *(22.3)*	(22.9) *(37.9)*	35.2	4.4
南九州	297	23.0	32.3	(23.6) *(42.7)*	(12.8) *(23.1)*	(18.9) *(34.2)*	33.3	11.4

注：地域ブロックの定義は次のとおり。
北海道：北海道
東北：青森県，岩手県，宮城県，秋田県，山形県，福島県
北関東：茨城県，栃木県，群馬県
南関東：埼玉県，千葉県，東京都，神奈川県
北陸：新潟県，富山県，石川県，福井県
東山：山梨県，長野県，岐阜県
東海：静岡県，愛知県，三重県
近畿：滋賀県，京都府，大阪府，兵庫県，奈良県，和歌山県
中国：鳥取県，島根県，岡山県，広島県，山口県
四国：徳島県，香川県，愛媛県，高知県
北九州：福岡県，佐賀県，長崎県，大分県
南九州：熊本県，宮崎県，鹿児島県，沖縄県

表２－７　地域別の集計結果（2016年）

	該当者数	同居	近居	息子がよい	娘がよい	どの子でも	別居	わからない・その他
				同近居を100	同近居を100	同近居を100		
総数	6281	23.4	31.6	(19.3) (35.1)	(12.4) (22.5)	(23.3) (42.4)	36.0	9.0
北海道	290	12.2	26.6	(13.2) (34.0)	(9.7) (25.0)	(15.9) (41.0)	48.6	12.8
東北	470	37.7	26.4	(27.7) (43.2)	(12.6) (19.7)	(23.8) (37.1)	28.5	7.4
関東（計）	1959	19.7	33.4	(17.4) (32.8)	(12.4) (23.4)	(23.3) (43.9)	36.3	10.6
北関東	405	22.0	34.8	(21.8) (38.4)	(13.0) (22.9)	(22.0) (38.7)	35.1	8.1
南関東	1554	19.2	33.0	(16.2) (31.0)	(12.3) (23.6)	(23.7) (45.4)	36.6	11.2
中部（計）	1301	30.3	31.0	(24.5) (40.0)	(12.3) (20.1)	(24.5) (40.0)	32.4	6.2
北陸	311	34.7	30.8	(29.2) (44.6)	(12.2) (18.6)	(24.1) (36.8)	26.4	8.0
東山	285	32.7	34.7	(31.2) (46.3)	(12.3) (18.2)	(23.9) (35.5)	27.4	5.3
東海	705	27.5	29.6	(19.8) (34.7)	(12.5) (21.9)	(24.8) (43.4)	37.0	5.8
近畿	962	19.6	33.9	(14.9) (27.9)	(13.4) (25.0)	(25.2) (47.1)	39.0	7.5
中国	397	23.4	36.5	(18.9) (31.6)	(13.1) (21.9)	(27.9) (46.6)	32.5	7.6
四国	206	21.4	27.3	(19.5) (40.0)	(9.8) (20.1)	(19.4) (39.8)	40.3	11.2
九州（計）	696	21.8	28.2	(17.9) (35.8)	(12.5) (25.0)	(19.6) (39.2)	38.8	11.4
北九州	380	26.3	26.1	(21.1) (40.3)	(13.2) (25.2)	(18.1) (34.5)	38.4	9.2
南九州	316	16.2	30.7	(14.0) (29.9)	(11.7) (24.9)	(21.2) (45.2)	39.2	13.9

注：地域ブロックの定義は表２－６と同じ。

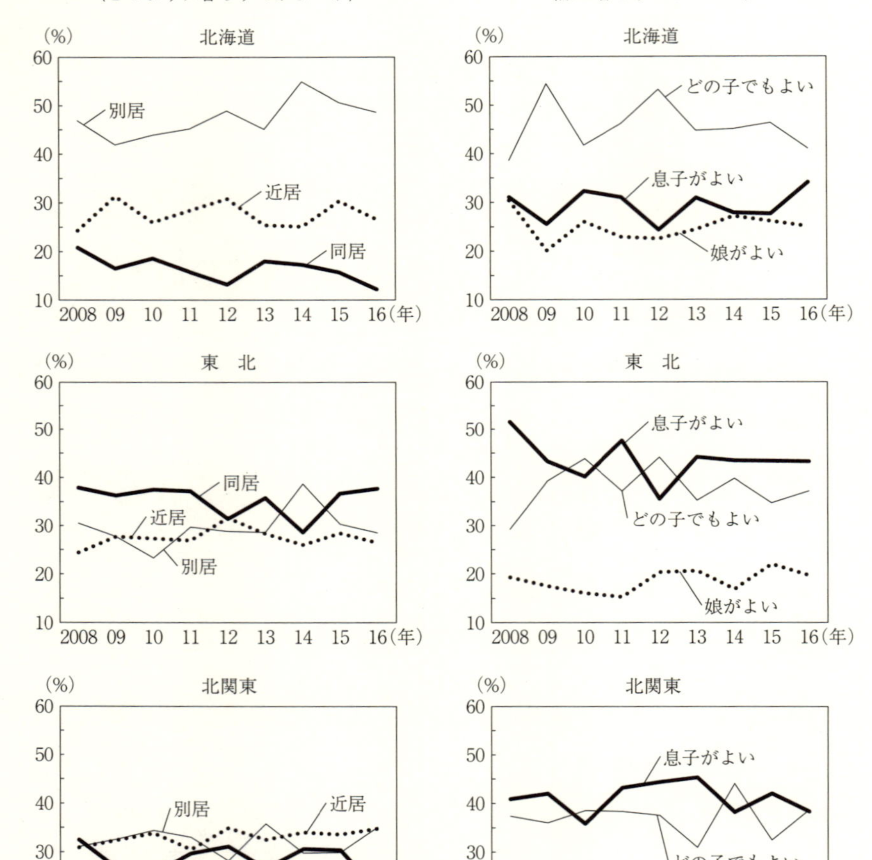

図2－2　地域
([息子がよい] [娘がよい] [どの子でもよい] に

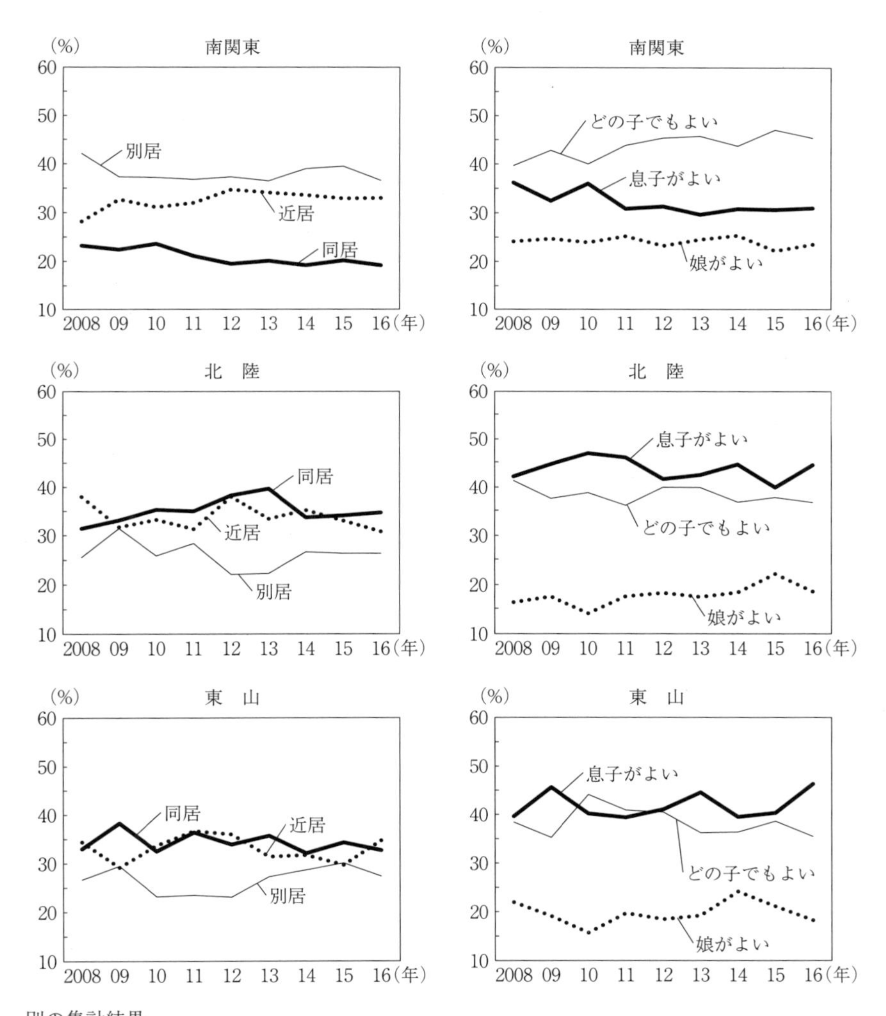

別の集計結果
ついては，同居と近居の合計を100とした場合の値）

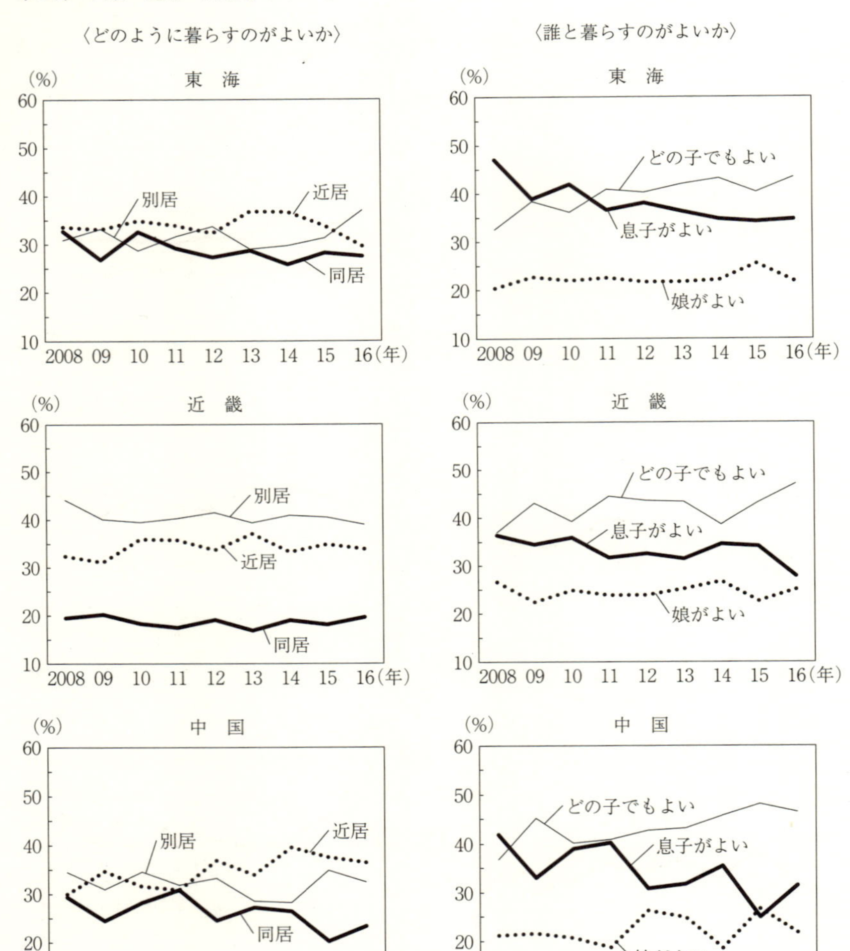

図2-2　地域

（[息子がよい][娘がよい][どの子でもよい] に

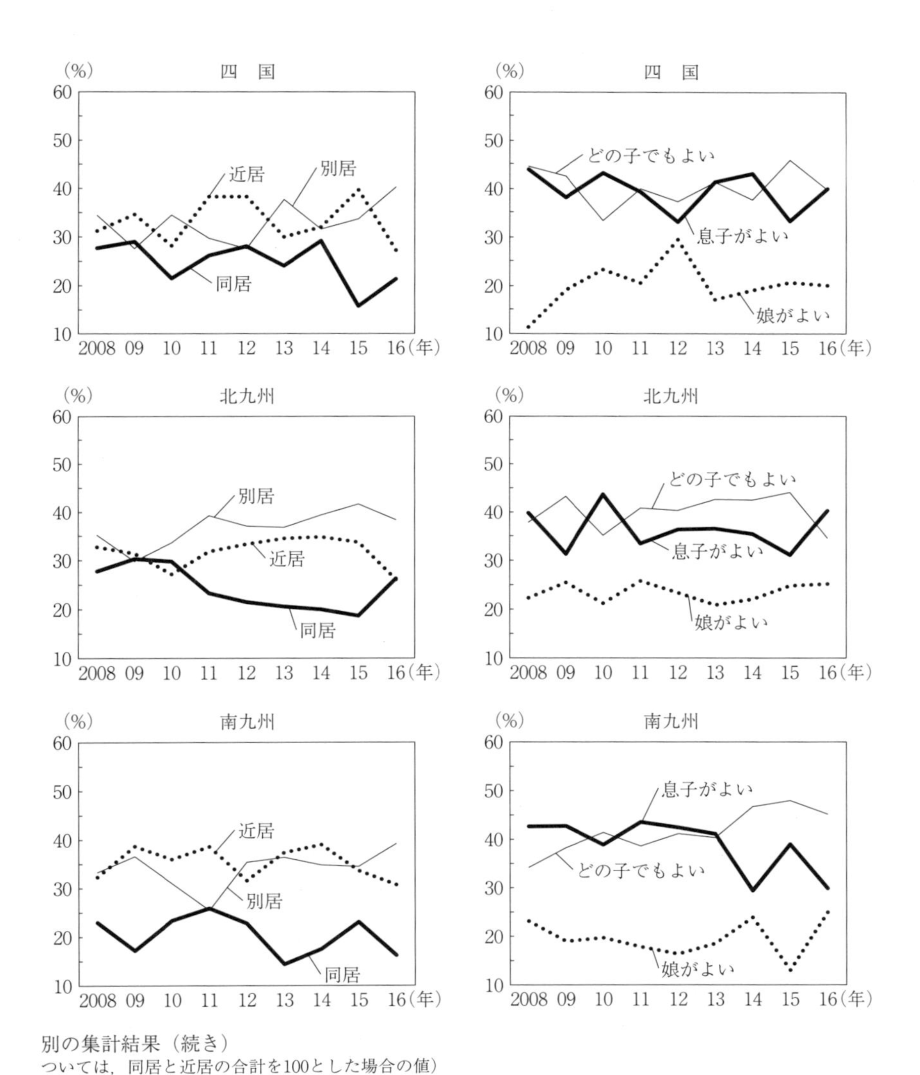

別の集計結果（続き）
ついては，同居と近居の合計を100とした場合の値）

次に2008年から2016年にかけてどのように変化しているのかについて地域別にみてみよう。推移を表すことができるのが10年弱の間であるため，顕著な変化はみられない。そのなかでも特徴的なのは，ほとんどの地域で［同居］が減少している点である。北海道，北関東，南関東，東海，中国，四国，北九州，南九州は減少傾向で，近畿は横ばい傾向だが元々［同居］が非常に少ない。東北・北陸・東山は例外的で，減少傾向がみられない。どの子を志向しているのかについては，大きな変化はみられないが，南関東・東海・近畿・中国・四国・南九州では［息子がよい］が減少傾向である。［娘がよい］はほぼ横ばいであるが，東北・北陸・東海・中国・四国・北九州では微増傾向がみられる。［どの子でもよい］は，南関東・東海・近畿・中国・南九州では増加傾向である。

以上のように，地域別で老後の暮らし方に関する志向の違いが表れていた。［同居］は東北・北陸・東山で多く，［近居］はどの地域でもほぼ3割程度であり，［別居］は北海道や近畿などで多かった。東北・東山・北陸以外の地域では，［同居］よりも［近居］の割合が多かった。どの子を志向しているのかについては，［息子がよい］は東北・北関東・北陸・東山，［娘がよい］は北海道や近畿，［どの子でもよい］は北海道や南関東などで多かった。2008年から2016年にかけての変化としては，ほとんどの地域で［同居］の減少，［息子がよい］の減少，［どの子でもよい］の増加といった傾向がみられた。例外的なのは，東北・北関東・北陸・東山であり，これらの地域では［同居］や［息子がよい］の割合が多く，減少傾向もみられないという特徴があった。

3　家族の地域性——東北日本型と西南日本型

これまで，さまざまな分野で日本における社会の諸類型に関する研究がなされ，地域性に関する議論がなされてきた。大林は次のように整理している。「日本における社会の諸類型は，1940年代から1960年代にかけてさまざまな学問の研究者が研究を進めたテーマである。（中略）研究は，それぞれ別の学問が進めた三つの方向に大別できよう。一つは社会学者福武直が代表する村落類型論であり，第二は民俗学者大間知篤三が代表する家族，婚姻類型論であり，第三は民俗学者岡正雄が仮説的に提示した古日本の諸文化複合を出発点とする方向であった。出発点と研究方向の相違にもかかわらず，これら三者に共通していたのは，日本において二つの地域的社会類型，つまり東北日本型と西南日本型を想定したことであった」（大林 1996：14）。

東北日本型は，東北地域と北陸地域に分布している。東北地域とは「主として東北地方に分布しているが，関東地方北部にも及んでいる」（大林 1996：16，泉ほか 1978：76-78），北陸地域とは「中核的な分布領域は北陸と中部内陸西部であるが，北の同族組織地帯や南の宮座地帯の一部にも広がっている」（大林 1996：20）とされている。西南日本型は，西日本の海岸地域と近畿地域に分布している。「主として西日本の海岸に分布しているが，東日本にも分派が伸びている。九州の北部と西部，瀬戸内地域，高知県，山陰東部，東海地方，千葉県が主な分布地域だが，北陸も分派がある」（大林 1996：23，泉ほか 1978：80-87），「中核地域は滋賀，奈良，大阪の府県，山城国つまり京都府南部からなる。外郭地域は若狭国つまり福井県西部，播磨国つまり兵庫県南部，和歌山県，出雲国つまり島根県東部と筑前国つまり福岡県北部を含んでいる」（大林 1996：28）とされている。

東北日本型の社会類型は同族組織あるいは親方子方組織を，西南日本型の社会類型は年齢階梯制や宮座あるいは講組組織を基本としている。それぞれの特徴としては，東北日本型では隠居制がない・父系的な親族関係・財産単独相続・姉家督制であること，対して西南日本型では隠居制である・顕著に双系的な親族関係・末子相続あるいは選定相続・姉家督制のないこと，である。

ここでは隠居制に着目したい。隠居制とは，「家内部における夫婦単位の別居制であって家長が生前にその地位を相続人にゆずり渡して別居する」ことであり，日本社会の家族的構成を象徴するものとされている（蒲生 1960：20）。隠居制と地域性との関連については以下のように整理されている。「かかる夫婦単位の別居制は東北五県には見られず，また日本海側の諸県にも稀薄であって福島県を北限とした西南日本，とくに太平洋沿岸諸府県に多く見られる。農地の生産力の低い単作地帯では広い経営面積を擁して，多くの家族労働力を結集する必要のある場合は，夫婦単位の別居制を作りえなかったのであろう。従って東北，北陸地方では家長が健在なる限り隠居しないことを原則とし，老衰，病気，不和等の特殊事情によってやむをえぬ場合にのみ行われ，一般的な慣習としての隠居制の存在ではない。これに対して西南日本に見られる隠居制は，一定の時期に一般的に行われる」（蒲生 1960：20-21）。つまり，成人した親子の居住関係という点において，東北日本型では親子が同居し，西南日本型では別居するという地域性があったということである。

前節の分析では，［同居］を志向する割合が多いのは東北・北陸・東山，［息子がよい］も東北・北陸・東山であった。また，他の地域とは異なり，［同居］や［息子がよい］が減少していない傾向をみせていたのも東北・北陸・東山であり，北関東もその傾向がみられた。こうした分析結果は，東北日本型の分布が「主として東北地方に分布しているが，関東地方北部にも及んでいる」という点，隠居制が「かかる夫婦単位の別居制は東北五県には見られず」「東北，北陸地方では家長が健在なる限り隠居しないことを原則とし」ているという点と非常に合致する傾向を示している。反対に，［別居］を志向する割合が高いのは南関東・近畿（・北海道）であったが，これは西南日本型の分布が「福島県を北限とした西南日本，とくに太平洋沿岸諸府県に多く見られる」という点と似た傾向である。また南関東・近畿（・北海道）は［どの子でもよい］の割合も高く，これらを含めた西南日本に一致する各地域では，［どの子でもよい］の割合が増加していた。このように，東北日本型―西南日本型という地域性が現代社会において，しかも人々の意識面において確認できたことは特筆すべき知見であったといえる。

こうした地域性やあるいは都市規模の違いに留意しなければならないが，本章の分析によって，全体的な傾向として［同居］の減少，［息子がよい］の減少，［どの子でもよい］の増加といった志向の変化が明らかとなった。老後の暮らし方について，意識面において明らかな変化が生じているということである。また各分析において，［近居］を志向する割合は，［同居］と同じかそれより多い割合であった。このことから，意識の面だけではなく，事実の面からも［近居］の実態を把握するべきだといえるだろう。

注

(1)「国民生活に関する世論調査」が最初に実施されたのは1948（昭和23）年で，その後1954（昭和29）年２月・同年８月・1955（昭和30）年におこなわれたあと，1958（昭和33）年実施分が第１回とされ，それ以降はほぼ毎年実施されている。

(2)　調査結果は内閣府大臣官房政府広報室ホームページに公表されている。（http://survey.gov-online.go.jp/index-ko.html）

第3章
「関西ニュータウンの比較調査研究」の概要と特徴

ここからは，「関西ニュータウンの比較調査研究」（以下「NT 調査」）の調査データを用いて分析をおこなう。本章第1節では，NT 調査の調査概要と，調査対象となったニュータウンの概要について説明する。第2節では，回答データの基本的属性について整理する。第3節では，ニュータウン住民の特徴を同居家族構成の観点から分析する。

1　調査および調査対象地の概要

（1）「関西ニュータウンの比較調査研究」調査概要

NT 調査は，関西の8つの大規模ニュータウンを対象に，人々の居住実態や居住地選択行動，人間関係等の実態把握を通して，関西都市圏の形成過程や都市構造を明らかにすることを目的[(1)]に2004年に実施されたものである[(2)]。この調査は，関西学院大学社会学研究科21世紀 COE プログラム「『人類の幸福に資する社会調査』の研究」2003年度指定研究の1つとして実施された（研究代表者：大谷信介）。筆者は研究代表者の研究室の大学院生として調査の企画・実施に携わった。調査概要は以下のとおりである。

「関西ニュータウンの比較調査研究」

【調査対象地】関西の８つの大規模ニュータウン*（カッコ内は開発年度）

千里ニュータウン（1962年）：大阪府豊中市，吹田市

泉北ニュータウン（1966年）：大阪府堺市

須磨ニュータウン（1967年）：兵庫県神戸市須磨区

平城ニュータウン（1972年）：奈良県奈良市，京都府木津川市・精華町

洛西ニュータウン（1976年）：京都府京都市西京区

三田ニュータウン（1981年）：兵庫県三田市

西神ニュータウン（1982年）：兵庫県神戸市西区

トリヴェール和泉（1992年）：大阪府和泉市

【調査期間】　2004年２月14日～３月31日

【調査対象者】20～92歳の有権者

【調査方法】　郵送法による質問紙調査

【抽出法】　選挙人名簿による系統抽出法

【回収数】　1685票／4800票（回収率35.1％）

*　調査対象地の選定基準は，基本的には開発面積500ヘクタール以上を原則とした。さらに，自治体等への聞き取りによって対象地の検討をおこなった。開発年度・都道府県・都心からの距離・住民構成（年齢構成等）等を考慮し，多様なタイプのニュータウンを選定するようにした。

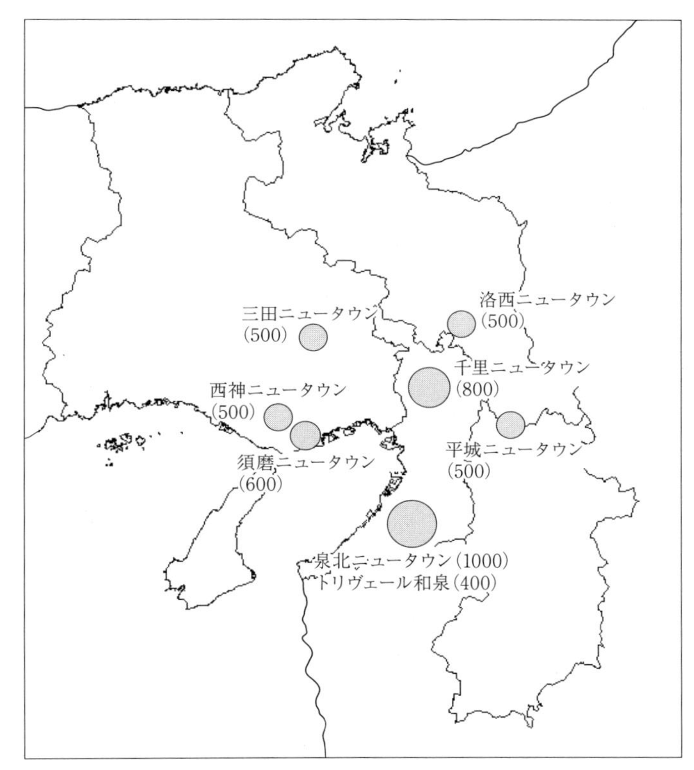

図3-1　調査対象のニュータウン

表3-1　各ニュータウンのサンプル数・回収数・回収率

	1995年人口	サンプル数	回収数	回収率（%）
千　里	81280	800	258	32.3
泉　北	115753	1000	332	33.2
須　磨	56628	600	201	33.5
平　城	25871	500	178	35.6
洛　西	26285	500	148	29.6
三　田	26136	500	202	40.4
西　神	37954	500	197	39.4
トリヴェール	5400	400	150	37.5
全　体	375307	4800	1685	35.1

注：(1)　人口は1995年国勢調査。
(2)　各ニュータウンのサンプル数は，1995年国勢調査町丁字等別人口（20歳以上）を基準とし，以下の原則にしたがって決定した。～19999人＝400サンプル，20000～39999人＝500サンプル，40000～59999人＝600サンプル，60000～79999人＝700サンプル，80000～99999人＝800サンプル，100000～119999人＝900サンプル，120000人～＝1000サンプル。

（2）調査地概要

調査対象となったニュータウンについて，まちびらきの古い順に紹介していこう[3]。詳細については，関西学院大学社会学部大谷研究室『ニュータウン住民の住居選択行動と生活実態――「関西ニュータウン比較調査」報告書』2005年，を参照されたい。

①　千里ニュータウン

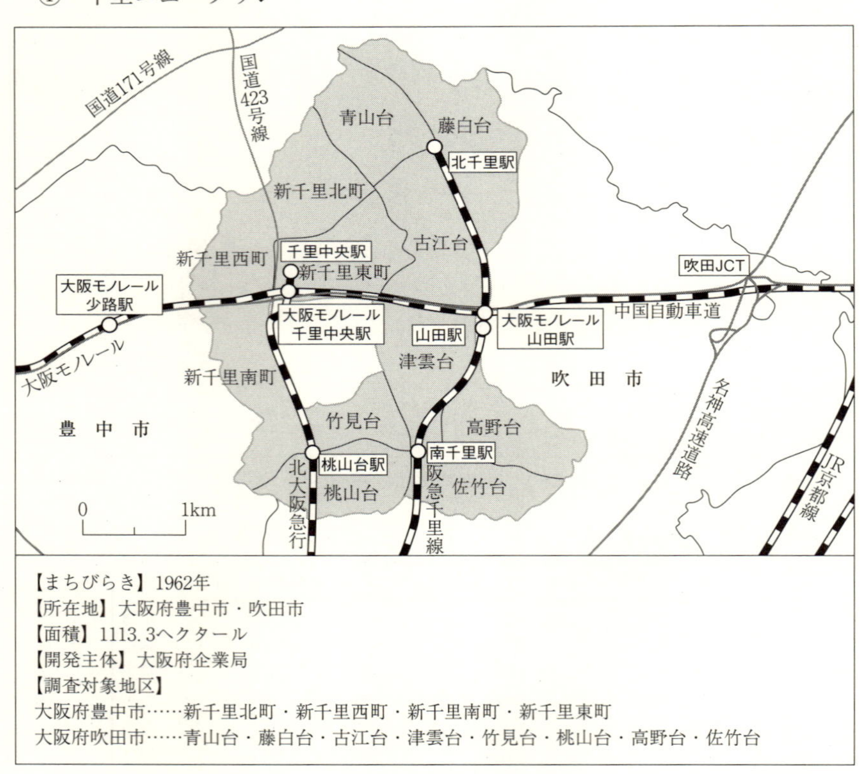

千里ニュータウン

大阪市中心部から北北東へ約12キロメートル，大阪府吹田市・豊中市にまたがる千里丘陵にある。ニュータウン内には北大阪急行電鉄（千里中央駅，桃山台駅），阪急電鉄千里線（北千里駅，山田駅，南千里駅），大阪モノレール（千里中央駅，山田駅）がある。大阪梅田へは約20分である。道路交通は，周辺に名神高速道路・中国自動車道・近畿自動車道といった高速道路がある。大阪市内へは新御堂筋で行くことができる。大阪中央環状線によって大阪国際空港や茨木・摂津・門真・東大阪方面とも結ばれている。

千里ニュータウン年表（カッコ内は入居が始まった住所地名）

1958年	開発決定	
61	起工式	
62	まちびらき（佐竹台）	
63	（高野台・津雲台）	阪急電鉄「南千里」まで開通
64	（藤代台・古江台）	
65	（青山台）	
66	（新千里北町・新千里東町）	
67	（桃山台・竹見台）	阪急電鉄「北千里」まで開通
68	（新千里西町・新千里南町）	
70	日本万国博覧会（大阪万博）開催	北大阪急行・大阪市営地下鉄御堂筋線と相互乗り入れ 北大阪急行「千里中央」開業 中央環状線・新御堂筋全通，中国自動車道開通
90		大阪モノレール開通（千里中央～南茨木）
97		大阪モノレール「大阪空港」へ延伸開通
2002	まちびらき40周年記念事業開催	
12	まちびらき50周年記念事業開催	

② 泉北ニュータウン

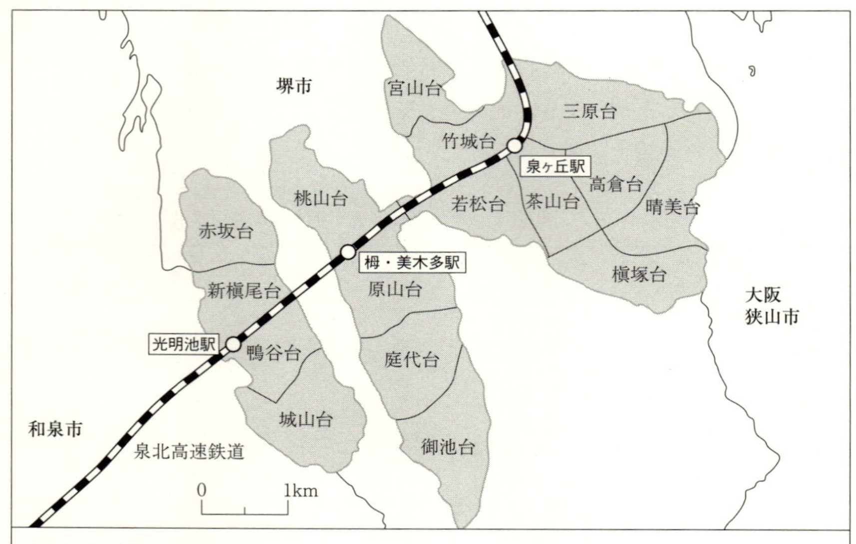

【まちびらき】1966年
【所在地】大阪府堺市
【面積】1557ヘクタール
【開発主体】大阪府
【調査対象地区】
宮山台・竹城台・三原台・茶山台・高倉台・若松台・晴美台・桃山台・原山台・庭代台・御池台・赤坂台・新檜尾台・鴨谷台・城山台

泉北ニュータウン

大阪府南部の堺市にあり，大阪中心部からは南東へ約30キロメートル。ニュータウン内には泉北高速鉄道の光明池駅，栂・美木多駅，泉ヶ丘駅の３つの駅があり，中百舌鳥（なかもず）駅で南海電鉄に乗り入れなんばまで直通している。また，中百舌鳥では大阪市営地下鉄御堂筋線と接続している。道路交通は，周辺に阪和自動車道（近畿道や阪神高速と接続）・堺泉北道路が走り，堺市内とは泉北１号線が結んでいる。また府道堺泉北環状線がニュータウンの外周を囲んでいる。

泉北ニュータウン年表（カッコ内は入居が始まった住所地名）

1964年	開発決定	
66	起工式	
67	まちびらき（宮山台）	
69	（竹城台）	泉北２号線開通
70	（若松台）	泉北１号線開通
71	（茶山台・三原台）	泉北高速鉄道（中百舌鳥〜泉ヶ丘）開通
72	（桃山台・槇塚台・晴美台・高倉台）	泉北高速鉄道（泉ヶ丘〜栂・美木多）開通
74	（原山台）	
75	（赤坂台・庭代台）	
77	（城山台・鴨谷台）	泉北高速鉄道（栂・美木多〜光明池）開通
79	（御池台・新檜尾台）	
83		第２阪名国道開通

③ 須磨ニュータウン

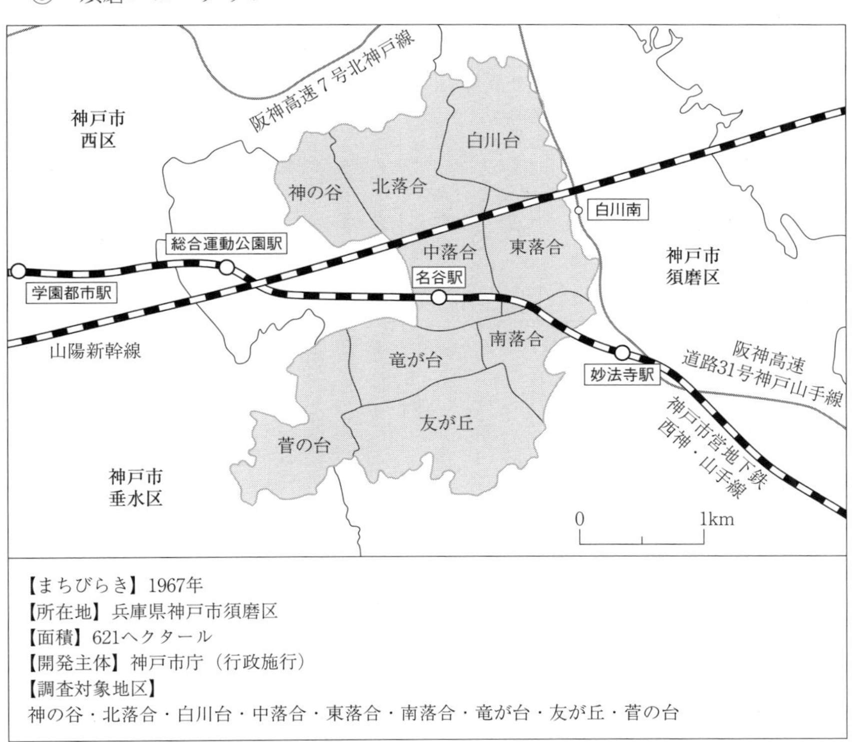

【まちびらき】1967年
【所在地】兵庫県神戸市須磨区
【面積】621ヘクタール
【開発主体】神戸市庁（行政施行）
【調査対象地区】
神の谷・北落合・白川台・中落合・東落合・南落合・竜が台・友が丘・菅の台

須磨ニュータウン

神戸市須磨区にあり，神戸市中心部からは北西に約10キロメートル。ニュータウン内に神戸中心部へと結ぶ神戸市営地下鉄西神山手線の名谷駅があり，妙法寺駅，総合運動公園前駅も近い。道路交通は，ニュータウンの周囲に阪神高速31号神戸山手線，阪神高速７号北神戸線，第二神明道路が走っている。中国自動車道，山陽自動車道，神戸淡路鳴門自動車道にもアクセスが容易である。

須磨ニュータウン年表（カッコ内は入居が始まった住所地名）

年		
1964年		神明バイパス開通
66	入居開始	
67	（友が丘）	
70	（白川台）	第２神明道路開通
73	（高倉台*）	
75	（菅の台）	
76	（竜が台）	
77		神戸市営地下鉄（新長田～名谷）開通
78	（東落合）	
79	（神の谷）	
81	（南落合・中落合）	
83	（北落合）	神戸市営地下鉄（新長田～大倉山）開通
84	（西落合*）	山麓バイパス開通
85		神戸市営地下鉄（大倉山～新神戸）開通
		神戸市営地下鉄（名谷～学園都市）開通
87		神戸市営地下鉄全線開通（学園都市～西神中央）
88		北神急行電鉄開業（神戸市営地下鉄と相互乗入）

＊　高倉台・西落合はNT調査では調査対象に含んでいないが，一般的には須磨ニュータウンとして称されているため年表に加えている。

④ 平城ニュータウン

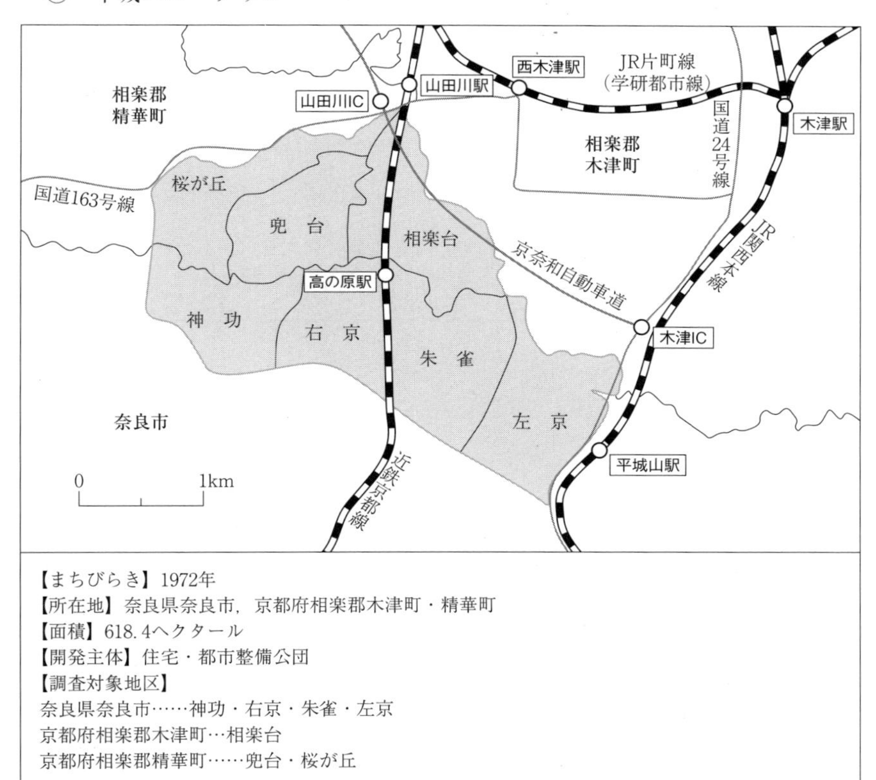

【まちびらき】1972年
【所在地】奈良県奈良市，京都府相楽郡木津町・精華町
【面積】618.4ヘクタール
【開発主体】住宅・都市整備公団
【調査対象地区】
奈良県奈良市……神功・右京・朱雀・左京
京都府相楽郡木津町…相楽台
京都府相楽郡精華町……兜台・桜が丘

平城ニュータウン

奈良県と京都府にまたがって位置し，奈良市中心部からは北西へ約5キロメートル。南北に近鉄京都線が通り，ニュータウン内に高の原駅がある。北側には近鉄山田川駅，東側にはJR関西本線（大和路線）平城山駅も近い。道路交通は，周辺に京阪和自動車道があり，山田川IC，木津ICがある。一般道については，奈良市中心部へは国道24号線，また24号線を北上すると京都市内へ，大阪市内へは国道163号線が通っている。

平城ニュータウン年表（カッコ内は入居が始まった住所地名）

1964年	開発決定	
65		名阪国道開通
71		奈良バイパス開通
72	まちびらき　（右京）	近鉄高の原駅開業
73	（神功）	平城団地線のバス運行開始
76	（朱雀）	
77		高の原駅に急行停車
83	（左京・桜が丘）	
85		国鉄平城山駅開業
86	（相楽）	高の原駅バスターミナル開業
87		高の原駅タクシーターミナル開業

⑤　洛西ニュータウン

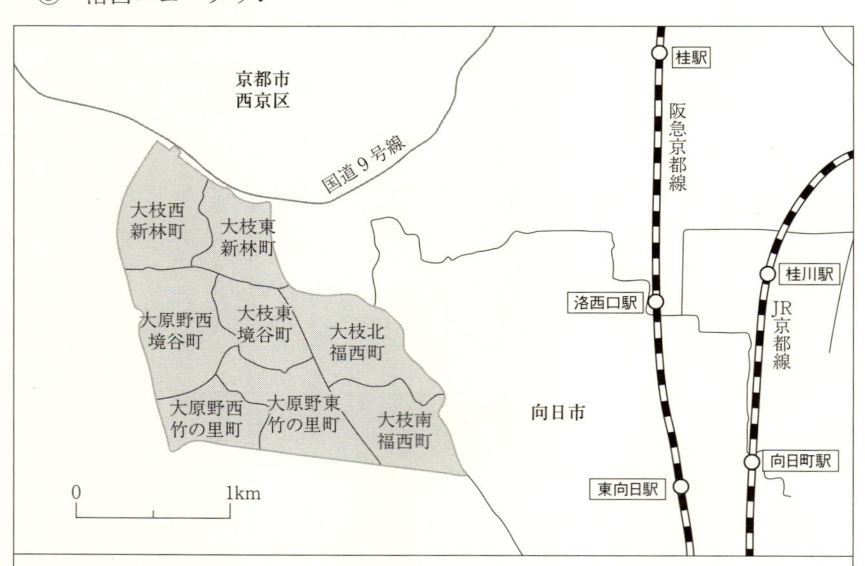

【まちびらき】1976年
【所在地】京都市西京区
【面積】268.1ヘクタール
【開発主体】都市公団
【調査対象地区】
大枝西新林町・大枝東新林町・大枝東境谷町・大枝北福西町・大枝南福西町・大原野西境谷町・大原野西竹の里町・大原野東竹の里町

洛西ニュータウン

京都市南西部の丘陵地にあり，京都市中心部から西南へ約10キロメートル。ニュータウンから徒歩圏内に駅はなく，京都市営バス，阪急バス，京都交通，ヤサカバスが運行している。2003年に阪急洛西口駅が，2008年にJR桂川駅が開業したが，やはり徒歩圏外である。道路交通は，京都市の中心部五条通へと延びる国道9号線がある。しかし，市内中心部へ出るのはこの道路しかなく，ラッシュ時は渋滞がみられる。

洛西ニュータウン年表（カッコ内は入居が始まった住所地名）

1969年	開発決定	
72	起工式	
75	洛西ニュータウン管理公社発足 京都市市営住宅建設開始 （第1期宅地分譲）	
76	西京区誕生（右京区から分区） 入居開始　（第2期宅地分譲）	
77	（第3期宅地分譲：新林）	
78	（第4期宅地分譲：境谷西）	
79	（第5期宅地分譲：境谷東）	京都市交通局洛西営業所開設
80	（第6期宅地分譲：境谷西，新林北）	
82		洛西バスターミナル開設

⑥　三田ニュータウン

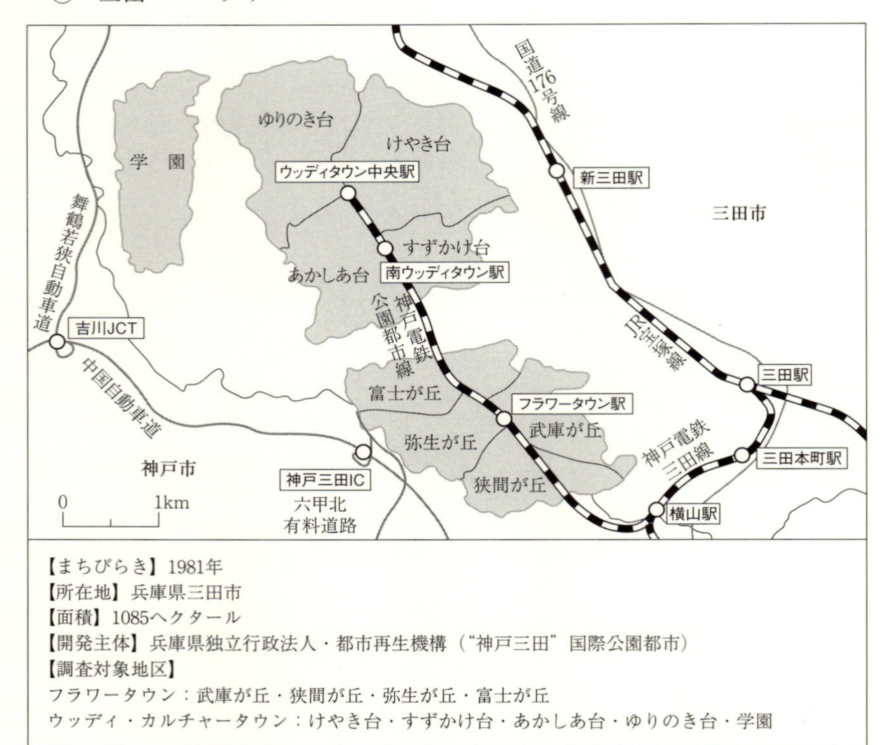

【まちびらき】1981年
【所在地】兵庫県三田市
【面積】1085ヘクタール
【開発主体】兵庫県独立行政法人・都市再生機構（“神戸三田”国際公園都市）
【調査対象地区】
フラワータウン：武庫が丘・狭間が丘・弥生が丘・富士が丘
ウッディ・カルチャータウン：けやき台・すずかけ台・あかしあ台・ゆりのき台・学園

三田ニュータウン

兵庫県南東部，阪神地域や六甲山の北側に位置する三田市にある。神戸からは25キロメートル圏内，大阪からは35キロメートル圏内である。フラワータウン，ウッディタウン，カルチャータウンの３つの地区からなる。ニュータウン内には神戸電鉄の３つの駅（フラワータウン駅，南ウッディタウン駅，ウッディタウン中央駅）がある。ニュータウンの北側にはJR福知山線の三田駅と新三田駅があり，大阪中心部へ通うことができる。新三田駅は大阪方面行の始発駅となっていることが多い。道路交通は，周辺に神戸三田IC・三田西ICがあり，中国自動車道・舞鶴自動車道のほか山陽自動車道・阪神高速北神戸線・六甲北有料道路ともつながっている。また，国道176号線，県道141号線・316号線・720号線が周辺の主要道路となっている。

三田ニュータウン年表

1969年	開発決定		
73	フラワータウン起工式		
80	フラワータウン分譲開始		
81		ウッディタウン起工式	
82	フラワータウンまちびらき		
86		ウッディタウン分譲開始	JR 新三田駅開業 JR 福知山線（宝塚～新三田）複線化
87		ウッディタウンまちびらき	
88			近畿自動車道舞鶴線開通（吉川～丹南篠山口） 三田西 IC 開設，神戸三田 IC 開設
90			六甲北有料道路全線開通
91		カルチャータウン起工式 カルチャータウン分譲開始	神戸電鉄（横山～フラワータウン）開業
92		カルチャータウンまちびらき	フラワータウン・ウッディタウン間の三田幹線開通
95	阪神・淡路大震災		
96			神戸電鉄（横山～ウッディタウン中央）開通
97			JR 福知山線（新三田～篠山口）複線化

⑦　西神ニュータウン

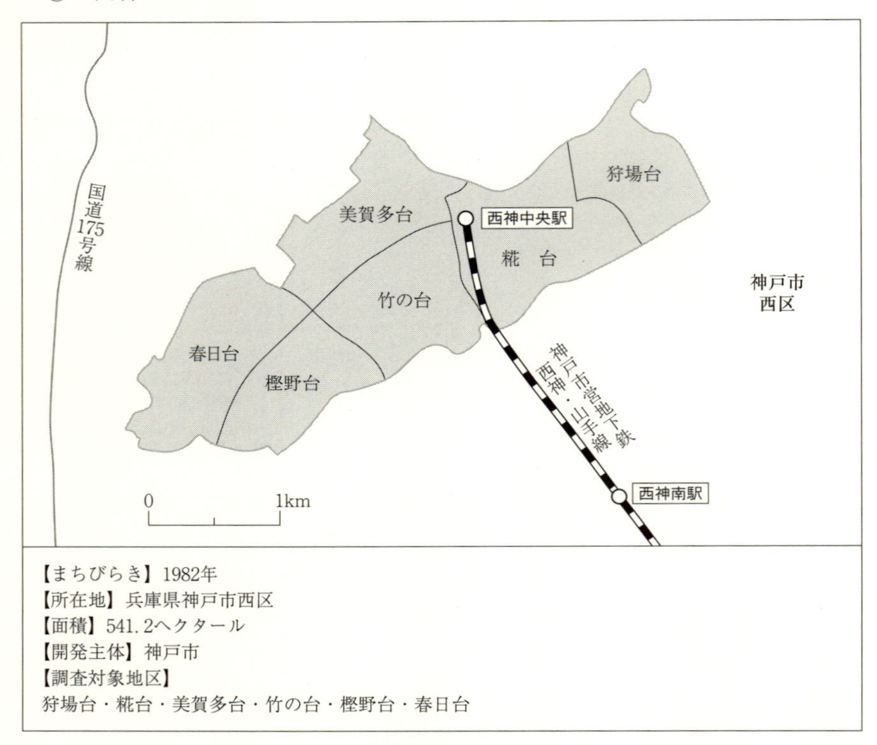

西神ニュータウン

神戸中心部から北西に約20キロメートル。ニュータウン内には神戸市営地下鉄西神山手線の終着駅の西神中央駅があり，神戸中心部に通うことができる。大阪へはそこからJRや阪急へと乗り換えることになる。道路交通としては，神戸淡路鳴門自動車道・山陽自動車道・第二神明道路などの道路交通の交差地点となっている。

西神ニュータウン年表

1972年	起工式	
77		神戸市営地下鉄（新長田～名谷）開通
82	入居開始	
85		神戸市営地下鉄（名谷～学園都市）開通
87		神戸市営地下鉄全線（～西神中央）開通
88		北神急行電鉄と相互直通運転開始
93	西神南ニュータウン建設	西神中央～新神戸間に快速が運転開始（95年に廃止）
95	阪神・淡路大震災	
98		明石海峡大橋開通

⑧　トリヴェール和泉

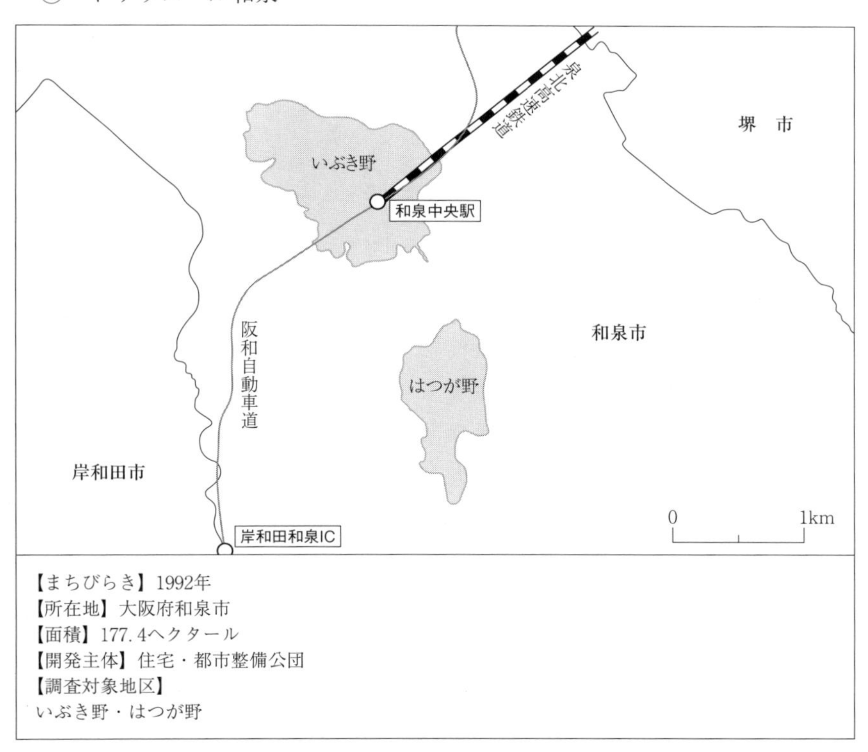

【まちびらき】1992年
【所在地】大阪府和泉市
【面積】177.4ヘクタール
【開発主体】住宅・都市整備公団
【調査対象地区】
いぶき野・はつが野

トリヴェール和泉

泉北ニュータウンのさらに南に開発されたニュータウンで，大阪中心部から南へ約30キロメートル。ニュータウン内に泉北高速鉄道の終点である和泉中央駅がある。はつが野エリアへはバスで10分程度である。泉北高速鉄道は中百舌鳥駅で南海電鉄に乗り入れ，なんばまで直通で行ける。また，中百舌鳥駅では大阪市営地下鉄御堂筋線とも接続している。道路交通は，阪和自動車道の和泉岸和田 IC が近くにある。阪和自動車道から阪神高速松原線を経由して大阪環状線や大阪市内へ，阪神高速湾岸線を経由して神戸方面や関西国際空港などとも結ばれている。

トリヴェール和泉年表（カッコ内は入居が始まった住所地名）

1991年		（まなび野）	
92	まちびらき	（いぶき野）	
93			阪和自動車道全線開通
94		（あゆみ野）	関西国際空港開業
95			泉北高速鉄道和泉中央駅開業
98		（はつが野）	阪和自動車道岸和田 IC と地区内道路が接続
99			唐国久井線（テクノステージ～外環線方面）供用開始 春木岸和田線全線車道供用開始

（3）各ニュータウンの人口的特徴

８つのニュータウンのまちびらき年，入居の時期や期間は異なっているため，各ニュータウンの年齢別人口構成も同じではない。図３－２は，2000年国勢調査小地域集計（町丁字等別データ）を用いて，年齢別人口比率をグラフに表したものである[4]。グラフは，棒線がニュータウンの人口を，折れ線が日本全体の人口を表している。いずれのグラフも縦軸の目盛りは最大値2.5％に統一している。また65歳以上人口と団塊の世代（2000年時点で50～53歳）[5]に該当する年齢に色を付けている。

日本全体としても団塊の世代や団塊ジュニア世代を中心に人口が偏っているが，ニュータウンではそれ以上に人口構成が偏っているところがみられる。入居が短期間の間に一斉におこなわれたため，このような偏りが生じている。しかし一方で，入居が段階的におこなわれている平城ニュータウンは，大きな偏

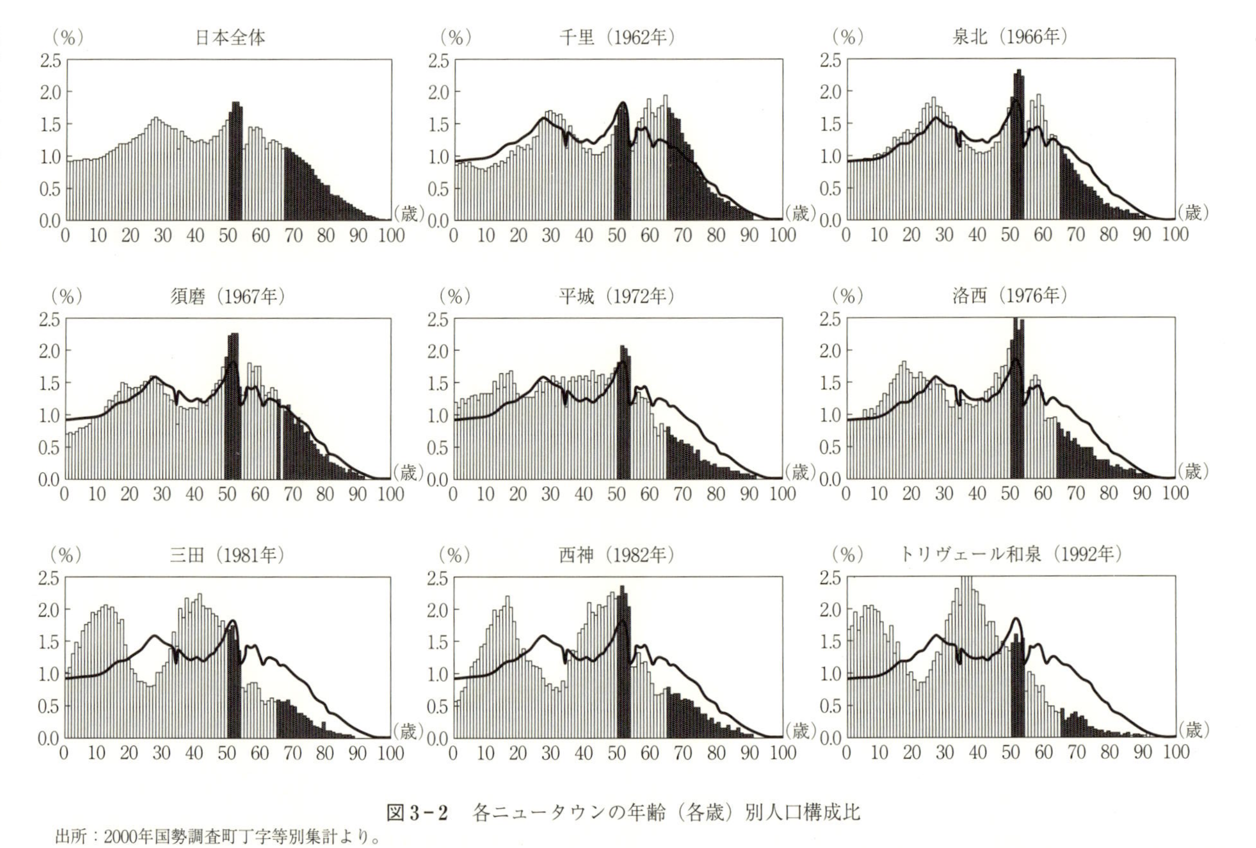

図3-2　各ニュータウンの年齢（各歳）別人口構成比

出所：2000年国勢調査町丁字等別集計より。

りはなく構成されている。

2　データの特徴と分析方針

（1）調査データの基本的特徴

NT 調査の回収数は1685，回収率は35.1％であった。まず回答者の属性を整理するにあたって，「みずから住居選択をしてニュータウンに転居したわけではない人」や「未婚の人」を分析から省いた。入居時は「子ども」だったが調査時点で成人していたため調査対象となったケースや，たとえ入居時に成人していたとしても親の居住地選択についてきただけだったといったケースが含まれていたからである。それらを省いた結果，サンプル数は1277となった。以下は，その1277サンプルの単純集計結果である。表3-2は，それをニュータウン別に整理したものである。

〈単純集計結果〉

性　別
男性51.2％（648），女性48.8％（618）
現在の年齢（男性）
20歳代0.6％（4），30歳代9.2％（59），40歳代16.3％（104），50歳代29.6％（189），60歳代28.4％（181），70歳以上15.8％（101）
現在の年齢（女性）
20歳代2.3％（14），30歳代15.6％（94），40歳代22.7％（137），50歳代28.1％（170），60歳代19.9％（120），70歳以上11.4％（69）
居住形態
持ち家一戸建46.3％（587），購入マンション27.6％（350），賃貸マンション14.3％（181），公営住宅8.4％（107），その他3.3％（42）
入居年
1970年代以前20.5％（258），1980年代26.6％（334），1990年代35.6％（447），2000年代17.3％（218）
居住年数
10年未満36.9％（464），20年未満29.4％（369），30年未満21.7％（273），30年以上12.0％（151）
学歴（男性）
中学校8.8％（56），高校34.1％（216），高専・短大9.8％（62），大学・大学院47.2％（299）
学歴（女性）
中学校6.7％（41），高校46.3％（282），高専・短大22.8％（139），大学・大学院24.1％（147）
世帯年収
200万円未満5.1％（63），200～400万円21.4％（266），400～600万円17.1％（212），600～800万円15.6％（194），800～1000万円16.2％（201），1000万円以上17.1％（212），答えたくない7.6％（95）

表3-2 ニュータウン別：回答者の属性

	千里	泉北	須磨	平城	洛西	三田	西神	トリヴェール
性　別								
男　性	41.6	54.2	53.4	54.9	58.2	47.6	51.3	46.5
女　性	58.4	45.8	46.6	45.1	41.8	52.4	48.7	53.5
現在の年齢（男性）								
20歳代	1.5	0.7	1.3	1.3	0.0	0.0	0.0	0.0
30歳代	9.1	7.7	6.6	14.1	6.3	7.5	5.3	23.1
40歳代	4.5	12.7	10.5	15.4	6.3	23.8	27.6	36.5
50歳代	18.2	24.6	32.9	37.2	31.7	33.8	30.3	32.7
60歳代	34.8	34.5	38.2	24.4	38.1	20.0	21.1	5.8
70歳以上	31.8	19.7	10.5	7.7	17.5	15.0	15.8	1.9
現在の年齢（女性）								
20歳代	2.1	3.4	4.5	1.6	0.0	2.3	0.0	3.3
30歳代	10.6	12.7	13.6	15.9	4.5	22.1	11.1	35.0
40歳代	16.0	11.0	15.2	23.8	20.5	37.2	34.7	30.0
50歳代	17.0	37.3	33.3	28.6	29.5	25.6	34.7	16.7
60歳代	29.8	26.3	27.3	17.5	29.5	5.8	8.3	11.7
70歳以上	24.5	9.3	6.1	12.7	15.9	7.0	11.1	3.3
居住形態								
持ち家一戸建	20.2	41.8	39.9	54.9	50.9	60.9	63.2	43.0
購入マンション	23.9	23.5	37.2	17.6	12.7	32.0	28.3	50.0
賃貸マンション	38.0	19.8	11.5	21.1	7.3	3.0	0.7	4.4
公営住宅	17.8	12.3	8.8	1.4	22.7	1.8	1.3	0.0
その他	0.0	2.6	2.7	4.9	6.4	2.4	6.6	2.6
入居年								
1970年代	48.1	37.2	30.8	10.0	19.8	0.0	0.0	0.0
1980年代	14.8	25.9	33.6	29.3	57.5	20.2	36.2	0.9
1990年代	22.2	18.0	21.2	36.4	21.7	63.1	50.0	65.8
2000年代	14.8	18.8	14.4	24.3	0.9	16.7	13.8	33.3
居住年数								
10年未満	30.9	27.3	24.7	39.6	14.2	53.0	30.3	86.8
10～19年	11.7	19.5	20.5	42.4	26.4	43.5	61.2	12.3
20～29年	16.7	31.5	39.7	14.4	59.4	3.6	8.6	0.9
30年以上	40.7	21.7	15.1	3.6	0.0	0.0	0.0	0.0
学歴（男性）								
中学校	15.4	11.6	13.0	1.3	11.3	5.0	5.3	5.8
高　校	27.7	39.1	37.7	23.4	40.3	31.3	35.5	34.6
高専・短大	15.4	8.0	11.7	7.8	4.8	11.3	7.9	13.5
大学・大学院	41.5	41.3	37.7	67.5	43.5	52.5	51.3	46.2
学歴（女性）								
中学校	9.0	11.7	8.8	1.6	11.4	2.2	2.7	3.3
高　校	51.7	49.2	60.3	42.2	50.0	38.2	40.5	38.3
高専・短大	20.2	22.5	8.8	21.9	27.3	30.3	25.7	26.7
大学・大学院	19.1	16.7	22.1	34.4	11.4	29.2	31.1	31.7
収　入								
200万円未満	9.6	5.7	4.8	5.0	7.5	1.8	4.0	0.0
200～400万円	32.7	26.4	30.3	12.8	31.8	9.6	14.8	8.9
400～600万円	17.3	22.2	15.2	17.7	19.6	16.3	8.7	16.1
600～800万円	10.3	12.6	14.5	15.6	14.0	18.7	18.8	24.1
800～1000万円	7.7	11.9	13.1	17.7	11.2	21.7	31.5	17.0
1000万円以上	14.7	13.8	12.4	24.1	10.3	21.7	18.8	23.2
答えたくない	7.7	7.3	9.7	7.1	5.6	10.2	3.4	10.7

（2）本書の分析方針

本研究では，「持ち家一戸建居住者」と「購入マンション居住者」を分析対象とし，「賃貸マンション居住者」と「公営住宅居住者」は分析から省くこととした。その理由は，「家を買うこと」の意味を重視したためである。一般的に一戸建や購入マンションは，人生のなかでも最も大きい買い物といえる。どんな家を買うか，いつ買うか，どこに買うか，予算はいくらか，多くの人はよくよく考えて購入に至るだろう。一度買ってしまうと買い替えることは難しいため，ある程度その家に住み続けることを念頭に購入する。「終の棲家」のつもりで買う人も少なくないだろう。一方，賃貸住宅居住者もさまざまなことを考慮して住居を決めているだろうが，やはり「家を買う」ほどの重みはないといえる。何かあれば転居することが容易だからである。したがって，家を購入する場合と家を借りる場合とでは，その住居に住むことを決定するにあたっての選択の重みに違いがあると考えた。

実際に，NT 調査のデータを用いて両者を比較すると，明らかな違いがみられた。表3－3は，4つの居住形態別に，今後の定住予定について整理したものである（質問文は「あなたは，現在の住居に今後も住み続ける予定ですか」）。「おそらく一生住み続けるだろう」と回答した割合は，持ち家一戸建80.5%，購入マンション63.1%，公営住宅58.8%，賃貸マンション39.0%と，居住形態による違いが示されている。

表3－3　居住形態別：入居時の定住予定

	1．おそらく一生住み続けるだろう	2．おそらく転居するだろう	計
持ち家一戸建	80.5	19.5	100.0 (575)
購入マンション	63.1	36.9	100.0 (347)
賃貸マンション	39.0	61.0	100.0 (177)
公営住宅	58.8	41.2	100.0 (102)
計	67.5	32.5	100.0 (1201)

注：$p < 0.000$

以上のことから，本書では分析対象を以下のように設定する。

（みずから住居選択をした既婚の人で）
「持ち家一戸建居住者」または「購入マンション居住者」

その結果，分析対象は937サンプルとなった。以下はその937サンプルの単純集計をまとめたものである。表3-4は，それをニュータウン別に整理したものである。

〈単純集計結果〉

性　別
男性50.2%（469），女性49.8%（465）
現在の年齢（男性）
20歳代0.4%（2），30歳代8.3%（38），40歳代19.6%（90），50歳代29.6%（136），
60歳代27.4%（125），70歳以上15.0%（69）
現在の年齢（女性）
20歳代1.1%（5），30歳代14.5%（66），40歳代26.4%（120），50歳代27.9%（127），
60歳代19.1%（87），70歳以上11.0%（50）
居住形態
持ち家一戸建62.6%（587），購入マンション37.4%（350）
入居年
1970年代以前17.3%（160），1980年代27.2%（252），
1990年代38.9%（360），2000年代16.5%（153）
居住年数
10年未満38.1%（353），20年未満32.1%（297），
30年未満20.3%（188），30年以上9.5%（88）
学歴（男性）
中学校5.7%（26），高校31.5%（144），高専・短大9.2%（42），大学・大学院53.6%（245）
学歴（女性）
中学校4.8%（22），高校44.6%（206），高専・短大24.2%（112），大学・大学院26.4%（122）
世帯年収
200万円未満2.5%（23），200～400万円15.2%（139），400～600万円15.5%（142），
600～800万円17.4%（159），800～1000万円19.7%（180），
1000万円以上21.8%（200），答えたくない8.0%（73）

表3－4　ニュータウン別：回答者の属性

	千里	泉北	須磨	平城	洛西	三田	西神	トリヴェール
	(72)	(175)	(114)	(103)	(70)	(157)	(139)	(106)
性　別								
男　性	43.1	41.1	50.0	58.3	54.3	48.4	51.1	44.3
女　性	56.9	48.9	50.0	41.7	45.7	51.6	48.9	55.7
現在の年齢（男性）								
20歳代	3.2	1.1	0.0	0.0	0.0	0.0	0.0	0.0
30歳代	6.5	6.8	1.9	13.3	2.7	6.7	4.3	26.1
40歳代	6.5	13.6	13.0	16.7	5.4	25.3	30.4	37.0
50歳代	19.4	22.7	31.5	38.3	37.8	30.7	29.0	28.3
60歳代	25.8	37.5	40.7	23.3	40.5	21.3	20.3	6.5
70歳以上	38.7	18.2	13.0	8.3	13.5	16.0	15.9	2.2
現在の年齢（女性）								
20歳代	0.0	0.0	1.9	2.3	0.0	1.3	0.0	3.4
30歳代	7.3	11.9	13.0	9.3	3.2	20.5	7.6	34.5
40歳代	24.4	13.1	18.5	23.3	16.1	41.0	36.4	31.0
50歳代	12.2	36.9	27.8	27.9	32.3	26.9	34.8	17.2
60歳代	19.5	29.8	31.5	20.9	35.5	6.4	9.1	10.3
70歳以上	36.6	8.3	7.4	16.3	12.9	3.8	12.1	3.4
居住形態								
持ち家一戸建	45.8	64.0	51.8	75.7	80.0	65.6	69.1	46.2
購入マンション	54.2	36.0	48.2	24.3	20.0	34.4	30.9	53.8
入居年								
1970年代	46.5	35.5	33.9	10.9	25.4	0.0	0.0	0.0
1980年代	14.1	27.3	37.5	35.6	52.2	21.8	33.8	0.9
1990年代	21.1	16.3	19.6	33.7	22.4	64.7	54.0	66.0
2000年代	18.3	20.9	8.9	19.8	0.0	13.5	12.2	33.0
居住年数								
10年未満	36.6	30.6	15.2	33.7	13.4	50.6	29.5	87.7
10～19年	8.5	15.0	24.1	47.5	25.4	45.5	64.7	11.3
20～29年	9.9	35.8	42.9	14.9	61.2	3.8	5.8	0.9
30年以上	45.1	18.5	17.9	4.0	0.0	0.0	0.0	0.0
学歴（男性）								
中学校	6.7	8.2	9.1	1.7	2.8	5.3	5.8	4.3
高　校	20.0	34.1	41.8	21.7	30.6	30.7	31.9	37.0
高専・短大	13.3	7.1	9.1	8.3	5.6	12.0	7.2	13.0
大学・大学院	60.0	50.6	40.0	68.3	61.1	52.0	55.1	45.7
学歴（女性）								
中学校	4.9	8.3	8.9	0.0	9.7	2.5	2.9	1.7
高　校	39.0	47.6	58.9	46.5	51.6	37.0	41.2	39.7
高専・短大	26.8	26.2	8.9	18.6	25.8	29.6	26.5	27.6
大学・大学院	29.3	17.9	23.2	34.9	12.9	30.9	29.4	31.0
収　入								
200万円未満	2.8	1.2	5.4	3.9	5.9	1.3	2.2	0.0
200～400万円	18.3	18.2	24.3	11.8	22.1	8.4	14.7	7.7
400～600万円	12.7	21.8	17.1	13.7	19.1	15.6	8.1	14.4
600～800万円	12.7	14.7	15.3	13.7	16.2	18.8	19.9	26.0
800～1000万円	9.9	15.9	16.2	19.6	14.7	23.4	31.6	18.3
1000万円以上	32.4	20.6	13.5	29.4	14.7	23.4	20.6	22.1
答えたくない	11.3	7.6	8.1	7.8	7.4	9.1	2.9	11.5

3 ニュータウン住民の特徴——同居家族構成から

ニュータウン住民には，どのような特徴があるだろうか。本節では，ニュータウン住民の同居家族構成という観点からその特徴を整理する。

NT 調査では，〈現在〉（調査時）だけでなく，ニュータウンへ越してきた〈入居時〉の実態についても把握するための調査票を作成した。同居家族構成についても，〈現在〉と〈入居時〉のそれぞれについて回答してもらった。「あなたを含めて一緒に住んでいる方を，次の中からあてはまる番号すべてに○をつけてください」という質問文を用い，表形式の解答欄を設けた[(6)]。

表3-5は，〈入居時〉の同居家族構成を整理したものである。持ち家一戸建・購入マンションとも，最も多くをしめるのは［夫婦と子］である（74.9%／69.6%）。持ち家一戸建では［三世代］11.6%・［夫婦］10.7%，購入マンションでは［夫婦］25.1%と続き，［その他］や［単身］は非常に少ない。ニュータウン住民においては，［夫婦と子］が典型的な家族構成であったといえる。

入居時に［夫婦と子］だった住民の詳細を整理すると以下のとおりである。

持ち家一戸建
夫婦の平均年齢は，夫42.7歳・妻39.8歳である。同居子の人数は平均1.8人で，長子12.4歳・末子8.2歳である。長子のライフステージは，［就学前（0～6歳）］24.5%，［小学生（7～12歳）］35.7%，［中高生（13～18歳）］19.9%，［大学生等（19～22歳）］8.5%，［23歳以上］11.4%である。

購入マンション
夫婦の平均年齢は，夫40.8歳・妻38.4歳である。同居子の人数は平均1.3人で，長子10.8歳・末子7.7歳である。長子のライフステージは，［就学前］37.8%，［小学生］28.5%，［中高生］15.7%，［大学生等］7.2%，［23歳以上］10.8%である。

このように，［夫婦と子］がニュータウン住民の典型であり，持ち家一戸建では「夫42歳・妻39歳という夫婦に，子ども2人（長子12歳・末子8歳）」，購入マンションでは「夫40歳・妻38歳という夫婦に，子ども1人（長子10歳）」という姿が，入居時の平均的な家族像であったと想像できる。いいかえれば，ニュータウンに住居を購入できるのは，夫が40歳頃であり，一戸建よりもマン

表３－５　入居時の同居家族構成

	単身	夫婦	夫婦と子	三世代	その他	計
持ち家一戸建	0.2 （１）	10.7 (60)	74.9 (420)	11.6 (65)	2.7 (15)	100.0 (561)
購入マンション	0.3 （２）	25.1 (86)	69.6 (238)	3.2 (11)	1.8 （６）	100.0 (342)
計	0.2 （２）	16.2 (146)	72.9 (658)	8.4 (76)	2.3 (21)	100.0 (903)

注：$p < 0.000$

ションのほうが若い時期に購入しているということである。

また，他の家族構成であっても，その多くが入居後に［夫婦と子］を経ていることが明らかとなった。たとえば持ち家一戸建居住者の［夫婦］10.7％（60サンプル）の現在の同居家族構成を整理すると，30代までに入居した23サンプル中15は現在までに［夫婦と子］に変化していた(7)。平均居住年数は20.4年である。［夫婦］のままの８サンプルは，居住年数が平均10.8年と短く，そのために変化が現れていない可能性も考えられる。また40代以降に入居してきた場合，ほとんどが［夫婦］のままであった。つまり［夫婦］で入居しても，夫婦の年齢が若ければ［夫婦と子］に変化し，それ以外は例外的なケースであるといえる。このことは［単身］にもあてはまり，1.0％（６サンプル）のうち半数が現在までに結婚し家族を形成し［夫婦と子］になっていた(8)。購入マンション居住者においても同じ傾向であった。入居時［夫婦］25.1％（86サンプル）のうち30代までに入居した51サンプル中29が［夫婦と子］に変化していた。40代以降に入居してきた31サンプルにおいては，［夫婦と子］へ変化していたのはわずか１サンプルであった。

このように詳細にみてみると，持ち家一戸建居住者の90.5％が入居時かそれ以降に［夫婦と子］になっていた(9)。これに当てはまらないケースはわずか9.5％（556サンプル中53）であった。また購入マンションにおいては，82.4％が入居時かそれ以降に［夫婦と子］であった。当てはまらないケースは17.6％（340サンプル中60）であった。［単身］や［夫婦］のままでいるのは，ニュータウンにおいては例外的なケースであるといえる。持ち家一戸建ではとくにその傾向が強い。以上のことから，ニュータウン住民の入居時の家族構成は［夫婦と子］が典型であると特徴づけることができる。このことは，ニュータウン住民が親とは同居せず別居しているということである。

注

(1) NT 調査の調査目的は，以下のような研究課題を明らかにすることである。①都市形成の視点：「それぞれのニュータウンは，どこから・どのような人が・どのような理由で移り住んできて形成されたのか」。ニュータウン住民の住宅選択行動の解明，ニュータウン住民の住民構成（年齢構成・出身地構成・実家所在地）の実態把握。②都市生活構造の視点：「ニュータウン住民は，どこで働き，どこで買い物をし，どこで遊んでいるのか」。都市住民の生活行動（通勤・通学・余暇活動等）の空間的把握。③パーソナル・ネットワークの視点：「ニュータウン住民は，どのような人間関係を取り結んでいるのか，それはニュータウン以外の住民の実態と異なっているのか」。ニュータウン住民の隣人関係・近隣関係・友人関係等の実態把握。

(2) NT 調査の詳細については，関西学院大学社会学部大谷研究室『ニュータウン住民の住居選択行動と生活実態——「関西ニュータウン比較調査」報告書』関西学院大学社会学部大谷研究室，2005年，あるいは，関西学院大学社会学部大谷研究室『関西ニュータウン住民の生活行動とネットワーク——「関西ニュータウン比較調査」報告書（２）』関西学院大学社会学部大谷研究室，2006年，を参照されたい。

(3) 面積は地図ソフト MANDARA にて算出した。

(4) 国勢調査小地域集計（町丁字等別データ）を用いると，市町村単位ではなくより狭い地域を対象にした分析をおこなうことができる。各ニュータウンに該当する住所地のデータを集計すると，ニュータウン単位の人口や年齢別人口を算出することが可能となる。ニュータウンが所在する市町村の実態ではなく，ニュータウン単位の実態を把握することができる。しかし，小地域集計（町丁字等別データ）はすべての調査年で公開されているわけではない。各齢別人口は2000年国勢調査でしか公開されていなかったため，2005年や2010年の各齢別人口データは得られなかった。

(5) 団塊の世代とは狭義には1947年から1949年生まれを，広義には1946年から1950年生まれをさす（天野 2001：６）。

(6) 同居家族構成を把握するための質問は以下のとおり。

現在および入居当時の家族構成について

あなたの家族構成についてお聞きします。それぞれの質問に対し，現在と入居当時の状況をお答え下さい。あなたを含めて一緒に住んでいる方を，次の中からあてはまる番号すべてに○をつけてください。○をつけた方の年齢は，必ずご記入ください。（不足する場合は，欄外にご記入ください。）

	現　在	入居当時 （入居当時とは，現在の住居に初めて入居された時点のことをお答えください。）
Q４. 一緒にお住まいになっているのはあなたを含めて何人ですか。	（　　　　）人	（　　　　）人
Q５. あなたを含めて一緒に住んでいる方を，次の中からあてはまる番号すべてに〇をつけてください。 また〇をつけた方の年齢は必ずご記入ください。 （不足する場合は，欄外にご記入ください。）	１．あなた自身（　　）歳 ２．あなたの配偶者（　　）歳 ３．あなたの父親（　　）歳 ４．あなたの母親（　　）歳 ５．配偶者の父親（　　）歳 ６．配偶者の母親（　　）歳 ７．祖父母（　　）歳 （　　）歳 ８．兄弟／姉妹（　　）歳 （　　）歳 （　　）歳 ９．あなたの子ども 一番目（　　）歳 二番目（　　）歳 三番目（　　）歳 四番目（　　）歳 10．子どもの配偶者（　　）歳 11．孫（　　）歳 12．その他（　　）歳	１．あなた自身（　　）歳 ２．あなたの配偶者（　　）歳 ３．あなたの父親（　　）歳 ４．あなたの母親（　　）歳 ５．配偶者の父親（　　）歳 ６．配偶者の母親（　　）歳 ７．祖父母（　　）歳 （　　）歳 ８．兄弟／姉妹（　　）歳 （　　）歳 （　　）歳 ９．あなたの子ども 一番目（　　）歳 二番目（　　）歳 三番目（　　）歳 四番目（　　）歳 10．子どもの配偶者（　　）歳 11．孫（　　）歳 12．その他（　　）歳

(7)　入居時［夫婦］の詳細は以下のとおりである。

年齢（入居時）	現在の家族構成
～30代（23）	夫婦（８），夫婦と子（13），その他（２）
40代（10）	夫婦（10）
50代（10）	夫婦（10）
60代～（15）	独居（１），夫婦（13），三世代（１）

(8)　入居時［単身］の詳細は以下のとおりである。

事例	性別	婚姻状況（入居時→現在）	居住年数	年　齢（入居時→現在）	家族構成（現在）	詳　細
①	男	既婚のまま	10～19年	40代→60代	夫婦と子	妻子が後から入居
②	男	未婚→既婚	20～29年	30代→50代	夫婦と子	入居後結婚し，子が誕生
③	男	未婚→既婚	30年～	20代→60代	三世代	入居後結婚し，子が誕生
④	男	未婚のまま	30年～	20代→60代	夫婦と子	親が後から入居
⑤	男	未婚のまま	0～9年	40代→50代	単　身	まだ居住年数が短い
⑥	女	未婚のまま	0～9年	NA	単　身	まだ居住年数が短い

(9) あくまでも入居時と現在だけを調査しているので，入居時以降に［夫婦と子］へ変化し，さらに他の同居家族構成へ変化したケースは，［夫婦と子］を経ていないケースとなっている。

第Ⅱ部
〈事実〉と〈意識〉からみる近居の実態

第4章
親の居住地の空間的分布

ニュータウン住民の親はどこに住んでいるのだろうか。本章では，ニュータウンごとに親の居住地を整理し，その分布を空間的に表したい。

まず第1節では，NT 調査の2つの特徴である「①調査対象をニュータウンに限定したこと」と「②〈最寄駅〉による空間的把握の試み」について説明する。親の居住地を把握するうえで非常に適した調査データである点をのべる。第2節では，8つのニュータウンごとに親の居住地を整理し，その分布を表した地図とともに親の居住地に空間的特徴がみられるのか検討する。

1 「関西ニュータウンの比較調査研究」の特徴

（1）調査対象をニュータウンに限定したことの意味

NT 調査は，調査対象者を選挙人名簿から無作為抽出し，調査票調査を郵送法で実施した調査である。この調査の特徴は，「ニュータウン」を対象に調査をおこなった点である。それは，調査対象者を「ニュータウン住民」に限定し，調査対象地を「ニュータウン」に限定することである。

調査対象者がニュータウン住民に限定されているということは，人々の「選択の結果」を分析できることを意味する。ニュータウンは新たに開発された土地であるため，土着の住民を想定しなくてよい。住民は「ニュータウン」という場所を自ら選んで転居してきた。すべての住民が，通勤や利便性，教育環境や金銭的負担などさまざまな要因を取捨選択し，ニュータウンを選択した。ニュータウンは，そうした居住地選択の「結果」を表しているといえる。どのような要因を重視したのか，どの要因をどの程度考慮したのか，そうした選択行動の結果を「事実」としてみることができる。親の居住地は，「選択の結果としての親の居住地」なのである。一般的なサンプリング調査の場合，「親の近くに住んでいる」「親とは遠く離れて住んでいる」という実態は明らかにできるが，それは「選んだ結果」を反映しているわけではない。あくまでも現在の居住実態であって，選択の結果であるとは限らない。選択の結果としての親の居住地の関係をみることができるのがニュータウンなのである。ニュータウンは「選んだ結果」が鮮明に表れているところといえる。

また，全員が転居してきたということは，現在の住居への入居時期が確定できる。入居時期がはっきりしているため，回顧法によって入居時点の状況を調査することができる。どのように家を選んだのかを分析するうえでは，調査時点ではなく入居時点の実態を把握する方が望ましい。なぜなら，入居から年月がたつと，家族構成や就業状況などが変化し，家を選択した時点と現在との状況にずれが生じている可能性が高いからである。一般的な居住地の場合，たとえば土着の住民などは，生まれてからずっと住んでいたり，嫁入りなどで途中から一緒に住み始めたりするなど，入居時期を確定することが難しい。ニュータウンだからこそ，回顧法ではあるが，住民全員に家を選んだ時点の実態を調査することができ，そのことと家を選んだことを関連づけた分析が可能になるのである。また，親の居住地を分析するという点では，分析データ数を減らさないというメリットもあった。入居時点より調査時点の方が，親が他界したケースが多くなったと考えられるからである。

次に，調査対象地をニュータウンに限定したことは，調査対象者の居住地が非常に狭い範囲内にあるということである。このことにより，ニュータウンを起点として，親の居住地の分布を空間的に描くことが可能となった。一般的なサンプリング調査の場合，調査対象者が都道府県単位や市町村単位で無作為に抽出されることが多い。調査対象者の居住地の分布もばらばらで，その親の居住地もそれぞればらばらなため，その分布をわかりやすく描くことは困難である。

（2）〈最寄駅〉による空間的把握の試み

NT 調査のもう1つの大きな特徴は，親の居住地や通勤先といった場所を，〈最寄駅〉で把握するという新たな調査手法を試みた点である。具体的には，親の居住地が近畿圏内の場合はその鉄道会社名と最寄駅名を，近畿圏外の場合は都道府県名を回答してもらった。以下がその質問文である。

SQ 1．入居当時，あなたおよび配偶者のご両親と同居していなかった方にお聞きします。
入居当時，あなたおよび配偶者のご両親はどちらにお住まいでしたか。近畿圏内にお住まいだった場合は鉄道の最寄駅を，近畿圏外だった場合は都道府県名をお答えください。（ここでは近畿圏を，大阪府・京都府・滋賀県・奈良県・兵庫県・三重県・和歌山県の二府五県とお考えください。）

①あなたの親　1．近畿圏内　鉄道会社名（　　　）（　　　）駅
　　　　　　　2．近畿圏外　（　　　）都道府県
②配偶者の親　1．近畿圏内　鉄道会社名（　　　）（　　　）駅
　　　　　　　2．近畿圏外　（　　　）都道府県

親の居住地を把握する方法としては，市町村名や居住地までの所要時間を問う方法などがある。市町村名を問うことの問題点は，市町村単位では面積が広く，また市町村ごとの面積のばらつきが大きい点である。同じ市町村内であっても離れている場合や，隣の市町村であっても非常に近い場合もあるだろう。「同一市町村」「隣接市町村」という分類が必ずしも実態を反映しているとはいえない。市町村合併によって，この問題はより大きくなっているだろう。一方，所要時間を問うのは，日本全国誰にでも回答可能な有効な方法であるが，各地域の交通の利便性や個人の交通手段に左右される可能性がある。たとえば「30分以内」というカテゴリーのなかには，徒歩も自転車も車も含まれてしまう。

しかし一方で，プライバシー意識の高まりなどもあり，調査票調査で詳細な住所地を回答してもらうことは困難である[(1)]。そこでNT 調査では，回答しやすく，かつ実態をより反映できる指標として〈最寄駅〉を質問することにした。もちろん調査対象者のなかには電車を利用しない人もいるだろうが，〈最寄駅〉という基準で統一して測定することを試みたのである。

また，最寄駅を把握すれば，その駅の所在地を調べることで，アフターコーディングによって市町村データも入力・分析することができる。さらに，乗換

案内ソフトを用いることで，調査対象者の居住地から親の居住地までの所要時間・距離・交通費を算出することができる。必ずしも正確な実態とはいえないが，「電車で行く場合」の近さ・遠さを測定できる。調査票に取り入れられる質問数に限界があるなかで，こうした情報を事後的に取り入れられる点は有益であった。

最寄駅によって場所を把握する方法は，鉄道の少ない地方や町村部・離島などでは採用できないかもしれない。鉄道網が充実している関西都市圏の調査だから可能であったといえる。

以上のように，対象をニュータウンに限定したことと，最寄駅によって場所を把握したことで，「このニュータウンの住民の親はどこに住んでいるのか」について，より詳細なレベルで把握し，さらにニュータウンを起点として地理的な分布を空間的に把握することが可能となった。

2 各ニュータウン住民の親の居住地

(1) 分析の手順

本節では，「ニュータウン住民の親はどこに住んでいるのか」について，ニュータウンごとに以下の分析をおこなった。

まずは親との同別居状況を整理した。そのニュータウン別の集計が表4-1

表4-1 ニュータウン別：入居時における親との同別居状況

	同居		別居		計	
千里	15.2	(7)	84.8	(39)	100.0	(46)
泉北	8.3	(10)	91.7	(110)	100.0	(120)
須磨	15.0	(12)	85.0	(68)	100.0	(80)
平城	10.5	(8)	89.5	(68)	100.0	(76)
洛西	10.4	(5)	89.6	(43)	100.0	(48)
三田	17.4	(20)	82.6	(95)	100.0	(115)
西神	9.2	(8)	90.8	(79)	100.0	(87)
トリヴェール	11.7	(9)	88.3	(68)	100.0	(77)
計	12.2	(79)	87.8	(570)	100.0	(649)

である。次に別居のサンプルだけを抽出し，夫の親・妻の親がそれぞれどこに住んでいるのかを整理した。まずは近畿圏内なのか近畿圏外なのか，その割合をニュータウン別に集計したものが表4－2である。次に近畿圏内の場合は都道府県別，近畿圏外の場合は地域別の割合を整理した。さらに近畿圏内の場合はどの市町村に住んでいるのかを集計した。表4－3が夫親の，表4－4が妻親

表4－2　ニュータウン別：入居時における別居の親の居住地

	夫親			妻親		
	近畿圏内	近畿圏外	計	近畿圏内	近畿圏外	計
千里	55.3 (21)	44.7 (17)	100.0 (38)	51.3 (20)	48.7 (19)	100.0 (39)
泉北	69.1 (76)	30.9 (34)	100.0 (110)	66.4 (73)	33.6 (37)	100.0 (110)
須磨	68.7 (46)	31.3 (21)	100.0 (67)	64.2 (43)	35.8 (24)	100.0 (67)
平城	60.3 (41)	39.7 (27)	100.0 (68)	67.6 (46)	32.4 (22)	100.0 (68)
洛西	62.8 (27)	37.2 (16)	100.0 (43)	65.1 (28)	34.9 (15)	100.0 (43)
三田	58.9 (56)	41.1 (39)	100.0 (95)	67.4 (64)	32.6 (31)	100.0 (95)
西神	64.6 (51)	35.4 (28)	100.0 (79)	69.6 (55)	30.4 (24)	100.0 (79)
トリヴェール	83.8 (57)	16.2 (11)	100.0 (68)	82.4 (56)	17.6 (12)	100.0 (68)
計	66.0 (376)	34.0 (193)	100.0 (568)	67.7 (385)	32.3 (184)	100.0 (569)

注：千里NTと須磨NTのサンプル各1がNAだったため，表4－1の別居のサンプル数と一致しない。

表4－3　夫親の居住地

	千里	泉北	須磨	平城	洛西	三田	西神	トリヴェール
北海道・東北	5.3	0.9	1.5	2.9	0.0	4.2	3.8	2.9
関東	7.9	1.8	1.5	1.5	7.0	2.1	6.3	1.5
中部	7.9	4.5	10.4	13.2	18.6	5.3	3.8	0.0
近畿	55.3	69.1	68.7	60.3	62.8	58.9	64.6	83.8
大阪府	36.8	50.9	10.4	19.1	2.3	18.9	10.1	69.1
兵庫県	13.2	4.5	58.2	5.9	2.3	33.7	51.9	2.9
京都府	2.6	1.8	0.0	5.9	48.8	4.2	0.0	0.0
奈良県	2.6	3.6	0.0	25.0	0.0	1.1	1.3	5.9
滋賀県	0.0	1.8	0.0	2.9	0.0	1.1	0.0	1.5
和歌山県	0.0	6.4	0.0	1.5	7.0	0.0	1.3	2.9
三重県	0.0	0.0	0.0	0.0	2.3	0.0	0.0	1.5
中国	7.9	7.3	4.5	8.8	7.0	17.9	11.4	2.9
四国	5.3	3.6	4.5	7.4	4.7	3.2	3.8	5.9
九州・沖縄	10.5	12.7	9.0	5.9	0.0	8.4	6.3	2.9
海外	0.0	0.0	0.0	0.0	0.0	0.0	0.0	0.0
計	100.0 (38)	100.0 (110)	100.0 (67)	100.0 (68)	100.0 (43)	100.0 (95)	100.0 (79)	100.0 (68)

表4－4 妻親の居住地

	千里	泉北	須磨	平城	洛西	三田	西神	トリヴェール
北海道・東北	5.1	1.8	1.5	1.5	2.3	2.1	2.5	0.0
関　東	17.9	1.8	4.5	2.9	9.3	3.2	5.1	1.5
中　部	2.6	5.5	10.4	11.8	7.0	6.3	2.5	7.4
近　畿	51.3	66.4	64.2	67.6	65.1	67.4	69.6	82.4
大阪府	28.2	45.5	4.5	26.5	7.0	27.4	11.4	64.7
兵庫県	20.5	11.8	55.2	2.9	2.3	31.6	53.2	2.9
京都府	2.6	0.9	4.5	11.8	51.2	6.3	2.5	1.5
奈良県	0.0	4.5	0.0	25.0	0.0	1.1	2.5	5.9
滋賀県	0.0	0.9	0.0	1.5	2.3	0.0	0.0	1.5
和歌山県	0.0	1.8	0.0	0.0	2.3	0.0	0.0	2.9
三重県	0.0	0.9	0.0	0.0	0.0	1.1	0.0	2.9
中　国	7.7	10.0	9.0	4.4	2.3	12.6	6.3	4.4
四　国	7.7	5.5	6.0	5.9	9.3	4.2	6.3	1.5
九州・沖縄	7.7	8.2	4.5	5.9	4.7	4.2	7.6	2.9
海　外	0.0	0.9	0.0	0.0	0.0	0.0	0.0	0.0
計	100.0 (39)	100.0 (110)	100.0 (68)	100.0 (68)	100.0 (43)	100.0 (95)	100.0 (79)	100.0 (68)

表4－5 ニュータウン別：親の居住地までの所要時間・距離・交通費の平均

	夫　親				妻　親			
	所要時間	距　離	交通費		所要時間	距　離	交通費	
千　里	42.5分	25.2km	531円	(19)	44.2分	29.5km	617円	(15)
泉　北	51.3分	33.5km	768円	(76)	55.1分	36.4km	816円	(73)
須　磨	41.1分	27.0km	586円	(47)	42.8分	32.0km	638円	(44)
平　城	59.3分	40.3km	758円	(41)	44.6分	31.1km	605円	(45)
洛　西	80.0分	50.6km	967円	(26)	57.9分	34.7km	718円	(28)
三　田	76.9分	52.5km	1042円	(56)	83.2分	56.3km	1080円	(63)
西　神	65.1分	44.2km	854円	(51)	69.5分	45.5km	884円	(55)
トリヴェール	54.3分	36.0km	795円	(57)	58.2分	41.3km	857円	(56)
計	58.6分	38.9km	803円	(373)	59.4分	40.2km	815円	(379)

注：最寄駅についてNAだったため（夫親：千里2，須磨1，洛西1，妻親：千里5，須磨1，平城1，三田1），表4－2の近畿圏内居住のサンプル数と一致しない。

の居住地を整理したものである。

次に，乗換案内ソフト(2)を使用し，調査対象者の最寄駅から親の居住地の最寄駅までの所要時間・距離・交通費を算出した。表4－5は，ニュータウンごとの平均値を整理したものである。

最後に，Googleが提供しているGoogleマップを用いて，親の居住地の分布を表した地図を作成した。地図上の１つひとつのポイントが，親がそこに住んでいることを表している。黒いポイントが夫親，白いポイントが妻親の居住地である。これにより，親の居住地の空間的分布を視覚的に表現することができた。

ニュータウン別の分析では，各都道府県内を大まかに区分して集計している。地域区分は以下のとおりである。以下は2017年時点の市町村名で区分しているが，分析は調査を実施した2004年当時の市町村名を使用している。

大阪府（大阪府による区分を参考に簡略化した）

北部　三島地域　：吹田市，高槻市，茨木市，摂津市，島本町
　　　豊能地域　：豊中市，池田市，箕面市，豊能町，能勢町
中部　大阪市地域：大阪市
　　　北河内地域：守口市，枚方市，寝屋川市，大東市，門真市，四条畷市，交野市
　　　中河内地域：八尾市，柏原市，東大阪市
南部　南河内地域：富田林市，河内長野市，松原市，羽曳野市，藤井寺市，大阪狭山市，太子町，河南町，千早赤阪村
　　　泉北地域　：堺市，泉大津市，和泉市，高石市，忠岡町
　　　泉南地域　：岸和田市，貝塚市，泉佐野市，泉南市，阪南市，熊取町，田尻町，岬町

兵庫県（兵庫県の県民局・県民センター設置状況を参考に簡略化した）

神戸　神戸　：神戸市
阪神　阪神南：尼崎市，西宮市，芦屋市
　　　阪神北：伊丹市，宝塚市，川西市，三田市，猪名川町
播磨　東播磨：明石市，加古川市，高砂市，稲美町，播磨町
　　　北播磨：西脇市，三木市，小野市，加西市，加東市，多可町
　　　中播磨：姫路市，神河町，市川町，福崎町
　　　西播磨：相生市，たつの市，赤穂市，宍粟市，太子町，上郡町，佐用町
　　　淡路　：洲本市，南あわじ市，淡路市
北部　但馬　：豊岡市，養父市，朝来市，香美町，新温泉町
　　　丹波　：篠山市，丹波市

和歌山県（和歌山県の振興局の設置状況を参考に簡略化した）

北部　海草　：和歌山市，海南市，紀美野町，紀の川市，岩出市，橋本市，かつらぎ町，九度山町，高野町
中部　有田　：有田市，湯浅町，広川町，有田川町
　　　日高　：御坊市，美浜町，日高町，由良町，日高川町，印南町，みなべ町
南部　西牟婁：田辺市，白浜町，上富田町，すさみ町
　　　東牟婁：新宮市，太地町，那智勝浦町，串本町，古座川町，北山村

（2）千里ニュータウン

表4－1のとおり，親との同別居状況は，同居15.2%，別居84.8%であった。親と別居している84.8%（39サンプル）の親の居住地を整理したものが表4－2である。

表4－2のとおり，夫親の居住地は近畿圏内55.3%・近畿圏外44.7%，妻親は近畿圏内51.3%・近畿圏外48.7%である。いずれも半数以上が近畿圏内であるが，他ニュータウンと比較すると近畿圏内のしめる割合が最も少なく，また全国のどの地域にも分布している傾向がみられる（表4－3，表4－4）。近畿圏内においては，ニュータウン所在地である大阪府が最も多く（夫親36.8%，妻親28.2%），次いで兵庫県（夫親13.2%，妻親20.5%）が多い。

表4－6は，近畿圏内に居住している夫親・妻親のデータを統合し，近畿圏内のどの市町村に居住しているのかを整理したものである。近畿内に居住している親のデータは41（夫親21，妻親20）であった。大阪府が25と最も多く，なかでもニュータウン所在地である吹田市（6），豊中市（5）が多く，隣接する大阪市（5）や，茨木市・池田市・摂津市といった大阪北部の市町村に分布している。兵庫県（13）のなかでは，ニュータウンにより近い阪神間（9）に多い。

親の居住地までの所要時間は，夫親42.5分・妻親44.2分，距離は夫親25.2キロメートル・妻親29.5キロメートル，交通費は夫親532円・妻親617円である（表4－5）。夫親・妻親とも平均40分程度と，他ニュータウンとくらべてやや短くなっている。

表4－6 近畿圏内の場合の親の居住地（41サンプル）

大阪府（25）	北部（14）	吹田市（6），豊中市（5），茨木市（1），池田市（1），摂津市（1）
	中部（8）	大阪市（5），寝屋川市（1），大東市（1），松原市（1）
	南部（3）	堺市（1），高石市（1），熊取町（1）
兵庫県（13）	阪神（9）	川西市（2），芦屋市（2），伊丹市（1），尼崎市（1），宝塚市（1），西宮市（1），三田市（1）
	ほか（4）	神戸市（2），姫路市（1），相生市（1）
京都府（2）		京都市（2）
奈良県（1）		橿原市（1）

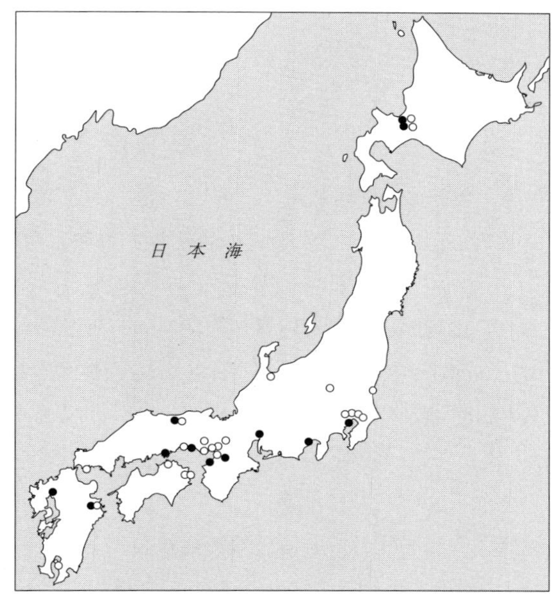

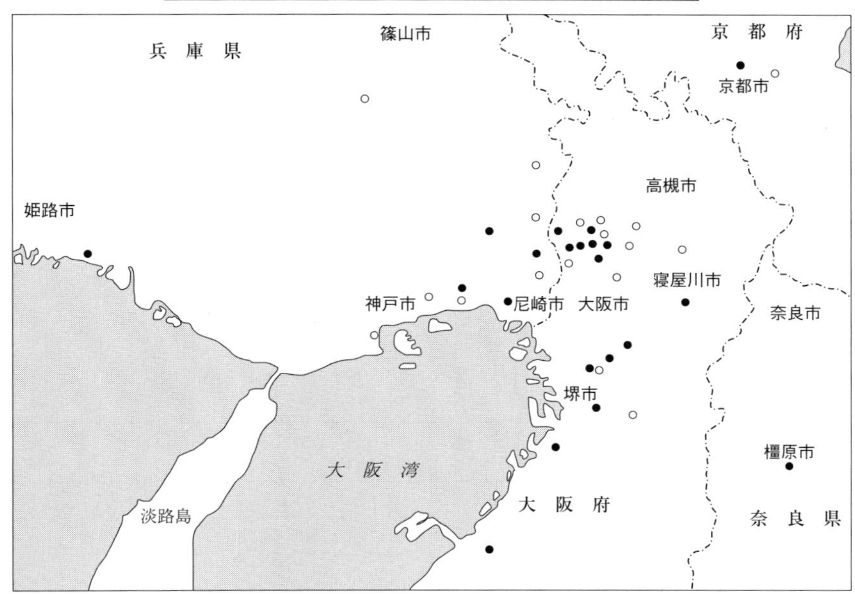

図4-1　千里ニュータウン居住者の親の居住地分布

親の居住地を地図に表したものが図4－1である。大阪北部を中心に分布していることがよくわかる。

（3）泉北ニュータウン

表4－1のとおり，親との同別居状況は，同居8.3%，別居91.7%である。親と別居している91.7%（110サンプル）の親の居住地を整理したものが表4－2である。

表4－2のとおり，夫親の居住地は近畿圏内69.1%・近畿圏外30.9%，妻親は近畿圏内66.4%・近畿圏外33.6%である。いずれも近畿圏内が7割近くである。近畿内においては大阪府（夫親50.9%，妻親45.5%）がほとんどをしめる。近畿圏外においては，九州・沖縄（夫親12.7%）や中国（妻親10.0%）など西日本が多い。

表4－7は，近畿圏内に居住している夫親・妻親のデータを統合し，どの市町村に居住しているのかを整理したものである。近畿内に居住している親は149（夫親76，妻親73）であった。大阪府が106と最も多く7割をしめ，なかでもニュータウン所在地である堺市（40），隣接する大阪市（42）が多い。そして和泉市（2）・泉大津市（2）・大阪狭山市・河内長野市といった大阪南部が多い。

表4－7 近畿圏内の場合の親の居住地（149サンプル）

大阪府（106）	南部（49）	堺市（40），和泉市（2），泉大津市（2），大阪狭山市（1），河内長野市（1），忠岡町（1），田尻町（1），富田林市（1）
	中部（51）	大阪市（42），東大阪市（3），八尾市（2），寝屋川市（2），守口市（1），四条畷市（1）
	北部（6）	豊中市（3），吹田市（1），茨木市（1），高槻市（1）
兵庫県（18）	阪神（7）	尼崎市（2），西宮市（2），宝塚市（2），芦屋市（1）
	ほか（11）	神戸市（8），明石市（3）
和歌山県（9）	北部（9）	和歌山市（3），橋本市（1），九度山町（1），高野町（1），粉河市（1），打田町（1），海南市（1）
奈良県（9）		奈良市（4），橿原市（3），香芝市（1），生駒市（1）
京都府（3）		木津町（1），亀岡市（1），京丹後市（1）
滋賀県（3）		能登川町（2），大津市（1）
三重県（1）		海山町（1）

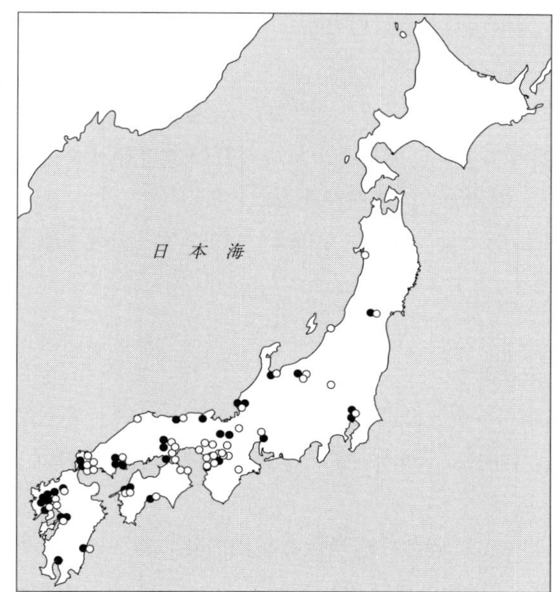

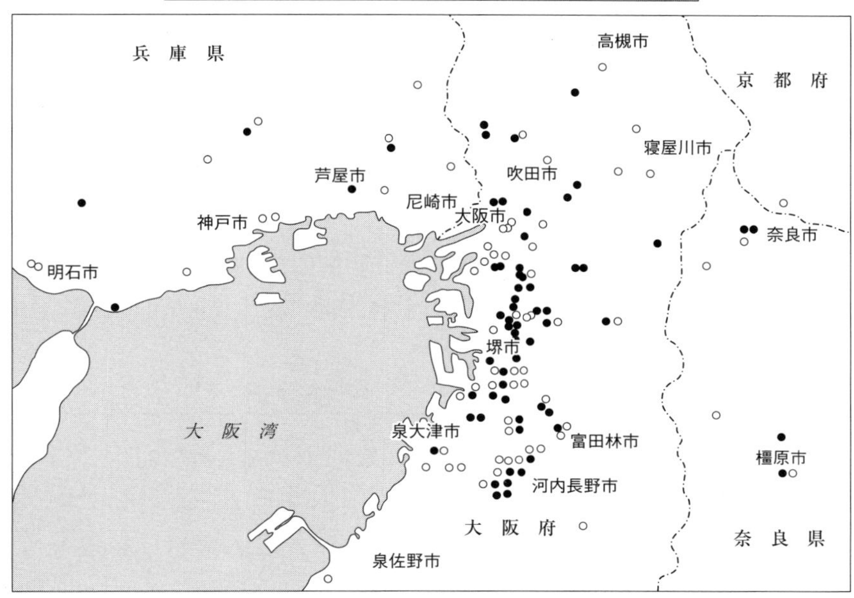

図4－2　泉北ニュータウン居住者の親の居住地分布

また，橋本市・九度山町・高野町といった大阪府と隣接する和歌山県北部にも分布しているのが特徴的である。

親の居住地までの所要時間は，夫親51.3分・妻親55.1分，距離は夫親33.5キロメートル・妻親36.4キロメートル，交通費は夫親768円・妻親816円である（表4-5）。夫親・妻親とも，小一時間となっている。

親の居住地を地図に表したものが図4-2である。大阪市以南の大阪南部に多く分布していることがわかる。

（4）須磨ニュータウン

表4-1のとおり，親との同別居状況は，同居15.0%，別居85.0%である。親と別居している85.0%（68サンプル）の親の居住地を整理したものが表4-2である。

表4-2のとおり，夫親の居住地は近畿圏内68.7%・近畿圏外31.3%，妻親は近畿圏内64.2%・近畿圏外35.8%である。ニュータウン所在地である兵庫県が，夫親58.2%・妻親55.2%と全体の半数以上をしめる。

表4-8は，近畿圏内に居住している夫親・妻親のデータを統合し，どの市町村に居住しているのかを整理したものである。近畿内に居住している親は89（夫親46，妻親43）であった。兵庫県が76とほとんどをしめ，なかでもニュータウン所在地である神戸市が57（須磨区〔15〕・垂水区〔11〕・長田区〔11〕・兵庫区〔7〕・中央区〔7〕・ほか）と多い。また神戸市に隣接する明石市（5）や三木市，姫路市（3）や加古川市といった兵庫県西部の播磨地区にも分布している。

表4-8　近畿圏内の場合の親の居住地（89サンプル）

兵庫県（76）	神戸（57）	神戸市（57）
	播磨（10）	明石市（5），姫路市（3），加古川市（1），三木市（1）
	阪神（4）	三田市（2），芦屋市（1），川西市（1）
	北部（5）	養父町（2），上郡町（1），三日月町（1），香住町（1）
大阪府（10）		吹田市（3），大阪市（1），池田市（1），茨木市（1），摂津市（1），寝屋川市（1），枚方市（1），堺市（1）
京都府（3）		京都市（3）

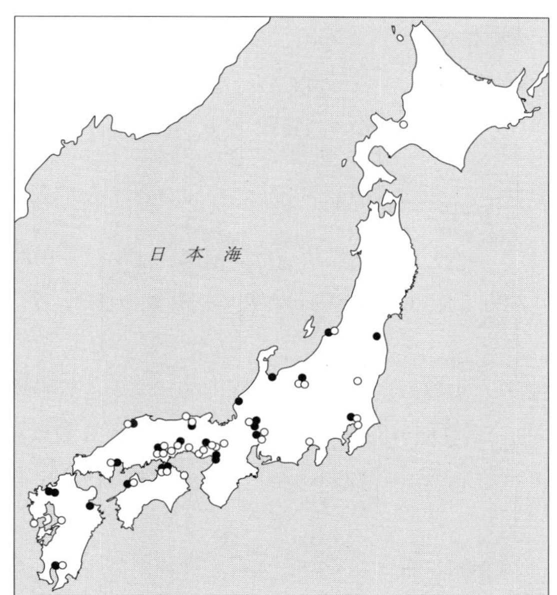

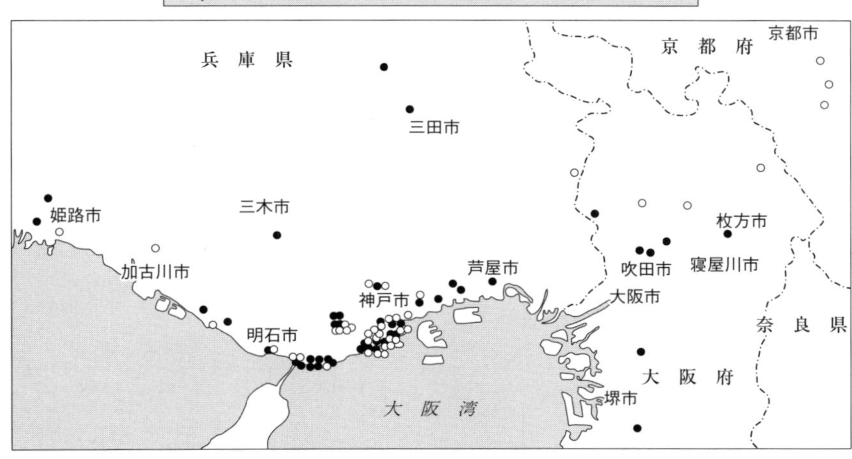

図4-3　須磨ニュータウン居住者の親の居住地分布

親の居住地までの所要時間は，夫親41.1分・妻親42.8分，距離は夫親27.0キロメートル・妻親32.0キロメートル，交通費は夫親586円・妻親638円である。夫親・妻親とも約40分であり，8つのニュータウンでは最も短い。

親の居住地を地図に表したものが図4－3である。ニュータウン所在地を中心に，その周辺から県西部に分布していることがわかる。

（5）平城ニュータウン

表4－1のとおり，親との同別居状況は，同居10.5％，別居89.5％であった。親と別居している89.5％（68サンプル）の親の居住地を整理したものが表4－2である。

表4－2のとおり，夫親の居住地は近畿圏内60.3％・近畿圏外39.7％，妻親は近畿圏内67.6％・近畿圏外32.4％である。近畿圏内が6割以上をしめ，その内訳は奈良県（夫親25.0％・妻親25.0％）と大阪府（夫親19.1％・妻親26.5％）が二分している。

表4－9は，近畿圏内に居住している夫親・妻親のデータを統合し，どの市町村に居住しているのかを整理したものである。近畿内に居住している親は87（夫親41，妻親46）であった。奈良県（34）と大阪府（31）が多い。奈良県のなか

表4－9 近畿圏内の場合の親の居住地（87サンプル）

奈良県（34）		奈良市（22），大和郡山市（2），榛原町（2），天理市（1），生駒市（1），平群町（1），田原本町（1），當麻町（1），大淀町（1），吉野町（1），五條市（1）
大阪府（31）	中部（20）	大阪市（9），東大阪市（3），寝屋川市（3），交野市（1），大東市（1），枚方市（1），守口市（1），八尾市（1）
	北部（7）	吹田市（2），高槻市（1），豊中市（1），箕面市（1），池田市（1），島本町（1）
	南部（4）	堺市（3），富田林市（1）
京都府（12）		京都市（6），木津町（2），精華町（1），宇治市（1），八幡市（1），舞鶴市（1）
兵庫県（6）		神戸市（1），伊丹市（1），明石市（1），姫路市（1），赤穂市（1），NA（1）
滋賀県（3）		大津市（1），信楽町（1），日野町（1）
和歌山県（1）		海南市（1）

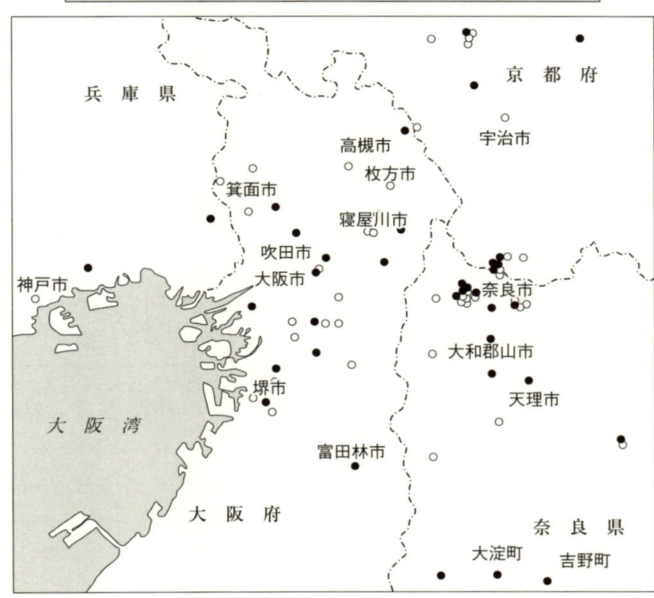

図4－4　平城ニュータウン居住者の親の居住地分布

ではニュータウン所在地である奈良市（22）や，大和郡山市（２）や天理市・生駒市といった周辺市町村に多く分布している。大阪府のなかでは，大阪市（９）・東大阪市（３）・寝屋川市（３）をはじめ交野市や大東市など大阪中部が多く，大阪東部から北部にかけて分布している。

親の居住地までの所要時間は，夫親59.3分・妻親44.6分，距離は夫親40.3キロメートル・妻親31.1キロメートル，交通費は夫親758円・妻親605円である。夫親と妻親で15分ほどの差が生じているが，いずれも１時間以内となっている。

親の居住地を地図に表したものが図４-４である。奈良市を中心に，大阪東部にかけて分布していることがわかる。

（６）洛西ニュータウン

表４-１のとおり，親との同別居状況は，同居10.4％，別居89.6％であった。親と別居している89.6％（43サンプル）の親の居住地を，夫の親・妻の親にわけて整理すると表４-２である。

表４-２のとおり，夫親の居住地は近畿圏内62.8％・近畿圏外37.2％，妻親は近畿圏内65.1％・近畿圏外34.9％である。ニュータウン所在地である京都府（夫親48.8％・妻親51.2％）に集中している。

表４-10は，近畿圏内に居住している夫親・妻親のデータを統合し，どの市町村に居住しているのかを整理したものである。近畿内に居住している親は55（夫親27，妻親28）である。そのうち京都府（43）がほとんどをしめ，そのなか

表４-10　近畿圏内の場合の親の居住地（55サンプル）

京都府（43）	京都市（26），向日市（４），城陽市（２），和知町（２），亀岡市（１），山城町（１），精華町（１），八木町（１），日吉町（１），綾部市（１），京丹後市（１），福知山市（１），宮津市（１）
大阪府（４）	大阪市（２），豊中市（１），堺市（１）
和歌山県（４）	南部町（２），那智勝浦町（１），NA（１）
兵庫県（２）	神戸市（１），和田山町（１）
滋賀県（１）	野洲町（１）
三重県（１）	大台町（１）

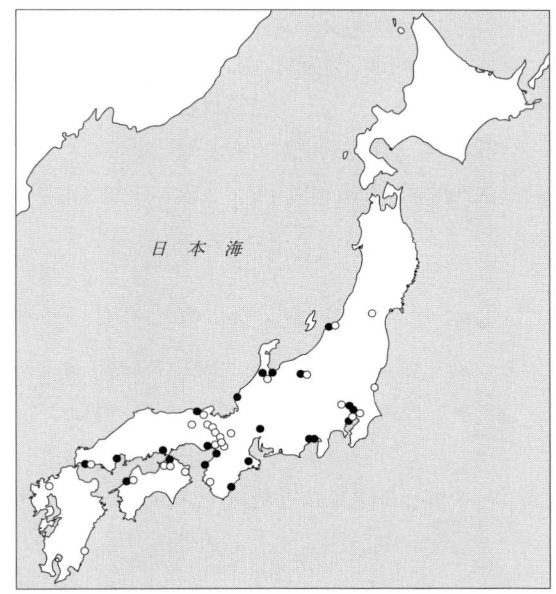

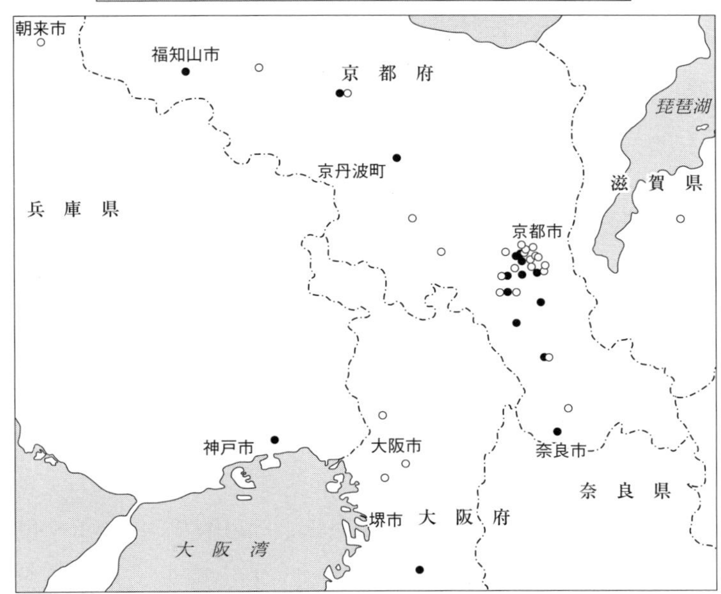

図 4－5　洛西ニュータウン居住者の親の居住地分布

でもニュータウン所在地である京都市（26）が多い。

親の居住地までの所要時間は，夫親80.0分・妻親57.9分，距離は夫親50.6キロメートル・妻親34.7キロメートル，交通費は夫親967円・妻親718円である。他ニュータウンと比較すると，所要時間が長くなっている。

親の居住地を地図に表したものが図4-5である。京都市を中心に，ほとんどが京都府内に分布していることがよくわかる。

（7）三田ニュータウン

表4-1のとおり，親との同別居状況は，同居17.4%，別居82.6%であった。親と別居している82.6%（95サンプル）の親の居住地を整理すると表4-2である。

表4-2のとおり，夫親の居住地は近畿圏内58.9%・近畿圏外41.1%，妻親は近畿圏内67.4%・近畿圏外32.6%である。近畿圏内においては，ニュータウン所在地である兵庫県（夫親33.7%・妻親31.6%）と大阪府（夫親18.9%・妻親27.4%）が多い。近畿圏外では，中国地方（夫親17.9%・妻親12.6%）が多いことが特徴的である。

表4-11は，近畿圏内に居住している夫親・妻親のデータを統合し，どの市町村に居住しているのかを整理したものである。近畿内に居住している親は120（夫親56，妻親64）で，兵庫県（62）と大阪府（44）が9割をしめる。兵庫県ではニュータウン所在地である三田市（8），隣接している神戸市（12）や篠山市（4），尼崎市（7）・西宮市（6）・川西市（5）などの阪神地域，養父町など三田市以北の県中部にも分布している。大阪府では大阪市（14）や，箕面市（4）・豊中市（3）・吹田市（2）など，大阪北部から中部が多い。このように阪神地区にひろく分布しているのが三田ニュータウンの特徴である。

親の居住地までの所要時間は，夫親76.9分・妻親83.2分，距離は夫親52.5キロメートル・妻親56.3キロメートル，交通費は夫親1042円・妻親1080円である。夫親・妻親とも所要時間が長いのは，他ニュータウンにくらべ，より郊外に建設されたニュータウンだという地理的条件が要因だろう。

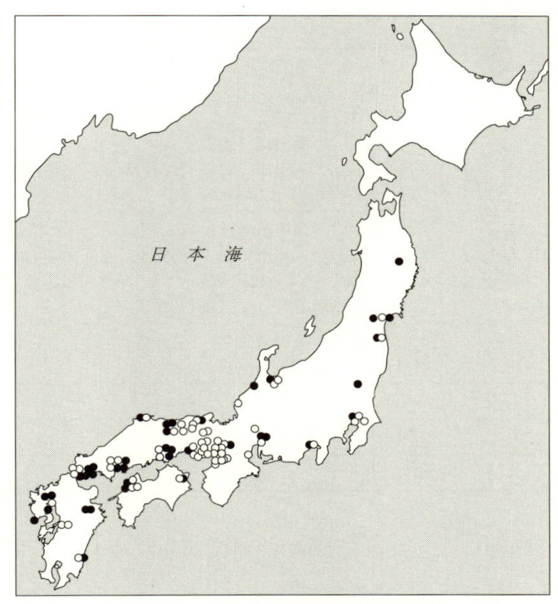

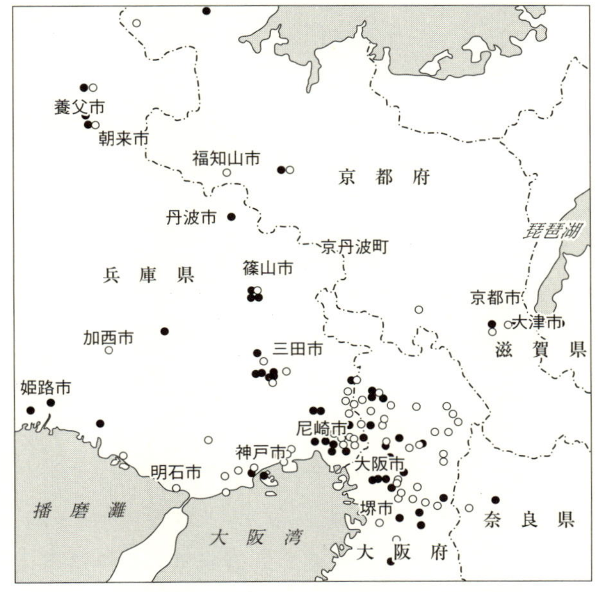

図4－6　三田ニュータウン居住者の親の居住地分布

表4-11　近畿圏内の場合の親の居住地（120サンプル）

兵庫県（62）	阪神（32）	三田市（8），尼崎市（7），西宮市（6），川西市（5），宝塚市（3），伊丹市（3）
	神戸（12）	神戸市（12）
	北部（9）	養父町（5），篠山市（4）
	播磨ほか（9）	姫路市（2），西脇市（1），明石市（1），加西市（1），播磨町（1），高砂市（1），市島町（1），NA（1）
大阪府（44）	北部（10）	箕面市（4），豊中市（3），吹田市（2），茨木市（1）
	中部（29）	大阪市（14），八尾市（4），門真市（2），寝屋川市（2），大東市（2），枚方市（2），守口市（1），交野市（1），東大阪市（1）
	南部（5）	堺市（3），松原市（1），羽曳野市（1）
京都府（10）		京都市（4），綾部市（2），京丹後市（2），福知山市（1），亀岡市（1）
奈良県（2）		三郷町（1），大和郡山市（1）
滋賀県（1）		大津市（1）
三重県（1）		津市（1）

親の居住地を地図に表したものが図4-6である。ニュータウン所在地である三田市にも多いが，ひろく阪神地区に分布していることがわかる。

（8）西神ニュータウン

表4-1のとおり，親との同別居状況は，同居9.2%，別居90.8%であった。親と別居している90.8%（79サンプル）の親の居住地を整理すると表4-2である。

表4-2のとおり，夫親の居住地は近畿圏内64.6%・近畿圏外35.4%，妻親は近畿圏内69.6%・近畿圏外30.4%である。ニュータウン所在地である兵庫県（夫親51.9%・妻親53.2%）が全体でも半数以上をしめる。

表4-12は，近畿圏内に居住している夫親・妻親のデータを統合し，どの市町村に居住しているのかを整理したものである。近畿圏内に居住している親は106（夫親51，妻親55），うち8割近くを兵庫県（83）がしめる。そのなかでもニュータウン所在地である神戸市（50）（垂水区〔14〕・須磨区〔7〕・西区〔6〕・長田区〔5〕・ほか），三木市（6）などの周辺市町村，姫路市（5）・明石市（3）・加古川市（2）など神戸市以西の播磨地区，西宮市（3）や芦屋市（2）

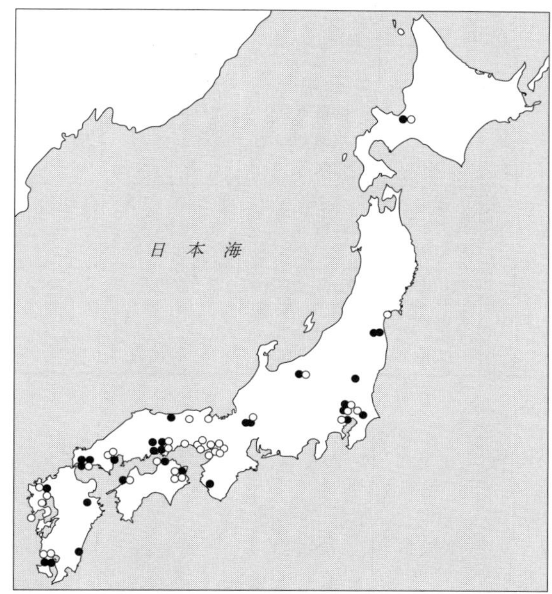

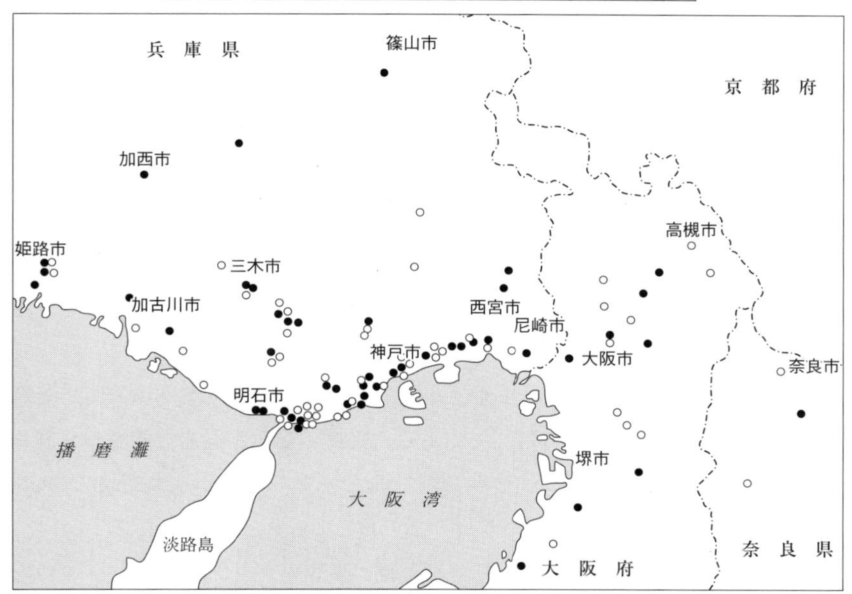

図4－7　西神ニュータウン居住者の親の居住地分布

表 4 -12　近畿圏内の場合の親の居住地（106サンプル）

兵庫県（83）	神戸（50）	神戸市（50）
	播磨（22）	三木市（6），姫路市（5），明石市（3），加古川市（2），小野市（1），滝野町（1），播磨町（1），加西市（1），高砂市（1），西脇市（1）
	阪神（9）	西宮市（3），芦屋市（2），宝塚市（2），尼崎市（1），三田市（1）
	北部（2）	篠山市（1），養父町（1）
大阪府（17）		大阪市（6），豊中市（2），摂津市（1），守口市（1），茨木市（1），枚方市（1），高槻市（1），松原市（1），堺市（1），和泉市（1），岸和田市（1）
奈良県（3）		大和郡山市（1），奈良市（1），香芝市（1）
京都府（2）		舞鶴市（2）
和歌山県（1）		田辺市（1）

など阪神間の市町村に分布している。また大阪府においては，大阪市以北の市町村が多い。

親の居住地までの所要時間は，夫親65.1分・妻親69.5分，距離は夫親44.2キロメートル・妻親45.5キロメートル，交通費は夫親854分・妻親884円である。

親の居住地を地図に表したものが図 4 - 7 である。ニュータウン所在地である神戸市を中心にほとんどが兵庫県内，他府県であっても大阪北部までとなっている。

（9）トリヴェール和泉

表 4 - 1 のとおり，親との同別居状況は，同居11.7%，別居88.3%であった。親と別居している88.3%（68サンプル）の親の居住地を整理すると表 4 - 2 である。

表 4 - 2 のとおり，夫親の居住地は近畿圏内83.8%・近畿圏外16.2%，妻親は近畿圏内82.4%・近畿圏外17.6%である。夫親・妻親とも近畿圏内が 8 割をこえている。なかでもニュータウン所在地である大阪府（夫親69.1%・妻親64.7%）が全体の 6 割以上をしめる。

表 4 -13は，近畿圏内に居住している夫親・妻親のデータを統合し，どの市町村に居住しているのかを整理したものである。近畿内に居住している親は

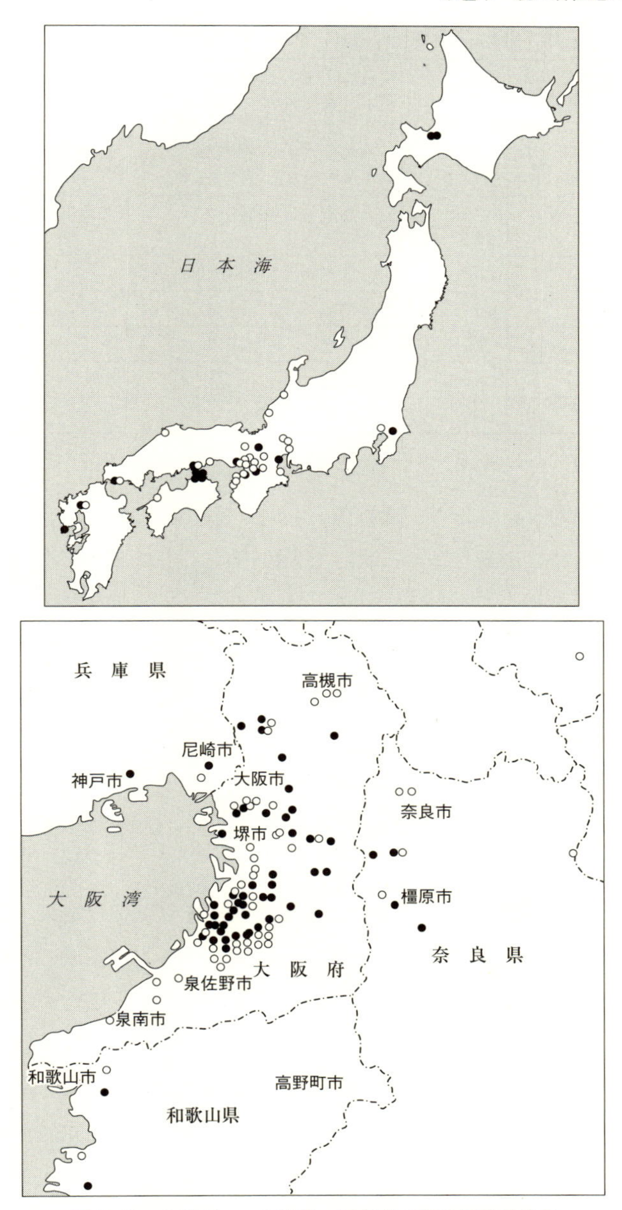

図4-8　トリヴェール和泉　居住者の親の居住地分布

表4-13　近畿圏内の場合の親の居住地（113サンプル）

大阪府（91）	南部（59）	堺市（25），和泉市（11），岸和田市（10），泉大津市（3），高石市（3），大阪狭山市（1），富田林市（1），忠岡町（1），熊取町（1），泉佐野市（1），泉南市（1），阪南市（1）
	中部（24）	大阪市（18），八尾市（3），藤井寺市（2），寝屋川市（1）
	北部（8）	吹田市（3），高槻市（3），豊中市（2）
奈良県（8）		斑鳩町（2），奈良市（2），香芝市（1），大和高田市（1），橿原市（1），王寺町（1）
和歌山県（4）		和歌山市（2），下津町（1），有田市（1）
兵庫県（4）		尼崎市（2），神戸市（1），赤穂市（1）
三重県（3）		名張市（1），伊勢市（1），河芸町（1）
滋賀県（2）		大津市（1），信楽町（1）
京都府（1）		日吉町（1）

113（夫親57，妻親56）であり，大阪府（91）が8割をしめる。ニュータウンに隣接する堺市（25）が最も多く，次いで大阪市（18），ニュータウン所在地である和泉市（11）と続く。岸和田市（10），泉大津市（3）・高石市（3）など，大阪南部に集中している。また，和歌山県や三重県が含まれる点も特徴である。

親の居住地までの所要時間は，夫親54.3分・妻親58.2分，距離は夫親40.3キロメートル・妻親41.3キロメートル，交通費は夫親795円・妻親857円である。夫親・妻親とも1時間以内となっている。

親の居住地を地図に表したものが図4-8である。大阪南部に集中して分布していることがよくわかる。

このように近畿圏内に居住している親の居住地を分析した結果，まず親の居住地までの所要時間は「小一時間」というニュータウンが多いことが明らかとなった。ニュータウンの位置に影響される側面があるが，平均すると「1時間程度」で行ける所に住んでいるということである。また親の居住地を地図に描くと，「千里 NT は大阪北部」「泉北 NT は大阪南部に多く，和歌山などにも分布」「須磨 NT は神戸市を中心に神戸市以西にも」「平城 NT は奈良から大阪東部～北部にかけて」「洛西 NT はほぼ京都市・京都府内」「三田 NT はニュータウン周辺に加えて，ひろく阪神間に」「西神 NT は神戸市を中心に阪神間・神戸市以西にも」「トリヴェール和泉は大阪南部」というニュータウンごとの特徴が明らかになった。親の居住地の分布に空間的特徴がみられることが示された。

こうした空間的特徴を示す分析結果は，調査対象をニュータウンにしたこと，さらに複数のニュータウンを対象にしたことにより，可能になったといえるだろう。

ニュータウン住民はニュータウンを選択して転居してきた。つまり，ニュータウンの人々の選択の結果として，親の居住地が空間的特徴となって表れているということである。自分の居住地と親の居住地には何らかの関連があること，あるいは居住地を選択する際に親の居住地が関係していることを示しているといえる。

注

(1)　NT 調査においても，回答しにくいと思われる〈入居当時のことに関する質問項目〉よりも，〈フェイスシート項目〉（性別・年齢・学歴など属性に関する質問項目）の方が無回答が多かった。

(2)　ここでは，ジョルダン株式会社が提供する乗換案内サービスを利用した。検索日は2013年8月1日である。

第5章
〈居住地選択行動〉からみる親の居住地

前章では，親の居住地の空間的分布の特徴を明らかにした。これは，親の居住地について，‘場所’という〈事実〉の側面から分析したといえる。本章では，〈意識〉の側面から分析をおこなう。親の居住地のことはどう考えられていたか，ということである。具体的には，「現在の居住地を選ぶ際に，親の居住地はどのように考慮されていたのか」という居住地選択行動の観点から分析する。

1　居住地選択行動という視点

(1) 居住地選択行動とは

人が居住地を選ぶときには，さまざまなことを考慮するはずである。通勤の便，交通や生活の利便性，地域環境，自然環境，校区，土地や家の価格などである。そうしたさまざまな要因を総合的に判断し，居住地を決定していく。その時点の家族構成やライフステージ，就業状況や経済状況なども居住地選択に影響を与えるだろう。あるいは将来的な家族計画やライフプランも考慮するだろう。つまり居住地選択行動とは，さまざまな要因が関連し合う，非常に複合的なものである。

居住地を決定する際に考慮される要因として，NT 調査では以下の10の要因を設定した。

〈10の居住地選択要因〉

① 実家との距離
② 通勤の便がよいこと
③ 公共交通機関（駅・バス停留所など）までの近さ
④ 都心（梅田・難波・三宮・河原町など）までの利便性
⑤ 公共的サービス（保育所・福祉サービス・図書館など）の充実
⑥ 商業施設（スーパー・専門店など）の充実
⑦ 医療施設の充実
⑧ 子供の教育環境（学区・校区など）がよいこと
⑨ 地域環境（町並み・緑・静けさなど）がよいこと
⑩ その地域のイメージ・ブランドがよいこと

NT 調査では，購入金額や家賃といった［経済的要因］は含めないことにした。経済的要因は居住地選択要因として重要であるからこそ，ほとんどの人が考慮するであろうし，この選択肢を入れると回答が集中してしまうおそれがあったからである。

どの要因を考慮したのか，調査票では２つの方法で質問した[(1)]。１つ目は，各要因のなかで「最も重要だった要因」と「２番目に重要だった要因」はどれなのかを質問した。２つ目は，各要因をどの程度考慮したのかを問うた。「非常に考慮した」「やや考慮した」「あまり考慮せず」「全く考慮せず」の４段階である。

この10の要因のなかの［実家との距離］を使用し，親の居住地という要素が居住地選択行動にどう関連していたのかについて分析する。

（２）ニュータウン住民の居住地選択行動

ニュータウンに居住する人々は，何を考慮した結果ニュータウンを選択したのだろうか。本節では，まずニュータウン住民の居住地選択行動の特徴について整理しよう。

本章でも，「家を購入した人」に限定して分析をおこなう。つまり，持ち家一戸建居住者と購入マンション居住者が分析対象である。分析サンプル数は

表5−1 居住地選択に際して重要だった要因

最も重要だった要因		
1．地域環境	36.7	(331)
2．通勤の便	16.7	(151)
3．公共交通機関	16.2	(146)
4．教育環境	16.1	(145)
5．実家との距離	6.1	(55)
6．商業施設	2.4	(22)
7．都心利便性	2.3	(21)
8．イメージ	1.7	(15)
9．医療施設	1.4	(13)
10．公共サービス	0.4	(4)
計	100.0	(903)

(NA＝34)

2番目に重要だった要因		
1．地域環境	27.1	(244)
2．公共交通機関	16.1	(145)
3．教育環境	14.2	(128)
4．通勤の便	11.0	(99)
5．商業施設	10.6	(95)
6．イメージ	6.2	(56)
7．都心利便性	4.4	(40)
8．医療施設	4.2	(38)
9．実家との距離	4.0	(36)
10．公共サービス	2.1	(19)
計	100.0	(900)

(NA＝37)

937である。

表5−1は，10の居住地選択要因のなかで，「最も重要だった要因」と「2番目に重要だった要因」の回答結果を整理したものである。

「最も重要だった要因」は，［地域環境］が最も多く36.7％ととび抜けている。続いて多くをしめるのは，［通勤の便］16.7％，［公共交通機関］16.2％，［教育環境］16.1％である。この上位4要因で8割以上をしめており，他の要因は1桁台となっている。［実家との距離］は，5番目に位置しているものの6.1％と少ない。「2番目に重要だった要因」も，多くをしめるのは［地域環境］27.1％，［公共交通機関］16.1％，［教育環境］14.2％，［通勤の便］11.0％の4要因である。［実家との距離］は4.0％で9番目である。

このように，［地域環境］が最も考慮されていること，［通勤の便］［公共交通機関］［教育環境］が共通して上位をしめていることが明らかとなった。一方，［実家との距離］は非常に少ないという結果であった。

では，各要因はそれぞれどの程度考慮されたのだろうか。表5−2は，各要因をどの程度考慮したのか，4段階で問うた結果を整理したものである。

表5−2のとおり，考慮された割合が多いのは［地域環境］で，「非常に考慮」60.4％，「やや考慮」33.0％，合わせると9割以上である。その他は，や

表5－2　各居住地選択要因の考慮の程度

	非常に考慮	やや考慮	あまり考慮せず	全く考慮せず	計	
①実家との距離	11.6	26.5	25.1	36.7	100.0	(863)
②通勤の便	36.0	43.6	14.8	5.6	100.0	(892)
③公共交通機関	46.4	38.1	11.6	3.9	100.0	(900)
④都心利便性	20.3	41.8	28.5	9.4	100.0	(883)
⑤公共サービス	14.1	39.5	35.6	10.7	100.0	(885)
⑥商業施設	27.6	49.1	20.1	3.3	100.0	(892)
⑦医療施設	20.7	49.6	25.6	4.0	100.0	(893)
⑧教育環境	36.7	34.8	18.4	10.2	100.0	(886)
⑨地域環境	60.4	33.0	5.3	1.3	100.0	(914)
⑩イメージ	24.4	47.6	22.0	6.0	100.0	(898)

注：NA数：①（74），②（45），③（37），④（54），⑤（52），⑥（45），⑦（44），⑧（51），⑨（23），⑩（39）

はり［公共交通機関］（非常に＋やや84.5％）・［通勤の便］（同79.6％）・［教育環境］（同71.5％）が考慮されているという結果である。

こうした結果は，ニュータウン別に分析をおこなっても同様であった。表5－3は，「最も重要だった要因」をニュータウン別に集計したものである。割合の多かった順に1位から掲載している。

表のとおり，どのニュータウンにおいても，「最も重要だった要因」の1位は［地域環境］である。また順位に違いはあるものの，［通勤の便］［公共交通機関］［教育環境］が共通して上位をしめている。

表5－4は，各要因を考慮した割合をニュータウン別に集計したものである。「非常に考慮した」と「まあ考慮した」の割合を足した値を掲載している。

ここでも，［地域環境］を考慮した割合の高さが際立っている。ほとんどのニュータウンで，9割以上が「考慮した」と回答している。やはり［公共交通機関］［通勤の便］［教育環境］も高い。しかし，それ以外の要因もほぼ5割以上で，必ずしも低いわけではない。一方［実家との距離］は，どのニュータウンにおいても5割に満たず，考慮の割合が最も少ない要因となっている。

以上の結果から，ニュータウン住民の居住地選択行動は，［地域環境］を重視するタイプであると特徴づけることができよう。また，入居時の典型的な家

表5－3　ニュータウン別：「最も重要だった要因」

NT	1位	2位	3位	4位	5位	6位	7位	8位	9位	10位
千　里　(66)	地域	交通	通勤	教育	実家・都心		公共サ・医療・イメージ			—
泉　北 (170)	地域	通勤	交通	教育	実家	商業	イメージ	医療	都心	公共サ
須　磨 (105)	地域	交通	通勤	教育	実家・都心		商業	イメージ	医療	公共サ
平　城 (102)	地域	通勤・教育		交通	実家	イメージ	都心・公共サ・医療			—
洛　西　(69)	地域	教育	通勤	イメージ	交通	実家	都心・公共サ・商業			—
三　田 (149)	地域	通勤	教育	交通	商業	都心	実家	医療・イメージ		—
西　神 (138)	地域	交通	教育	通勤	実家	医療	都心・商業		公共サ	イメージ
トリヴェール (103)	地域	交通	通勤	教育	実家	都心	—	—	—	—
全体	地域	通勤	交通	教育	実家	商業	都心	イメージ	医療	公共サ

注：NA 数：千里（6），泉北（5），須磨（9），平城（1），洛西（1），三田（8），西神（1），トリヴェール（3），NT 名がNA（1）

表5－4　ニュータウン別：各要因を考慮した割合

NT	実家	通勤	交通	都心	公共	商業	医療	教育	地域	イメージ
千　里	34.4	91.2	89.9	82.4	57.8	69.1	73.1	72.1	91.3	79.1
泉　北	36.6	74.1	80.5	54.9	47.9	76.0	71.9	67.9	92.5	64.7
須　磨	41.0	79.6	78.3	63.0	54.6	74.1	68.8	71.6	88.4	58.3
平　城	44.2	85.9	88.0	66.0	58.6	75.3	68.0	77.6	94.0	69.7
洛　西	26.6	68.2	76.1	60.9	56.3	78.8	78.5	83.1	98.6	85.3
三　田	36.1	78.5	79.5	58.4	46.0	75.5	67.1	68.7	96.8	76.2
西　神	36.7	80.6	91.9	65.4	61.8	85.7	80.2	71.3	94.0	75.4
トリヴェール	45.9	82.2	94.1	57.8	53.5	76.2	56.4	67.3	92.2	76.7
全体	38.1	79.6	84.5	62.1	53.6	76.8	70.3	71.4	93.4	72.0

族構成が「夫婦と学齢期の子ども」であったことから（第3章参照），子どもを取り巻く環境としての［教育環境］も重視されていたといえる。さらに［通勤の便］や［公共交通機関］も考慮されていた。居住地を選ぶ際に，通勤（あるいは通学）できない場所に住む人はほとんどいないだろうから，そのことが表れた結果である。

このように，通勤先の場所に規定されながら，［地域環境］や［教育環境］を重視していたのが，ニュータウン住民の居住地選択行動である。一方，［実家との距離］はあまり考慮されていないという結果であった。

（3）［実家との距離］を考慮することとは

［実家との距離］は居住地選択要因のなかでは低く位置づけられていたが，居住地選択行動と親の居住地は関連していないのだろうか。

［実家との距離］を分析するにあたり，注意しなければならない点がある。それは，「親は亡くなっているので，そもそも考慮する必要がなかった」とか「親はかなり遠方に住んでいるので，考慮のしようがなかった」といったケースが「考慮せず」に含まれてしまっているということである。そもそも「考慮する／考慮しない」という選択の余地がなかったケースは省いて分析しなければならないだろう。

本分析では，まずは「親と同居しているケース」と「親が他界しているケース」を省くこととした。ただし，NT 調査では親が他界しているかどうかを問う質問は取り入れなかったので，居住地について無回答だったサンプルを除くこととした（結果的に，親の居住地についての質問を回答している人が分析対象となる）。分析サンプル数は570となった。

次に，「親はかなり遠方に住んでいるので，考慮のしようがなかった」というケースを分けて分析する必要がある。そこで，親の居住地を近畿内／近畿外に分類することにした。夫婦それぞれに親がいるので，「双方の親とも近畿内」「夫親のみ近畿内」「妻親のみ近畿内」「双方の親とも近畿外」の４パターンに分類した。

表５−５は，親の居住地のパターン別に，［実家との距離］をどの程度考慮したのかを整理したものである。双方の親とも近畿内に居住しているパターンで考慮した割合が高く，「非常に考慮」17.3%，「やや考慮」40.0%である。反対に，考慮している割合が少ないのは，双方の親とも近畿外に居住している場合で，「非常に考慮」はわずか3.7%，「全く考慮せず」が71.3%をしめる。やはり近畿内／近畿外で比較すると，親が近畿外に居住している場合は考慮していないといえる。

では，親が近畿内に居住している場合に限定したらどうだろうか。［実家との距離］を考慮することは，親の居住地の近さと関連しているだろうか。親の

表5－5 親の居住地パターン別：[実家との距離] の考慮度合い

	非常に考慮	やや考慮	あまり考慮せず	全く考慮せず	計	
双方とも近畿内	17.3	40.0	27.5	15.3	100.0	(295)
夫親のみ近畿内	13.8	20.0	33.8	32.3	100.0	(65)
妻親のみ近畿内	10.7	26.7	33.3	29.3	100.0	(75)
双方とも近畿外	3.7	12.0	13.0	71.3	100.0	(108)
計	13.3	30.2	26.2	30.4	100.0	(543)

注：$p<0.000$

居住地が近畿内の場合は，最寄駅を問うているため，乗換案内を利用して親の居住地までの所要時間・距離を算出することができる（第4章参照）。表5－6は，親が近畿内居住のサンプルを対象に，[実家との距離] の考慮の程度別に，親の居住地までの所要時間・距離の平均値を集計したものである。

表5－6のとおり，夫親居住地への所要時間が最も短いのは「非常に考慮」37.5分であり，「やや考慮」57.8分，「あまり考慮せず」63.5分，「全く考慮せず」74.9分の順に長くなっている。距離も同様に，「非常に考慮」が最も短く24.7キロメートル，「やや考慮」「あまり考慮せず」「全く考慮せず」の順に長い。妻親居住地も同じく，所要時間が最も短いのは「非常に考慮」42.7分であり，「やや考慮」55.4分，「あまり考慮せず」68.0分，「全く考慮せず」72.0分の順に長い。距離も最も短いのが「非常に考慮」29.2キロメートル，以下は「やや考慮」「あまり考慮せず」「全く考慮せず」の順に長くなっている。[実家との距離] を考慮しているほど，親の居住地が近くなっている。つまり，[実家との距離] を考慮することと，親の居住地の近さには関連があるといえる。

表5－6 [実家との距離] の考慮の程度別：親の居住地への所要時間・距離

	夫親			妻親		
	所要時間	距離	(度数)	所要時間	距離	(度数)
非常に考慮	37.5分	24.7km	(60)	42.7分	29.2km	(59)
やや考慮	57.8分	38.5km	(131)	55.4分	38.5km	(138)
あまり考慮せず	63.5分	40.1km	(103)	68.0分	44.2km	(104)
全く考慮せず	74.9分	52.9km	(65)	72.0分	50.0km	(65)
計	59.1分	39.2km	(359)	59.9分	40.7km	(366)

2 ［実家との距離］と居住地選択行動

（1）［実家との距離］を「最も重要な要因」とした人々

［実家との距離］を考慮することは，居住地選択行動にどのように影響していたのだろうか。ここでは，［実家との距離］を「最も重要だった要因」にあげたサンプルに着目し，その居住地選択行動の特徴についてみていく。

［実家との距離］を「最も重要だった要因」にあげたサンプルは34であった。この34サンプルが［実家との距離］をどの程度考慮したのかについては，「非常に考慮」22サンプル（64.7%），「やや考慮」8サンプル（23.5%），「あまり考慮せず」1サンプル（2.9%），「全く考慮せず」3サンプル（8.8%）であった。やはり「非常に考慮」の割合が多い。「最も重要だった要因」としているだけあって，考慮していたということがよくわかる。一方，「あまり考慮せず」（1）・「全く考慮せず」（3）と回答していたサンプルについて確認すると，他の要因を「非常に考慮」としているなど，矛盾のある回答結果であった。回答に一貫性がないため4サンプルは分析から除外することとした。

30サンプルの親の居住地を整理すると，「双方の親とも近畿内」19サンプル（63.3%），「夫親のみ近畿内」4サンプル（13.3%），「妻親のみ近畿内」5サンプル（16.7%），「双方の親とも近畿外」2サンプル（6.7%）であった。それぞれ，親の居住地までの所要時間・距離を整理すると表5−7のとおりである。

夫親居住地への所要時間は，「双方とも近畿内」の場合47.4分・「夫親のみ近

表5−7　親の居住地別：親の居住地への所要時間・距離

	夫親		妻親	
	所要時間	距離	所要時間	距離
双方とも近畿内 （19）	47.4分 （19）	29.7km （19）	25.4分 （19）	16.3km （19）
夫親のみ近畿内 （4）	48.3分 （4）	32.6km （4）	—	—
妻親のみ近畿内 （5）	—	—	29.4分 （5）	17.8km （5）
双方とも近畿外 （2）	—	—	—	—
計 （30）	47.5分 （23）	30.2km （23）	26.3分 （24）	16.6km （24）

畿内」48.3分である。妻親居住地への所要時間は「双方とも近畿内」の場合25.4分，「妻親のみ近畿内」29.4分である。いずれも1時間未満となっているが，とくに妻親居住地への近さが特徴的である。

こうした妻の親に近いことを考慮したと思われる典型的な事例が以下である。

《何よりも妻の親への近さを考慮している》

No.1331は1995年に平城NTの持ち家一戸建に入居した事例である。妻親の居住地は回答者と同じ駅である。同じ平城NT内の可能性もある。入居時の家族構成は，夫婦と小学生・就学前の子どもである。

平城NTの前は兵庫県神戸市に居住していた。夫親の居住地・夫の出身地も神戸市である。夫の職場も，前住地からは阪急1本で行けただろう。それにもかかわらず，平城NTへ越してきたのは，妻親がここに住んでいるからだろう。各要因の考慮の程度を見ても，[実家との距離]のみが「非常に考慮」である。まさに，妻の親に近いことを何よりも考慮した事例である。

1331平城NT／男性回答者／1995年入居／持ち家一戸建

入居時の同居家族構成：夫婦と子（夫30代，妻30代，長子小学生，末子就学前）
入居時の妻の職業　：パート・アルバイト
夫の通勤先　：総持寺（阪急：大阪府茨木市）
夫親居住地　：御影（阪急：神戸市東灘区）／98分
妻親居住地　：高の原（近鉄：奈良市）／0分
重要だった要因：①実家との距離　②イメージ・ブランド
各要因の考慮　実家：非常　通勤：全く　交通：あまり　都心：全く　公サ：あまり
商業：あまり　医療：あまり　教育：あまり　地域：あまり　イメージ：あまり
前住地　：住吉（JR：神戸市東灘区）の購入マンション
抽選　：無
対抗候補地　：無
出身地　：（夫）神戸市　（妻）奈良市

しかし，30サンプルの回答結果を確認していくと，「[実家との距離]を考慮すること」が，必ずしも「親の居住地が近いこと」には表れないということがわかった。以下がその事例である。

《親の居住地が遠いにもかかわらず，［実家との距離］を非常に考慮し，最も重要だった要因としている》

No.205は1979年に泉北 NT の持ち家一戸建に入居した事例である。入居時の家族構成は，夫婦と就学前後の子どもである。夫の通勤先は，同じ泉北 NT 内の駅である。しかし，［通勤の便］ではなく，［実家との距離］を非常に考慮し，最も重要だった要因としている。

夫親の居住地は和歌山県九度山町で所要時間は68分，妻親は兵庫県明石市で92分と，必ずしも近くはない。しかし地図で確認すると，夫親の居住地は，泉北 NT から南の方向へ直線で約25km で，行き来しやすい道路が通じている。実家へ帰りやすい，何かあればすぐ帰ることができる住宅地ということで大阪南部にある泉北 NT を選択したのだろう。

205泉北 NT（泉が丘）／女性回答者／1979年入居／持ち家一戸建

入居時の同居家族構成：夫婦と子（夫30代，妻30代，長子就学前，末子就学前）
入居時の妻の職業　　：専業主婦
夫の通勤先　　：泉が丘（泉北高速：堺市）
夫親居住地　　：九度山（南海：和歌山県九度山町）／68分
妻親居住地　　：明石（JR：兵庫県明石市）／92分
重要だった要因：①実家との距離　②商業施設
各要因の考慮　　実家：非常　通勤：やや　交通：非常　都心：あまり　公サ：全く
　　　　　　　　商業：あまり　医療：あまり　教育：あまり　地域：やや　イメージ：やや
前住地　　：NA
抽選　　：無
対抗候補地　　：無
出身地　　：（夫）和歌山県九度山町　（妻）兵庫県明石市

No.1137は1990年に三田 NT の持ち家一戸建に入居した事例である。入居時の家族構成は，夫婦と小学生の子どもである。夫の通勤先は，同じ JR の沿線上にある。

［実家との距離］を「非常に考慮」としているが，双方の親の居住地は京都府綾部市である。電車所要時間は2時間半以上もかかる。しかし，距離的には遠いものの，電車・高速道路のいずれもアクセスがよい場所にあるのが三田 NT である。

前住地である阪神間の社宅・寮を出るにあたり，通勤可能な範囲で一戸建を購入したいという状況において，親の居住地と通勤先の兼ね合いから三田 NT が選択されるべくして選択されたといえるだろう。

1137三田 NT ／女性回答者／1990年入居／持ち家一戸建

入居時の同居家族構成：夫婦と子（夫40代，妻40代，長子小学生，末子小学生）
入居時の妻の職業　　：専業主婦

夫の通勤先：生瀬（JR：西宮市）
夫親居住地：綾部（JR：京都府綾部市）／167分
妻親居住地：綾部（JR：京都府綾部市）／167分
前住地　　：吹田（JR：大阪府吹田市）の社宅・寮
抽選　　　：97倍以上
対抗候補地：無
重視した要因：①実家との距離　②都心利便性
各要因の考慮度合い　実家：非常　通勤：やや　交通：やや　都心：やや　公サ：あまり
　商業：あまり　医療：やや　教育：やや　地域：やや　イメージ：あまり
出身地　　　：（夫）京都府綾部市　（妻）京都府綾部市

上記のように，遠くであっても考慮している――こうした事例は，親が近畿内に居住している場合のみならず近畿外でもみられた。以下がその事例である。

《親が近畿外であるにもかかわらず，［実家との距離］を非常に考慮し，最も重要だった要因としている》

No.37は1992年に大阪北部の購入マンションから三田NTの持ち家一戸建に入居した事例である。入居時の同居家族構成は，夫婦と小中学生の子どもである。夫の通勤先は大阪市内で，乗換は必要だとしてもJRだけで通うことができる。

夫婦の親はどちらも岡山県に居住している。三田NTは，中国方面へ行く高速道路のICが近く，阪神間エリアのなかでは中国地方へアクセスしやすい位置にある。

回答者は［実家との距離］を非常に考慮し，最も重要だった要因としている。この回答結果は，通勤先が大阪市内と規定されているなかで，職場に通える範囲で（［通勤の便］は「あまり考慮せず」であるから，可能であればよかったのだろう），親の居住地や出身地でもある岡山に可能な限り近く，しかも地域環境のよいところとして三田NTを選択したと解釈することができよう。地方出身者が大阪や兵庫で一戸建を購入するにあたり，岡山への近さは非常に重要だったと思われる。

親が近畿外ではあるが，［実家との距離］が「最も重要だった要因」という回答になった背景がよくわかる事例である。

37三田NT／男性回答者／1992年入居／持ち家一戸建
入居時の同居家族構成：夫婦と子（夫40代，妻30代，長子中高生，末子小学生）
入居時の妻の職業　　：専業主婦
夫の通勤先　　　：安治川口（JR：大阪市此花区）
夫親居住地　　　：岡山県
妻親居住地　　　：岡山県
前住地　　　　　：千里丘（JR：大阪府摂津市）の購入マンション
抽選　　　　　　：あり

対抗候補地　　：無
重要だった要因：①実家との距離　②地域環境
各要因の考慮　　実家：非常　　通勤：あまり　交通：やや　都心：やや　公サ：あまり
　　　　　　　　商業：やや　　医療：やや　　教育：やや　地域：やや　イメージ：やや
出身地　　　　：（夫）岡山県 （妻）岡山県

このようにサンプル1つひとつの回答結果を詳細にみていくと，考慮していることが，必ずしも〈近さ〉だけに表れるわけではないということもわかってきた。遠いけれどもアクセスしやすい，つまり〈便利さ〉という意味で考慮されていた。

こうしたことは，事例的に分析しなければ明らかにすることができなかった。居住地選択行動を理解するためには，事例的な分析が必要である。そこで，［実家との距離］を最も重視したと回答しながら［実家との距離］を考慮せずと回答していたため分析から省いていた4サンプルについても，改めてその居住地選択行動を読み取ってみた。すると，バブルが大きく影響していたのではないかと思われる事例があった。バブルとは，「バブル景気」や「バブル経済」などと称される，一般的には1986年12月から1991年2月までの間に日本で生じた好景気のことである。

No.1481は，1991年に大阪北部の購入マンションから平城NTの持ち家一戸建に入居した事例である。末子の就学前にマンションから一戸建を購入したと思われる。対抗候補地は，大阪北部の持ち家一戸建で，そこは前住地・妻親居住地と同じ市であり近い。こちらの住居の購入も希望していただろうが，結果的には97倍以上の抽選に当たった平城NTに入居している。前住地と比べて妻親からはかなり遠くなり夫親からも遠くなってしまった。

1481平城NT／男性回答者／1991年入居／持ち家一戸建
入居時の同居家族構成：夫婦と子（夫30代，妻30代，長子小学生，末子就学前）
入居時の妻の職業　　：パート
夫の通勤先　　：堺筋本町（大阪市営：大阪市中央区）
夫親居住地　　：住吉東（南海：大阪市住吉区）／65分
妻親居住地　　：豊中（阪急：豊中市）／76分
前住地　　　　：豊中（阪急：豊中市）の分譲マンション
抽選　　　　　：97倍以上
対抗候補地　　：千里中央（北大阪急行：豊中市）の持ち家一戸建

重要だった要因	：①実家との距離　②地域環境
各要因の考慮	実家：あまり　通勤：やや　交通：非常　都心：やや　公サ：やや 商業：やや　医療：やや　教育：非常　地域：非常　イメージ：あまり
出身地	：(夫) 大阪市住吉区 (妻) 豊中市

バブルの時期，NT 調査の調査対象ニュータウンにおいても地価公示価格が非常に上昇していた。図5－1は，千里・泉北・須磨・平城の各住所地[2]における地価公示価格の推移をグラフに表したものである[3]。グラフが示すように，いずれのニュータウンにおいてもバブル期は地価が高騰したことがわかる。とくに千里NTは非常な高騰ぶりだったことがわかる。

バブルの影響は，NT 調査の集計結果にも表れていた。表5－8は，入居時期を1970年代・1980～85年（バブル前）・1986～92年（バブル期）・1993～97年（バブル後）・1998年以降（消費税導入後）に区切り，現住居を購入した際の抽選の有無（表中の数字は抽選があった割合）とその平均抽選倍率を整理したものである。持ち家一戸建も購入マンションも，抽選があった割合は1970年代から7割以上と高く，決してバブル期だけに抽選があったわけではない。しかし抽選倍率はバブル期が飛びぬけて高く，持ち家一戸建は31.2倍，購入マンションは21.9倍である。バブル崩壊後は抽選そのものが減り，倍率も下がっている。

このように，バブル期は希望通りに家を買うことができなかった時代である。事例の場合，［実家との距離］を考慮したかった，あるいは考慮しようとしたが，結果的にできなかったと解釈することもできる。そのことが，一見すると矛盾した回答結果に表れていたとも考えられる。

このように，居住地選択行動は人々の意思だけでなく，社会情勢にも影響を受けることに留意しなければならない。とくに日本においては，バブルの影響を忘れてはいけないだろう。

（2）他の選択要因と［実家との距離］の関連――量的データの事例的解釈

居住地選択行動と親の居住地との関連を分析するには，「［実家との距離］が最も重要な要因だった」という事例だけを分析するのでは不十分である。なぜ

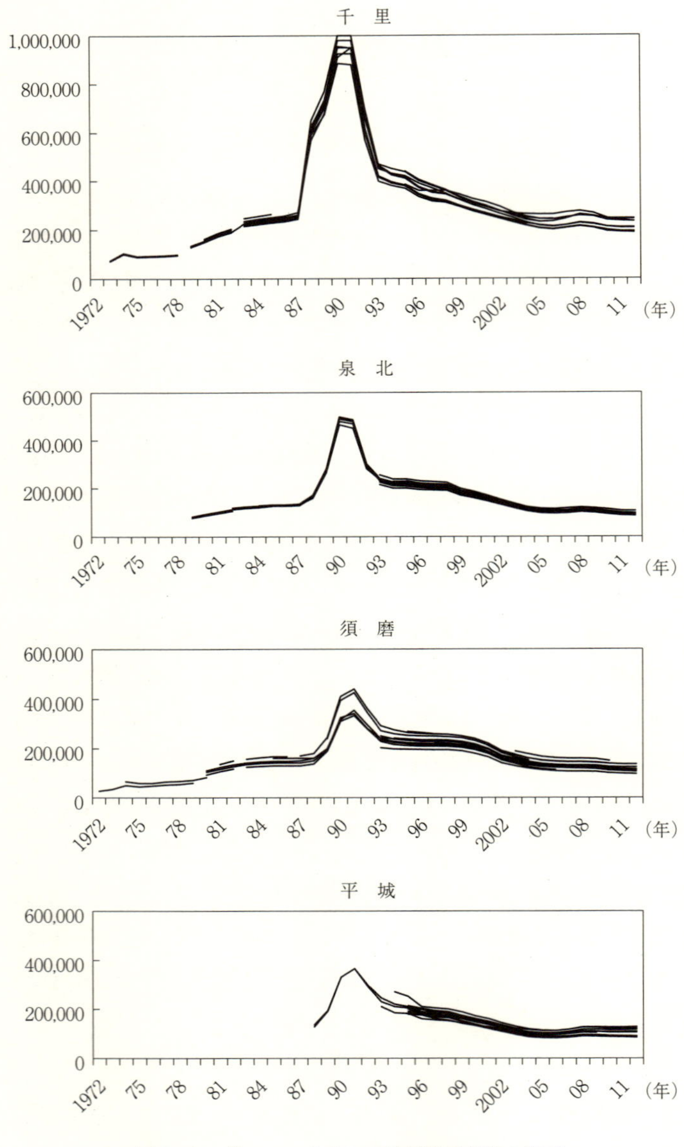

図5－1　各ニュータウンの地価公示価格の推移

表5－8 抽選の有無と倍率

	抽選があった割合（%）		平均抽選倍率	
	持ち家一戸建	購入マンション	持ち家一戸建	購入マンション
～1979年	72.5	70.3	20.3 (66)	9.8 (22)
1980～85年（バブル前）	78.4	45.9	21.4 (69)	5.2 (13)
1986～92年（バブル期）	74.2	59.3	31.2 (97)	21.9 (26)
1993～97年（バブル後）	57.6	43.8	24.4 (51)	8.8 (34)
1998年～（消費税導入後）	42.2	18.0	15.9 (39)	4.3 (19)
計	65.9	40.4	23.9 (322)	10.9 (113)

なら，［実家との距離］を重要な要因と回答した人はそもそも少なく，それ以外の［地域環境］や［通勤の便］が考慮された要因として回答されていたからである。他の要因が考慮されるなかで，［実家との距離］はどのように関連していたのだろうか。

分析においては，［実家との距離］の考慮にかかわらず，ニュータウン居住者全体を取り上げ，その居住地選択行動を把握する必要がある。そして，ここでも前節で扱った30サンプルのように，1つひとつのデータを事例的に分析する方法を採用する。この分析方法は，「量的データの事例的解釈」ということができよう。量的データとは，クロス集計をしたり平均値の比較をしたりして活用されるものである。それに対して「量的データの事例的解釈」とは，1つひとつのデータを事例的に読み取っていき，聞き取り調査をしたかのように解釈するという方法である。Excel や SPSS の画面で「データを横に見ていく」ということである。分析の手順は以下のとおりである。

① SPSS 上で，分析する対象を選択する（分析対象以外は削除する）。
② SPSS 上で，事例分析に使用する変数のみを残し，残りを削除する。
・性別　・入居年　・双方の親の居住地（最寄駅・時間・距離）　・入居時の同居家族構成
・入居時の家族の年齢　・入居時の夫婦の職業　・入居時の通勤先
・居住地選択要因の考慮の程度　・最も／2番目に重要だった居住地選択要因
・前住地（最寄駅・居住形態）　・対抗候補地（最寄駅・居住形態）
・現住居の抽選有無と倍率　・夫婦の出身地
③ 以上のデータを SPSS から Excel にコピーする。

Excelを使用するのは体裁の変更や印刷等がしやすいためである。

	A	B	C	D	E	F	G	H	I	J	K	L	M	N
1	No.	性別	入居年	NT名	夫親(駅)	夫親(市)	夫親(分)	妻親(駅)	妻親(市)	妻親(分)	家族構成	夫年齢	妻年齢	長子年齢
2	1352	女	2003	トリヴェール	久米田（ＪＲ	大阪府岸和田	45	鳳（ＪＲ）	大阪府堺市	34	夫婦	30	26	非該当
3	846	女	1998	トリヴェール	非該当	千葉	近畿外	非該当	山口	近畿外	夫婦と子	35	32	4
4	794	女	2003	トリヴェール	久米田（ＪＲ	大阪府岸和田	45	西九条（ＪＲ	大阪市此花区	49	夫婦と子	41	41	13
5	1468	男	1978	泉北(光明池)	堺東（南海）	大阪府堺市	22	狭山（南海）	大阪府大阪狭	31	夫婦と子	41	37	7
6	1310	女	1983	泉北(光明池)	鳳（ＪＲ）	大阪府堺市	33	栂・美木多（	大阪府堺市	2	夫婦と子	33	31	6
7	45	男	2002	泉北(泉が丘)	初芝（南海）	大阪府堺市	15	西長堀（大阪	大阪市西区	39	夫婦と子	48	44	14

④　データを横に読み取っていき，そのサンプルについて事例的に解釈していく。
上の例であれば，「No.1352は女性回答者である／2003年にトリヴェール和泉の購入マンションに入居／夫親はJR久米田に住み，所要時間45分／妻親はJR鳳に住み，所要時間34分／入居時の家族構成は夫婦／夫30歳・妻26歳／……」となる。

*　本分析では，地図を利用し，現住地や職場・親の居住地の位置と距離を確認しながら進めた。

ここでの分析では，全ニュータウンを対象にするにはサンプル数が多いので，泉北NTとトリヴェール和泉を分析対象とした。泉北NTはサンプル数が最も多いニュータウンだからである。トリヴェール和泉は，泉北NTを通る泉北高速鉄道の沿線上にあり，泉北NTのさらに先に建設されたニュータウンである。開発年度は，泉北NTが1966年，トリヴェール和泉が1992年である。つまり泉北NTとトリヴェール和泉は，同じエリアに，異なる年代で建設されたニュータウンである。このことは，近居の観点からみると，泉北NTに親世代が住み，トリヴェール和泉に子世代が住んでいるという可能性が考えられる。よって，ここでの分析対象は，「泉北NT･トリヴェール和泉の持ち家一戸建・購入マンション居住者」とした。

事例分析の結果，「他の要因が優先されるなかにおいて，親の居住地のことも含めて考えられている」といったことがわかってきた。最も重要だった要因ではないが，やはり居住地選択行動に影響しているということである。

具体的には，［実家との距離］を考慮していないと回答しているが，親の居住地が近い，あるいは親の居住地と空間的関連性がみられるといったケースが多くみられた。以下が典型的な事例である。

《［公共交通機関］が最も重要だった要因で，［実家との距離］は考慮していないと回答しているが，親の居住地が近い》

No.233は1999年にトリヴェール和泉の持ち家一戸建に入居した事例である。入居時の家族構成は，夫婦と成人した子どもである。双方の親は隣接する堺市内に住んでおり，現住地から10キロメートル圏内である。また，夫の通勤先も夫婦の出身地も堺市である。さらに前住地は泉北 NT（堺市）である。したがって，このエリアを選択し居住することはきわめて自然だったと思われる。

しかし［実家との距離］は「全く考慮せず」となっている。この回答結果は，このエリアを選択することが自然で当たり前の状況で，親の居住地はそもそも近く，「あえて考慮する」というものではなかったと解釈することができる。

233トリヴェール和泉／1999年入居／持ち家一戸建

入居時の同居家族構成：夫婦と子（夫50代，妻40代，長子23歳以上）
入居時の妻の職業　：専業主婦
夫の通勤先　：津久野（JR：堺市）
夫親居住地　：上野芝（JR：堺市）／34分
妻親居住地　：上野芝（JR：堺市）／34分
前住地　：泉ヶ丘（泉北高速：堺市）
抽選　：３倍
対抗候補地　：無

重要だった要因：①公共交通　②商業施設
各要因の考慮　実家：全く　通勤：あまり　交通：やや　都心：全く　公サ：全く
商業：やや　医療：やや　教育：全く　地域：やや　イメージ：やや
出身地　：（夫）堺市　（妻）堺市

《［地域環境］を最も重要だった要因とし，［実家との距離］はあまり優先されず親の居住地も近くはないが，空間的関連性がみられる》

1976年に泉北 NT の持ち家一戸建に入居した事例である。入居時の家族構成は，夫婦と小学生の子どもである。夫の通勤先は大阪市中心部である。

［実家との距離］は「やや考慮した」ということであるが，他の要因はほとんどが「非常に考慮」であるから，優先順位は低かったといえる。夫親・妻親とも和歌山市に居住している。つまり，通勤先が大阪市，居住地が大阪南部の泉北 NT，さらに南の大阪府と隣接する和歌山県が親の居住地である。回答者は，通勤先と親の居住地のあいだに居住地を選んだといえる。大阪市内への通勤も可能で，親の居住地へも行きやすいということから，大阪南部にある泉北 NT を選択したのではないかと思われる。距離的に近いわけではないが，居住地選択行動に親の居住地という要因が影響を与えていることがわかる。

204泉北 NT（泉ヶ丘）／1976年入居／持ち家一戸建
入居時の同居家族構成：夫婦と子（夫40代，妻30代，長子小学生，末子小学生）
入居時の妻の職業　：無職
夫の通勤先　：堺筋本町（大阪市営：大阪市中央区）
夫親居住地　：和歌山市（南海：和歌山市）／91分
妻親居住地　：和歌山市（南海：和歌山市）／91分
前住地　：山口県の社宅
抽選　：43倍
対抗候補地　：無
重要だった要因：①地域環境　②公共サービス
各要因の考慮　実家：やや　通勤：非常　交通：非常　都心：やや　公サ：非常
商業：非常　医療：非常　教育：やや　地域：非常　イメージ：非常
出身地　：（夫）和歌山市　（妻）和歌山市

泉北 NT とトリヴェール和泉の分析を進めると，やはり親世代が泉北 NT に・子世代がトリヴェール和泉に居住しているパターンがみられた。ニュータウンに越してきた人々の子世代が，ニュータウンの近くに近居しているという事例である。以下の２つがその事例である。

一方は［実家との距離］を非常に考慮し２番目に重要だった要因としているのに対し，もう一方は［実家との距離］をやや考慮しているものの［公共交通機関］や［通勤の便］をより重要だった要因だと回答している。２つの事例は，親の居住地が同じ泉北 NT にあるにもかかわらず，［実家との距離］の位置づけは異なる回答となっている。一方は「親の近くに住みたいから考慮した」，もう一方は「そもそも親の近くだから，考慮したかしなかったかと問われれば，考慮しなかった」と解釈することができる。このように「考慮したか・しなかったか」という変数を扱う場合は，注意が必要である。これはこの質問が「意識を問う質問」（大谷 2003，大谷編 2013）だからであるところが大きい[(4)]。

《［実家との距離］を非常に考慮して，トリヴェール和泉を選択した》

No.162は，泉北 NT の持ち家一戸建から，トリヴェール和泉の購入マンションへ転居した事例である。トリヴェール和泉に入居した当時の家族構成は，夫婦２人である。妻も働いており通勤先は大阪の梅田である。

妻の親が泉北 NT に居住している。[実家との距離] は「非常に考慮」で，2番目に重要だった要因と回答している。まさに妻の親に近いことを考慮したことがわかる。
対抗候補地は兵庫県西宮市の購入マンションであった。おそらく妻の通勤先へは，対抗候補地の方が便利がよかったかもしれない。どのようにして対抗候補地ではなくトリヴェール和泉を選択したのかは把握できないが，親の居住地が大きな要因だったのではないかと思われる。

162トリヴェール和泉／1998年入居／購入マンション
入居時の同居家族構成：夫婦（夫20代，妻20代）
入居時の妻の職業　：勤め
妻の通勤先　：西梅田（大阪市営：大阪市北区）
夫親居住地　：橿原神宮前（近鉄：奈良県橿原市）／88分
妻親居住地　：栂・美木多（泉北高速：堺市）／5分
前住地　：泉北 NT（栂・美木多）の持ち家一戸建
抽選　：無
対抗候補地　：兵庫県西宮市の購入マンション
重要だった要因：①地域環境　②実家との距離
各要因の考慮　実家：非常　通勤：非常　交通：非常　都心：あまり　公サ：やや
商業：やや　医療：あまり　教育：非常　地域：非常　イメージ：あまり
出身地　：(夫) 奈良県橿原市 (妻) 堺市

《[公共交通機関] や [通勤の便] を最も考慮したと回答しているが，泉北 NT に住む親の居住地が影響したと思われる》

No.881は，大阪南部の藤井寺市からトリヴェール和泉の購入マンションへ転居した事例である。入居時の家族構成は夫婦2人で，妻も働いており通勤先は大阪市南部である。最も重要だった要因が [公共交通機関]，2番目に重要だった要因が [都心利便性] である。
夫親が前住地と同じ駅で藤井寺市，妻親が泉北 NT に居住している。[実家との距離] は「あまり考慮せず」であるが，まさに妻の親の近くに引っ越してきたということである。他に対抗候補地も無かったことから，トリヴェール和泉だけを選択したといえる。他の要因が重要であったものの，親の居住地が居住地選択において影響していたと解釈することができる。

881トリヴェール和泉／1997年入居／購入マンション
入居時の同居家族構成：夫婦（夫30代，妻20代）
入居時の妻の職業　：勤め
妻の通勤先　：住吉大社（南海：大阪市住吉区）
夫親居住地　：土師の里（近鉄：藤井寺市）／63分
妻親居住地　：泉ヶ丘（泉北高速：堺市）／8分
前住地　：土師の里（近鉄：藤井寺市）のその他の居住形態

抽選　　　　　：無
対抗候補地　　：無
重要だった要因：①公共交通機関　②都心利便性
各要因の考慮　　実家：あまり　通勤：あまり　交通：非常　都心：やや　公サ：全く
　　　　　　　　商業：あまり　医療：あまり　教育：全く　地域：全く　イメージ：あまり
出身地　　　　：（夫）藤井寺市　（妻）堺市

以上，本章では，居住地選択行動という視点から，親の居住地を〈意識〉の側面から分析した。居住地を選択する際に，親の居住地つまり［実家との距離］がどのように考えられていたか，本章で明らかになった点を整理すると以下のとおりである。

まず１点目は，［実家との距離］を考慮することと，親の居住地への近さには，関連性がみられたことである。［実家との距離］を考慮しているほど，親の居住地が近いという結果であった。

２点目は，しかしながら，考慮することが必ずしも〈近さ〉だけに表れるとは限らないということである。［実家との距離］が最も重要だったと回答したサンプルを事例的に分析すると，必ずしも親の居住地は近くなく，なかには親が近畿外に居住しているケースすらあった。距離的には近くないが，高速道路などアクセスの良さが考えられている。このことから，「考慮する」とは，〈近さ〉だけではなく〈便利さ〉という側面もあるといえる。

３点目は，他の居住地選択要因が重要な要因として考慮されていたとしても，親の居住地のことも含めて居住地選択行動がなされているということがわかってきた。具体的には，［実家との距離］を考慮していないと回答しているが，親の居住地が近かったり空間的関連性がみられたりした。

泉北 NT とトリヴェール和泉の事例分析では，親の隣のニュータウンを選択するという居住地選択行動が少なからずみられた。ニュータウンに越してきた人々の子世代が，まさにニュータウン周辺に近居している実態が表れていたといえるだろう。

最後に，本章の分析で明らかとなった課題について指摘しておきたい。「最寄駅による測定方法」の問題点である。事例分析では，乗換案内を用いた所要時間・距離に加えて，地図で実際の位置を確認していった。すると，電車での所要時間・距離は長いが，実際の距離は遠くないというケースが散見された。これは，あくまで電車での乗換に限定したため，実際は近いが電車で行くと遠回りになってしまったためである。こうしたケースは，わざわざ電車には乗らず，おそらく車や自転車で行き来しているだろうと思われる。このことから，最寄駅以外の測定方法も考える必要性があるといえる。とくに電車の利便性の悪い地方都市においては，最寄駅以外の測定方法が有効であろう。

注

(1) 居住地選択についての質問文は以下のとおりである。

Q16. あなたは，現在の住居を選定するにあたって，次の①～⑩の要因をどの程度考慮されましたか。それぞれについてあてはまる番号に○をつけてください。

	非常に考慮した	やや考慮	あまり遠慮せず	全く考慮せず
①実家との距離	1	2	3	4
②通勤の便がよいこと	1	2	3	4
③公共交通機関（駅・バス停留所など）までの近さ	1	2	3	4
④都心（梅田・難波・三宮・河原町など）までの利便性	1	2	3	4
⑤公共的サービス（保育所・福祉サービス・図書館など）の充実	1	2	3	4
⑥商業施設（スーパー・専門店など）の充実	1	2	3	4
⑦医療施設の充実	1	2	3	4
⑧子供の教育環境（学区・校区など）がよいこと	1	2	3	4
⑨地域環境（町並み・緑・静けさなど）がよいこと	1	2	3	4
⑩その地域のイメージ・ブランドがよいこと	1	2	3	4

Q17. 上記①～⑩の要因の中で，住居選定に際して最も重要であったものと，2番目に重要であったものを選び番号をご記入ください。

1番目（　　　） 2番目（　　　）

(2) 各ニュータウンのデータに用いた住所地（「所在及び地番」）は以下のとおりである。

【千里】豊中市新千里北町3丁目11番10，豊中市新千里北町2丁目24番9，豊中市新千里西町3丁目16番16，豊中市新千里西町3丁目8番3，豊中市新千里西町2丁目11番3，豊中市新千里南町3丁目36番7，豊中市新千里南町3丁目27番9，吹田市青山台4丁目119番92，吹田市青山台3丁目385番30，吹田市佐竹台3丁目23番35，吹田市佐竹台5丁目1番50，吹田市高野台3丁目6番110，吹田市竹見台2丁目15番6，吹田市竹見台4丁目5番8，吹田市津雲台3丁目20番34，吹田市津雲台6丁目20番180，吹田市津雲台5丁目20番58，吹田市津雲台5丁目20番62，吹田市古江台1丁目85番56，吹田市古江台2丁目87番12，吹田市古江台1丁目85番55，吹田市桃山台3丁目27番3，吹田市桃山台3丁目8番10

【泉北】堺市南区赤坂台6丁4番6，堺市赤坂台5丁16番28，堺市南区鴨谷台1丁39番11，堺市南区城山台3丁11番7，堺市新檜尾台4丁6番11，堺市南区新檜尾台1丁31番6，堺市南区竹城台2丁10番12，堺市南区竹城台4丁10番7，堺市南区茶山台3丁5番3，堺市南区庭代台4丁17番3，堺市南区庭代台1丁37番23，堺市南区晴美台2丁23番3，堺市南区槇塚台3丁35番8，堺市南区槇塚台2丁23番10，堺市南区御池台3丁13番6，堺市南区三原台4丁10番5，堺市宮山台4丁9番3，堺市宮山台1丁3番23，堺市南区宮山台4丁13番13，堺市南区桃山台4丁9番2，堺市南区桃山台3丁14番4，堺市南区若松台3丁15番4

【須磨】神戸市須磨区神の谷5丁目7番13，神戸市須磨区神の谷2丁目8番2，神戸市須磨区北落合5丁目16番1，神戸市須磨区北落合2丁目6番4，神戸市須磨区白川台3丁目69番17，神戸市須磨区白川台3丁目4番10，神戸市須磨区白川台1丁目30番4，神戸市須磨区白川台1丁目4番7，神戸市須磨区白川台4丁目73番10，神戸市須磨区白川台5丁目49番4，神戸市須磨区白川台7丁目8番5，神戸市須磨区東落合3丁目14番8，神戸市須磨区東落合2丁目7番8，神戸市須磨区東落合3丁目30番24，神戸市須磨区南落合3丁目2番4，神戸市須磨区竜が台5丁目13番4，神戸市須磨区竜が台7丁目12番5，神戸市須磨区友が丘2丁目53番，神戸市須磨区友が丘8丁目33番，神戸市須磨区友が丘5丁目5番97，神戸市須磨区菅の台3丁目4番4

【平城】奈良市神功5丁目15番8，奈良市神功1丁目1番6，奈良市右京4丁目13番25，奈良市朱雀6丁目4番9，奈良市朱雀5丁目3番12，木津川市相楽台5丁目11番8，木津川市相楽台2丁目16番4，木津川市兜台7丁目3番7，木津川市兜台4丁目8番11，相楽郡精華町桜ケ丘2丁目24番17，相楽郡精華町桜ケ丘3丁目27番18，相楽郡精華町桜ケ丘1丁目29番8

(3) 国土交通省が提供している「土地総合情報システム」のうちの「標準地・基準地検索システム」を利用し，各ニュータウンに含まれる住所地（「所在及び地番」）の地価公示をデータ化した。図5-1はそのデータをグラフ化したものである。このシステムでは1970（昭和45）年以降のデータが公開されている。

「土地総合情報システム」http://www.land.mlit.go.jp/webland/

「標準地・基準地検索システム」http://www.land.mlit.go.jp/landPrice/AriaServlet?MOD=2&TYP=0

(4) 「「意識を問う質問」は，確定されていない未来の態度や，行動に直接表れない回答者の考えを尋ねる質問である。つまりこの質問は，そのときの気分や思いつきなどによって回答が変わってしまう可能性をもっているのである」（大谷編 2003：164）。

第6章
時代論的観点からみる親の居住地

前章で取り上げた泉北NTとトリヴェール和泉の事例分析において，2つのニュータウンに特徴的な違いがあることに気がついた。トリヴェール和泉のほうが，「親が近くに居住している」「[実家との距離] を考慮している」という事例が多かったのである。泉北NTとトリヴェールは同じエリアに開発されたニュータウンで，大きな違いは開発年度である。泉北NTのまちびらきが1966年の高度経済成長期であるのに対して，トリヴェール和泉は1992年で住民の多くはバブル崩壊後から2000年代にかけて入居してきた。つまりこの2つのニュータウンは，住民が入居してきた時代に大きな違いがある。

そこで本章では，時代の違いに着目し，親の居住地について時系列的な観点から分析をおこなう。第1節では，関西NT調査を用いて，時系列的変化を明らかにする。第1項では，〈事実〉の側面として，親の居住地の空間的位置について分析する。親の居住地は遠くなっているのか，近くなっているのか。つまり近居するようになっているのか。第2項では，〈意識〉の側面として，居住地選択要因の [実家との距離] について分析をする。[実家との距離] は考慮されるようになっているのかどうか。いいかえれば，親のことが考えられるようになっているのだろうか。第2節では，第1節で明らかになった変化について，都市社会学的な観点から考察をおこなう。

時系列的な違いを明らかにするため，本章では入居年別の分析をおこなう。ニュータウンに入居した年を「1970年代以前」「1980年代」「1990年代」「2000年代」の4つに分類し比較する。本章でも，持ち家一戸建居住者と購入マンション居住者を分析対象とする（937サンプル）。

1　関西NT調査でみる「親の居住地」の時系列的変化

（1）〈事実〉としての変化——親の居住地の空間的位置

まずは，持ち家一戸建居住者と購入マンション居住者の，親との同別居状況をみてみよう。表6-1は，親との同別居状況を入居年代別に整理したものである。表のとおり，同別居状況については入居年代による有意な差はみられない。同居率は2000年代に7.2％と低くなっているが，およそ10％前後となっている。

では，親の居住地の空間的位置は変化しているだろうか。ここからは，別居のサンプル（570）だけを対象に分析をおこなう。表6-2は，親の居住地が近畿内か近畿外かを，入居年代別に整理したものである。

夫親が近畿内に居住している割合は，1970年代以前62.1％，1980年代64.4％，1990年代67.4％，2000年代70.0％と近年になるほど増加している。妻親についても同様で，1970年代以前58.3％，1980年代61.3％，1990年代71.6％，2000年代77.8％と増加している。とくに妻親については，入居年代による違いが有意な差である。このように，入居年が近年になるほど，夫親・妻親とも近畿内に居住している割合が高くなり，近畿外に居住している割合が減少している。

では親の居住地までの距離は近くなっているだろうか。親の居住地が近畿内の場合は，最寄駅を問うているため，乗換案内を利用して親の居住地までの所要時間・距離を算出することができる（第4章参照）。近畿内において，親の居住地は近くなっているか遠くなっているか。表6-3は，親が近畿内居住のサンプルを対象に，親の居住地までの所要時間・距離・費用の平均値を入居年代別に集計したものである。

夫親の居住地までの所要時間は，1970年代以前52.8分，1980年代65.1分，1990年代61.9分，2000年代45.4分である。1970年代以前をのぞけば，1980年代から2000年代にかけて短くなっていることがわかる。距離・費用についても同様である。妻親の居住地までの所要時間も，1970年代以前をのぞけば，1980年

表6－1　入居年代別：親との同別居状況

	同居	別居	計	
～1970年代	14.9%	85.1%	100.0%	(114)
1980年代	10.1%	89.9%	100.0%	(178)
1990年代	14.2%	85.8%	100.0%	(254)
2000年代	7.2%	92.8%	100.0%	(97)
計	12.1%	87.9%	100.0%	(643)

注：同居（79），別居（570），NA や判別不可能（288）。　　p＜0.195

表6－2　入居年代別：親の居住地の近畿内／近畿外の割合

入居年	夫親				妻親			
	近畿内	近畿外	計		近畿内	近畿外	計	
～1970年代	62.1%	37.9%	100.0	(95)	58.3%	41.7%	100.0	(96)
1980年代	64.4%	35.6%	100.0	(160)	61.3%	38.8%	100.0	(160)
1990年代	67.4%	32.6%	100.0	(218)	71.6%	28.4%	100.0	(218)
2000年代	70.0%	30.0%	100.0	(90)	77.8%	22.2%	100.0	(90)
計	66.1%	33.9%	100.0	(563)	67.4%	32.6%	100.0	(564)

p＜0.643　　p＜0.006

表6－3　入居年代別：親の居住地までの距離・時間・費用（平均）

入居年	夫親			妻親		
	時間（分）	距離（km）	費用（円）	時間（分）	距離（km）	費用（円）
～1970年代	52.8	34.5	758.3	50.7	32.4	730.4
1980年代	65.1	43.4	868.1	63.2	42.8	855.1
1990年代	61.9	41.1	833.7	61.5	42.1	838.5
2000年代	45.5	30.3	659.2	55.8	38.5	769.6
計	58.6 (370)	38.9 (370)	801.7 (370)	59.3 (374)	40.2 (374)	814.3 (374)

代63.2分，1990年代61.5分，2000年代55.8分と，2000年代にかけて短くなっている。夫親・妻親とも，近年になるほど距離が近くなっているといえる。とくに夫親の居住地は，1980年代から2000年代にかけて約20分も近くなっており，よりその傾向が強い。

第5章の分析で指摘したように，1990年代はバブルの影響を考慮しなければならない。この時期は，思い通りの居住地選択ができなかった人が他の時期よりも多い可能性がある。そうした影響があるにもかかわらず，1990年代を含めて分析しても，距離が近くなっていることが示されている。

このように，入居年代が近年になるほど，親が近畿内に居住している割合が増加し，その近畿内においては親の居住地までの距離が近くなっていることが明らかとなった。近年になるほど，〈近居〉の傾向が強まっているといえるだろう。

（2）〈意識〉としての変化──［実家との距離］を考慮したか

表6－4は，NT 調査で問うた10の居住地選択要因のうち，「最も重視した要因」はどれであったかを入居年代別に整理したものである。どの入居年代においても，［地域環境］が最も多く，やはり［教育環境］［公共交通機関］［通勤の便］が共通して上位をしめている（第5章参照）。ただし［地域環境］［通勤の便］は減少傾向にあり，［教育環境］［公共交通機関］は増加傾向であるという違いが見受けられる。一方，［実家との距離］はどの入居年代でも5番目に重視された要因となっている。1970年代以前から1990年代にかけては大きな違いはみられないが，2000年代に11.2％と大きく増加している。

表6－5は，NT 調査で問うた10の居住地選択要因について，それぞれ「考慮した」と回答した割合を入居年代別に整理したものである。どの入居年代であっても考慮した割合が最も多いのは［地域環境］であるが，近年になるほどやや減少傾向がみられる（$p<0.111$）。反対に考慮した割合が増加しているのは，［公共交通機関］［通勤の便］［商業施設］［実家との距離］であるが，そのうち統計的に有意に増加しているのは［実家との距離］のみである。1970年代以前27.9％から，1980年代40.9％，1990年代46.2％，2000年代は57.8％と半数以上が考慮するようになっている。

［実家との距離］を考慮する人の割合が増加した原因は，親が近畿内に居住する人の割合が増加したからかもしれない。親が近畿内に居住する人に限定するとどうなるだろうか。表6－6は，親の居住地の組み合わせごとに，［実家との距離］を考慮した割合を入居年代別に整理したものである。

表6－4　入居年代別：[最も重視した要因]

入居年	地域環境	教育環境	交通機関	通勤の便	実家との距離	医療施設	商業施設	イメージ・ブランド	都心利便性	公共サービス	計
～1970年代	33.0	11.4	14.8	20.5	6.8	3.4	3.4	4.5	2.3	0.0	100.0 (88)
1980年代	41.3	15.5	14.2	18.1	5.2	1.3	0.0	1.3	2.6	0.6	100.0 (155)
1990年代	37.2	19.5	16.3	16.3	4.7	0.5	2.3	1.4	0.9	0.9	100.0 (215)
2000年代	29.2	22.5	20.2	13.5	11.2	0.0	2.2	0.0	1.1	0.0	100.0 (89)
計	36.4	17.6	16.1	17.0	6.2	1.1	1.8	1.6	1.6	0.5	100.0 (547)

$p<0.157$

表6－5　入居年代別：各居住地選択要因を考慮した比率

入居年	地域環境	教育環境	交通機関	通勤の便	医療施設	商業施設	イメージ・ブランド	都心利便性	公共サービス	実家との距離
～1970年代	90.4	84.8	79.3	76.1	75.3	69.2	68.5	63.3	59.6	27.9
1980年代	93.0	72.6	83.5	77.6	72.6	72.7	69.4	64.9	52.9	40.9
1990年代	95.9	73.4	87.9	81.2	69.3	79.3	74.1	65.4	55.2	46.2
2000年代	88.9	72.2	88.9	81.1	57.8	81.1	65.6	40.0	48.9	57.8
計	93.0	74.9	85.4	79.3	69.3	76.1	70.5	60.7	54.2	43.7
カイ2乗検定	0.111	0.121	0.164	0.677	0.048	0.122	0.451	0.000	0.523	0.001

表6－6 親の居住地別：［実家との距離］を考慮した割合

	近畿内同士 (292)	夫親のみ近畿 (65)	妻親のみ近畿 (73)	近畿外同士 (108)	計 (538)
～1970年代	42.5	25.0	33.3	0.0	27.4
1980年代	52.5	42.9	41.2	13.9	40.9
1990年代	59.0	29.2	37.5	24.3	46.2
2000年代	72.7	37.5	40.0	25.0	57.8
計	57.5	33.8	38.4	15.7	43.7
カイ二乗検定	p＜0.020	p＜0.691	p＜0.981	p＜0.065	p＜0.001

双方の親が近畿内に居住している場合，［実家との距離］を考慮した割合は，1970年代以前42.5％，1980年代52.5％，1990年代59.0％，2000年代72.7％と増加していることがわかる。つまり，親が近畿内に居住しているケースに限定して比較しても，入居年代が近年になるほど［実家との距離］を考慮するようになっているということである。親が近畿内に居住する割合が増加したことが影響して，［実家との距離］を考慮した割合が増えたわけではない。居住地選択行動における［実家との距離］の位置づけや考え方，つまり人々の意識が変化したととらえることができる。

このように，入居年代が近年になるほど，親が近畿内に居住している割合が増加していること・親が近畿内居住の場合には親の居住地が近くなっていること・［実家との距離］を考慮する割合が増加していることが明らかとなった。つまり〈事実〉・〈意識〉の両面において，〈近居〉の傾向が強まっているとみなすことができる。

2 都市社会学的な視点の重要性

こうした変化はなぜ生じているのか。本節では，戦後日本の人口変動とそれにともなう人口移動や都市化の観点から考察する。

（1）大阪の人口増減と移動

まず，NT 調査の対象となった関西地区の中心的都市である大阪の人口増減について整理する。表6－7は，国勢調査を用いて，1920年以降5年ごとの大阪市・大阪府・日本の人口を整理したものである。まず日本全体としては，戦後1950年から人口が増加している[(1)]。大阪市・大阪府については，1950年代から1960年代にかけて人口が急増している。大阪市は1965年をピークに人口減少に転じ，1980年代以降は260万人台で推移している。大阪府は人口増加を続けているものの，1950年代から1970年代にかけては毎年ほぼ100万人増加していたものが，1980年代以降は10万人以下の増加となっている。

次に，三大都市圏への人口流入の推移をみてみよう。図6－1は，住民基本台帳人口移動報告[(2)]を用いて，東京圏・名古屋圏・大阪圏の三大都市圏への人口の転入超過数の推移をグラフに表したものである。東京圏・名古屋圏・大阪

表6－7　人口推移（日本・大阪市・大阪府・東京都区部・東京都）

年	日　本	大阪市	大阪府	東京都区部	東京都
1920	55, 963, 053	1, 252, 983	2, 587, 847	3, 358, 186	3, 699, 428
25	59, 736, 822	2, 114, 804	3, 059, 502	4, 109, 113	4, 485, 144
30	64, 450, 005	2, 453, 573	3, 540, 017	4, 986, 913	5, 408, 678
35	69, 254, 148	2, 989, 874	4, 297, 174	5, 895, 882	6, 369, 919
40	73, 114, 308	3, 252, 340	4, 792, 966	6, 778, 804	7, 354, 971
45	71, 998, 104	1, 559, 310	2, 800, 958	2, 777, 010	3, 488, 284
50	84, 114, 574	1, 956, 136	3, 857, 047	4, 177, 548	6, 277, 500
55	90, 076, 594	2, 547, 316	4, 618, 308	5, 385, 071	8, 037, 084
60	94, 301, 623	3, 011, 563	5, 504, 746	6, 969, 104	9, 683, 802
65	99, 209, 137	3, 156, 222	6, 657, 189	8, 310, 027	10, 869, 244
70	104, 665, 171	2, 980, 487	7, 620, 480	8, 893, 094	11, 408, 071
75	111, 939, 643	2, 778, 987	8, 278, 925	8, 840, 942	11, 673, 554
80	117, 060, 396	2, 648, 180	8, 473, 446	8, 646, 520	11, 618, 281
85	121, 048, 923	2, 636, 249	8, 668, 095	8, 351, 893	11, 829, 363
90	123, 611, 167	2, 623, 801	8, 734, 516	8, 354, 615	11, 855, 563
95	125, 570, 246	2, 602, 421	8, 797, 268	8, 163, 573	11, 773, 605
2000	126, 925, 843	2, 598, 774	8, 805, 081	7, 967, 614	12, 064, 101
05	127, 767, 994	2, 628, 811	8, 817, 166	8, 134, 688	12, 576, 601
10	128, 057, 352	2, 665, 314	8, 865, 245	8, 489, 653	13, 159, 388
15	127, 094, 745	2, 691, 185	8, 839, 469	9, 272, 740	13, 515, 271

出所：国勢調査より作成。

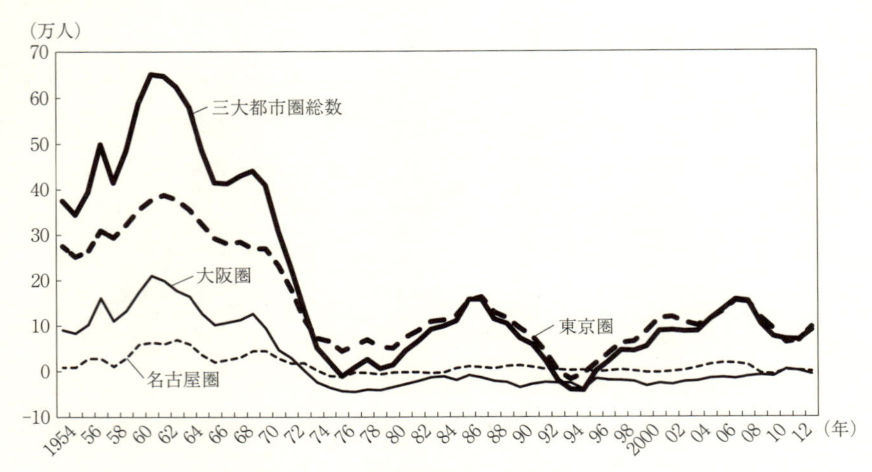

図6－1　三大都市圏への転入超過数の推移

出所：住民基本台帳人口移動報告（総務省統計局）より作成。
注：各圏に含まれる地域は次のとおり。東京圏：東京都・神奈川県・埼玉県・千葉県，名古屋圏：愛知県・岐阜県・三重県，大阪圏：大阪府・兵庫県・京都府・奈良県。

圏とも，1960年代に転入超過数が最も多く，この都市化の時代が人口流入のピークであったといえる。しかしその後，大阪圏においては転入超過数は減少し，反対に転入超過数がマイナスつまり転出超過となった年さえあった。一方，東京圏では増減はあるものの，転入超過が続いている。高度経済成長期以降の東京の発展過程について，松本は「都市化・郊外化（第一次・第二次）・再都市化」の３つの段階に分けた（松本 2004：24-25）。大阪について考察するとき，こうした東京の人口増加現象とは同じではないことを念頭におかなければならないだろう。

では，大阪への人口流入について詳細をみていきたい。図6－2は，大阪市への移動者数を前住地別に整理したグラフである。大阪市への移動者とは，他都道府県からの移動者（都道府県間移動者）と大阪府内他市町村からの移動者をあわせたものである。大阪市への移動者数は，1962年が最も多く約24万人であった。その後，1970年18万人，1975年13万人と減少し，1980年以降は，1980年11万人，1985年10万人，1990年９万6000人1995年11万人，2000年10万人，

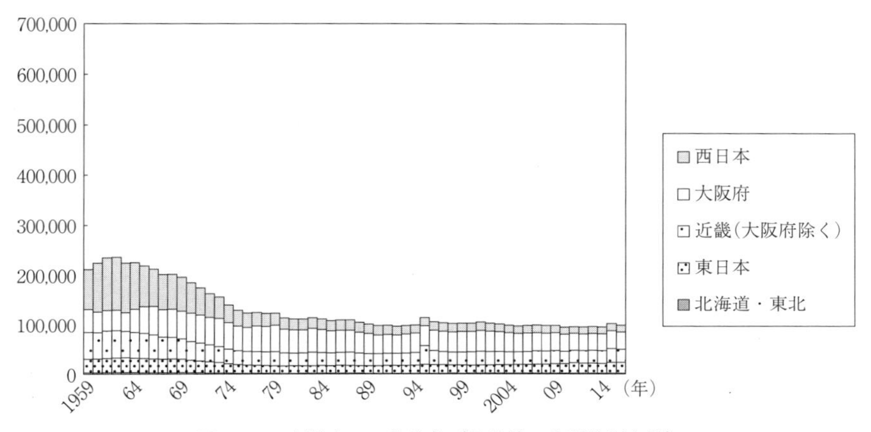

図6－2　大阪市への移動者（移動前の住所地別人数）

出所：住民基本台帳人口移動報告（総務省統計局）より作成。

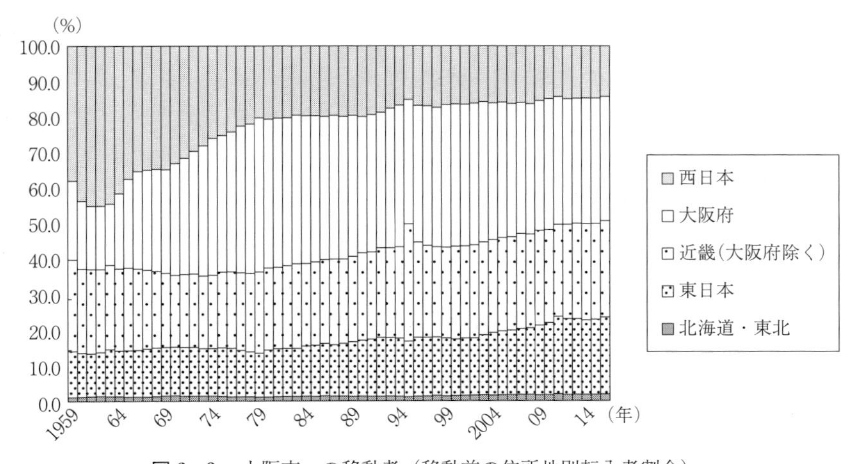

図6－3　大阪市への移動者（移動前の住所地別転入者割合）

出所：住民基本台帳人口移動報告（総務省統計局）より作成。

2010年９万3000人，2015年10万人と10万人前後で推移している。大阪市への移動者数は，ピーク時の半分以下となったのである（詳細な表については章末に掲載）。

図6－3は，同じデータを用いて，移動者の前住地の割合をグラフに表した

表6－8　大阪市への移動者数

年	総数	北海道・東北	東日本	近畿（大阪府除く）	大阪府	西日本	北海道・東北	東日本	近畿（大阪府除く）	大阪府	西日本
1959	211,509	2,403	27,129	54,093	47,289	80,595	1.1	12.8	25.6	22.4	38.1
60	224,140	2,701	27,452	52,829	42,954	98,204	1.2	12.2	23.6	19.2	43.8
61	235,197	3,233	27,958	55,700	42,030	106,276	1.4	11.9	23.7	17.9	45.2
62	236,251	3,390	28,792	55,030	42,147	106,892	1.4	12.2	23.3	17.8	45.2
63	224,511	3,010	29,445	53,133	38,728	100,195	1.3	13.1	23.7	17.2	44.6
64	225,483	3,007	28,712	51,919	47,809	94,036	1.3	12.7	23.0	21.2	41.7
65	218,500	2,690	28,277	50,574	54,948	82,011	1.2	12.9	23.1	25.1	37.5
66	211,979	2,584	27,579	48,337	58,457	75,022	1.2	13.0	22.8	27.6	35.4
67	201,378	2,442	27,021	44,547	56,790	70,578	1.2	13.4	22.1	28.2	35.0
68	201,791	2,749	27,282	43,288	58,381	70,091	1.4	13.5	21.5	28.9	34.7
69	195,923	2,938	26,568	40,693	57,413	68,311	1.5	13.6	20.8	29.3	34.9
70	184,370	2,832	24,951	37,277	58,241	61,069	1.5	13.5	20.2	31.6	33.1
71	174,406	2,447	23,815	35,625	57,314	55,205	1.4	13.7	20.4	32.9	31.7
72	162,846	2,323	22,202	33,549	56,417	48,355	1.4	13.6	20.6	34.6	29.7
73	156,012	2,152	20,771	31,726	57,414	43,949	1.4	13.3	20.3	36.8	28.2
74	139,948	2,030	18,482	28,863	54,114	36,459	1.5	13.2	20.6	38.7	26.1
75	128,838	1,701	17,454	27,374	49,788	32,521	1.3	13.5	21.2	38.6	25.2
76	123,516	1,470	16,699	26,582	48,824	29,941	1.2	13.5	21.5	39.5	24.2
77	124,250	1,475	16,127	27,043	51,600	28,005	1.2	13.0	21.8	41.5	22.5
78	122,237	1,456	15,354	26,972	51,556	26,899	1.2	12.6	22.1	42.2	22.0
79	122,864	1,409	14,991	27,980	53,611	24,873	1.1	12.2	22.8	43.6	20.2
80	112,913	1,309	14,767	25,935	47,618	23,284	1.2	13.1	23.0	42.2	20.6
81	110,788	1,299	14,901	25,327	46,731	22,530	1.2	13.5	22.9	42.2	20.3
82	110,873	1,420	14,822	25,814	46,374	22,443	1.3	13.4	23.3	41.8	20.2
83	113,412	1,470	15,154	26,936	47,710	22,142	1.3	13.4	23.8	42.1	19.5
84	110,733	1,490	15,445	25,638	46,415	21,745	1.3	13.9	23.2	41.9	19.6
85	107,113	1,369	15,239	25,097	44,350	21,058	1.3	14.2	23.4	41.4	19.7
86	108,656	1,573	15,896	25,526	44,106	21,555	1.4	14.6	23.5	40.6	19.8
87	108,620	1,444	15,560	26,170	44,160	21,286	1.3	14.3	24.1	40.7	19.6
88	103,673	1,383	15,227	24,545	41,886	20,632	1.3	14.7	23.7	40.4	19.9
89	99,957	1,304	15,170	23,926	40,004	19,553	1.3	15.2	23.9	40.0	19.6
90	96,792	1,313	15,074	23,759	37,326	19,320	1.4	15.6	24.5	38.6	20.0
91	97,527	1,231	15,526	23,927	37,985	18,858	1.3	15.9	24.5	38.9	19.3
92	95,561	1,191	15,747	24,021	36,710	17,892	1.2	16.5	25.1	38.4	18.7
93	96,713	1,281	15,808	24,358	38,275	16,991	1.3	16.3	25.2	39.6	17.6
94	98,163	1,219	15,940	25,164	39,479	16,361	1.2	16.2	25.6	40.2	16.7
95	113,476	1,314	17,601	37,382	40,070	17,109	1.2	15.5	32.9	35.3	15.1
96	104,581	1,307	17,225	27,941	40,599	17,509	1.2	16.5	26.7	38.8	16.7
97	102,404	1,338	16,838	26,353	40,578	17,297	1.3	16.4	25.7	39.6	16.9
98	100,982	1,470	16,485	25,616	39,887	17,524	1.5	16.3	25.4	39.5	17.4

99	101, 270	1, 339	16, 397	25, 812	41, 010	16, 712	1. 3	16. 2	25. 5	40. 5	16. 5
2000	101, 564	1, 418	16, 042	26, 525	40, 930	16, 649	1. 4	15. 8	26. 1	40. 3	16. 4
01	103, 870	1, 529	16, 637	26, 898	41, 754	17, 052	1. 5	16. 0	25. 9	40. 2	16. 4
02	101, 688	1, 561	16, 268	26, 588	40, 869	16, 402	1. 5	16. 0	26. 1	40. 2	16. 1
03	99, 852	1, 600	16, 751	25, 996	39, 829	15, 676	1. 6	16. 8	26. 0	39. 9	15. 7
04	97, 634	1, 552	17, 027	25, 459	37, 877	15, 719	1. 6	17. 4	26. 1	38. 8	16. 1
05	96, 032	1, 587	17, 148	25, 137	36, 943	15, 217	1. 7	17. 9	26. 2	38. 5	15. 8
06	97, 160	1, 650	17, 477	25, 451	36, 816	15, 766	1. 7	18. 0	26. 2	37. 9	16. 2
07	97, 768	1, 759	17, 910	26, 153	36, 391	15, 555	1. 8	18. 3	26. 8	37. 2	15. 9
08	96, 903	1, 715	17, 977	25, 597	35, 809	15, 805	1. 8	18. 6	26. 4	37. 0	16. 3
09	96, 982	1, 585	18, 872	25, 800	35, 776	14, 949	1. 6	19. 5	26. 6	36. 9	15. 4
10	93, 127	1, 557	18, 773	24, 351	34, 637	13, 809	1. 7	20. 2	26. 1	37. 2	14. 8
11	94, 572	1, 789	20, 463	24, 559	34, 277	13, 484	1. 9	21. 6	26. 0	36. 2	14. 3
12	93, 777	1, 628	19, 852	24, 925	33, 411	13, 961	1. 7	21. 2	26. 6	35. 6	14. 9
13	94, 834	1, 671	20, 040	25, 480	33, 614	14, 029	1. 8	21. 1	26. 9	35. 4	14. 8
14	93, 938	1, 662	19, 500	25, 435	33, 509	13, 832	1. 8	20. 8	27. 1	35. 7	14. 7
15	101, 218	1, 765	21, 269	27, 283	36, 030	14, 871	1. 7	21. 0	27. 0	35. 6	14. 7
16	97, 494	1, 793	20, 982	26, 421	34, 363	13, 935	1. 8	21. 5	27. 1	35. 2	14. 3

出所：住民基本台帳人口移動報告（総務省統計局）。

ものである。大阪市への移動者数が多かった1960年代前半は，西日本（中国・四国・九州）からの移動者の割合が多いことがわかる。西日本の割合が最も多かった1962年では，西日本45. 2%に対し，北海道・東北1. 4%，東日本12. 2%，近畿（大阪府除く）23. 3%，大阪府17. 8%であった。その後西日本からの移動者の割合は減少し，1970年33. 1%，1980年20. 6%，1990年20. 0%，2000年16. 4%，2010年14. 8%となっている。反対に割合を増やしているのが，大阪府である。最も割合の少なかった1963年17. 2%から，1970年には31. 6%をしめ，1980年42. 2%，1990年38. 6%，その後は35〜40%の間で推移している。また大阪府以外の近畿からの移動者も割合を減少させておらず，1970年代以降微増している。つまり近畿という同地域内の移動者の割合が増え，なかでもとくに同じ大阪府の他市町村からの移動者の割合が増加している。大阪は，かつては西日本から人を集めていたのに対し，非常に近い範囲から人を集めるように変化したといえる。

こうした移動の変容について，東京ではどうなっているだろうか。図6−4は，東京都区部への移動者数を前住地別に整理したグラフである。大阪市に比

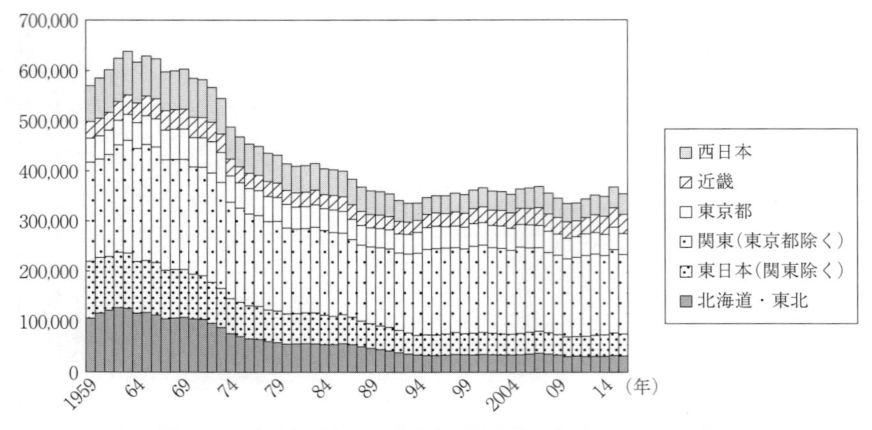

図6-4 東京都区部への移動者(移動前の住所地別転入者数)

出所:住民基本台帳人口移動報告(総務省統計局)より作成。

べて,移動者数が圧倒的に多いことがわかる。東京都区部への移動者数は,1963年が最も多く約64万人であった。その後,1970年58万人,1975年47万人と減少し,1980年以降は,1980年42万人,1985年40万人,1990年36万人,1995年35万人,2000年36万人,2010年33万人,2015年37万人である。東京都区部も移動者数を減少させているものの,依然として多くの人口が流入しているといえる。

図6-5は,同じデータを用いて,移動者の前住地の割合をグラフに表したものである。東京都区部も,北海道・東北や西日本からの移動者の割合が減少しているものの,大阪市ほど減少幅は大きくない。とくに,地理的には大阪の方が近いにもかかわらず,西日本の割合がそれほど減少していない。一方,関東地区や東京都他市町村からの移動者の割合が増加している点は,大阪市と同様の傾向である。東京においても,広域的な移動から狭い範囲での移動の割合が増加しているといえよう。

こうした広域的な移動の減少を,県間移動と県内移動の点から確認しよう。図6-6は,住民基本台帳人口移動報告を用いて,日本全体における移動者数を,都道府県間移動(都道府県をまたぐ移動)と都道府県内移動(同一都道府県内

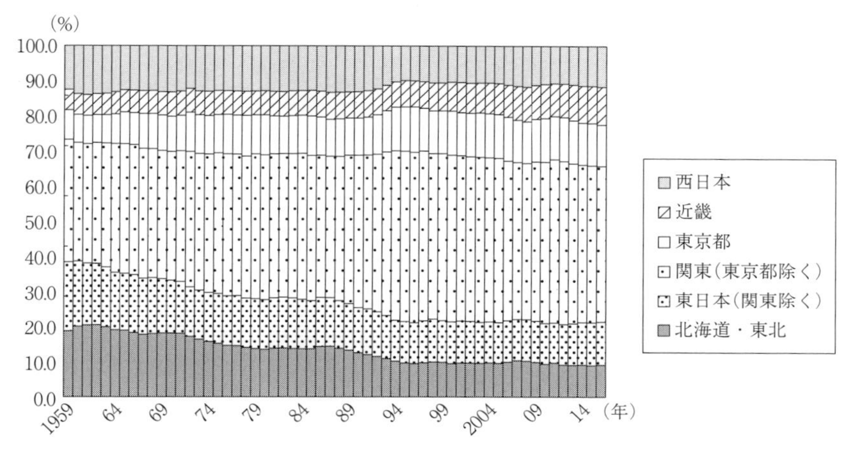

図6－5　東京都区部への移動者（移動前の住所地別転入者割合）

出所：住民基本台帳人口移動報告（総務省統計局）より作成。

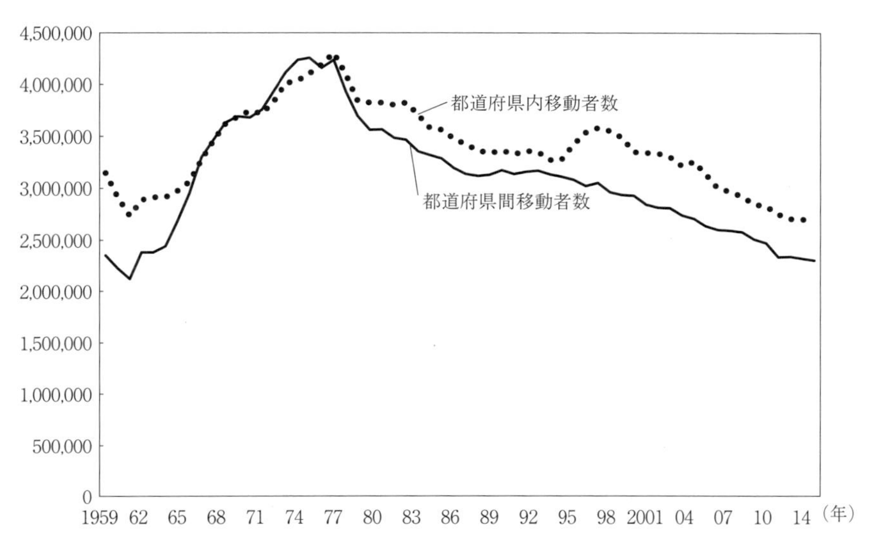

図6－6　都道府県間移動者数と都道府県内移動者数の推移

出所：住民基本台帳人口移動報告（総務省統計局）より作成。

表6－9 東京都区部への移動者数

年	総数	北海道・東北	東日本（関東除く）	関東（東京都除く）	東京都	近畿	西日本	北海道・東北	東日本（関東除く）	関東（東京都除く）	東京都	近畿	西日本
1959	570, 092	105, 787	113, 271	198, 781	47, 578	33, 376	71, 299	18. 6	19. 9	34. 9	8. 3	5. 9	12. 5
60	585, 468	116, 132	110, 158	197, 738	46, 220	34, 825	80, 395	19. 8	18. 8	33. 8	7. 9	5. 9	13. 7
61	601, 473	121, 296	107, 294	204, 577	48, 434	35, 436	84, 436	20. 2	17. 8	34. 0	8. 1	5. 9	14. 0
62	624, 372	126, 516	110, 625	215, 151	48, 845	37, 352	85, 883	20. 3	17. 7	34. 5	7. 8	6. 0	13. 8
63	638, 550	125, 564	110, 158	225, 887	51, 132	38, 791	87, 018	19. 7	17. 3	35. 4	8. 0	6. 1	13. 6
64	617, 130	116, 062	102, 731	226, 188	51, 856	39, 060	81, 233	18. 8	16. 6	36. 7	8. 4	6. 3	13. 2
65	629, 331	117, 398	103, 686	232, 347	56, 992	39, 097	79, 811	18. 7	16. 5	36. 9	9. 1	6. 2	12. 7
66	623, 731	112, 543	104, 402	231, 249	56, 237	39, 661	79, 639	18. 0	16. 7	37. 1	9. 0	6. 4	12. 8
67	597, 337	104, 593	96, 887	221, 115	59, 181	38, 792	76, 769	17. 5	16. 2	37. 0	9. 9	6. 5	12. 9
68	599, 391	106, 096	97, 101	220, 168	60, 072	39, 035	76, 919	17. 7	16. 2	36. 7	10. 0	6. 5	12. 8
69	603, 392	107, 622	95, 240	220, 517	60, 329	40, 169	79, 515	17. 8	15. 8	36. 5	10. 0	6. 7	13. 2
70	584, 870	104, 701	89, 299	214, 616	58, 427	40, 519	77, 308	17. 9	15. 3	36. 7	10. 0	6. 9	13. 2
71	582, 268	103, 762	87, 039	217, 279	58, 363	40, 571	75, 254	17. 8	14. 9	37. 3	10. 0	7. 0	12. 9
72	566, 948	96, 087	81, 317	218, 843	62, 853	38, 482	69, 366	16. 9	14. 3	38. 6	11. 1	6. 8	12. 2
73	545, 052	88, 004	77, 328	212, 222	59, 877	36, 862	70, 759	16. 1	14. 2	38. 9	11. 0	6. 8	13. 0
74	488, 138	75, 405	69, 422	192, 692	53, 346	33, 637	63, 636	15. 4	14. 2	39. 5	10. 9	6. 9	13. 0
75	468, 738	70, 053	67, 805	187, 810	51, 009	32, 079	59, 982	14. 9	14. 5	40. 1	10. 9	6. 8	12. 8
76	454, 129	65, 420	65, 029	183, 946	50, 841	30, 454	58, 439	14. 4	14. 3	40. 5	11. 2	6. 7	12. 9
77	449, 904	64, 490	65, 053	181, 460	49, 837	30, 887	58, 177	14. 3	14. 5	40. 3	11. 1	6. 9	12. 9
78	435, 966	60, 253	62, 221	176, 530	50, 305	30, 016	56, 641	13. 8	14. 3	40. 5	11. 5	6. 9	13. 0
79	432, 395	58, 405	62, 197	178, 773	47, 773	29, 364	55, 883	13. 5	14. 4	41. 3	11. 0	6. 8	12. 9
80	415, 325	55, 150	59, 631	171, 319	47, 314	28, 282	53, 629	13. 3	14. 4	41. 2	11. 4	6. 8	12. 9
81	410, 052	55, 745	59, 604	168, 578	44, 125	28, 519	53, 481	13. 6	14. 5	41. 1	10. 8	7. 0	13. 0
82	411, 733	56, 249	60, 627	168, 501	43, 619	28, 939	53, 798	13. 7	14. 7	40. 9	10. 6	7. 0	13. 1
83	415, 418	55, 979	60, 865	170, 867	44, 874	29, 285	53, 548	13. 5	14. 7	41. 1	10. 8	7. 0	12. 9
84	405, 002	54, 368	57, 759	168, 778	43, 821	28, 436	51, 840	13. 4	14. 3	41. 7	10. 8	7. 0	12. 8
85	402, 884	53, 995	56, 005	167, 035	45, 210	29, 231	51, 408	13. 4	13. 9	41. 5	11. 2	7. 3	12. 8
86	400, 566	56, 400	57, 036	162, 420	43, 303	29, 491	51, 916	14. 1	14. 2	40. 5	10. 8	7. 4	13. 0
87	383, 876	54, 404	53, 907	154, 709	40, 414	29, 428	51, 014	14. 2	14. 0	40. 3	10. 5	7. 7	13. 3
88	367, 972	49, 932	50, 656	151, 425	39, 232	27, 880	48, 847	13. 6	13. 8	41. 2	10. 7	7. 6	13. 3
89	360, 815	47, 031	48, 466	152, 971	37, 982	26, 752	47, 613	13. 0	13. 4	42. 4	10. 5	7. 4	13. 2
90	359, 152	44, 350	46, 568	156, 246	38, 111	26, 800	47, 077	12. 3	13. 0	43. 5	10. 6	7. 5	13. 1
91	354, 514	42, 049	46, 313	156, 069	38, 066	26, 692	45, 325	11. 9	13. 1	44. 0	10. 7	7. 5	12. 8
92	341, 219	38, 517	43, 543	153, 942	38, 223	25, 102	41, 892	11. 3	12. 8	45. 1	11. 2	7. 4	12. 3
93	335, 569	35, 932	41, 026	157, 259	39, 385	24, 207	37, 760	10. 7	12. 2	46. 9	11. 7	7. 2	11. 3
94	336, 277	33, 648	38, 952	163, 334	41, 524	24, 200	34, 619	10. 0	11. 6	48. 6	12. 3	7. 2	10. 3
95	347, 564	32, 930	40, 775	169, 735	43, 658	26, 025	34, 441	9. 5	11. 7	48. 8	12. 6	7. 5	9. 9
96	351, 012	32, 814	40, 300	171, 548	45, 231	26, 204	34, 915	9. 3	11. 5	48. 9	12. 9	7. 5	9. 9
97	350, 873	33, 542	41, 774	170, 500	42, 677	26, 735	35, 645	9. 6	11. 9	48. 6	12. 2	7. 6	10. 2
98	356, 130	34, 910	43, 376	168, 808	43, 186	28, 156	37, 694	9. 8	12. 2	47. 4	12. 1	7. 9	10. 6

99	352, 827	34, 288	41, 539	168, 773	43, 098	28, 025	37, 104	9. 7	11. 8	47. 8	12. 2	7. 9	10. 5
2000	362, 123	33, 744	42, 861	172, 840	45, 432	29, 844	37, 402	9. 3	11. 8	47. 7	12. 5	8. 2	10. 3
01	366, 656	34, 834	43, 492	173, 685	45, 004	31, 368	38, 273	9. 5	11. 9	47. 4	12. 3	8. 6	10. 4
02	360, 267	34, 220	42, 625	169, 907	44, 537	30, 683	38, 295	9. 5	11. 8	47. 2	12. 4	8. 5	10. 6
03	358, 924	33, 818	41, 501	170, 028	45, 079	30, 717	37, 781	9. 4	11. 6	47. 4	12. 6	8. 6	10. 5
04	353, 608	33, 806	40, 906	166, 506	44, 181	30, 800	37, 409	9. 6	11. 6	47. 1	12. 5	8. 7	10. 6
05	364, 152	34, 449	41, 734	171, 552	45, 331	32, 104	38, 982	9. 5	11. 5	47. 1	12. 4	8. 8	10. 7
06	366, 280	35, 977	42, 912	167, 382	46, 015	33, 294	40, 700	9. 8	11. 7	45. 7	12. 6	9. 1	11. 1
07	369, 429	37, 644	43, 200	166, 284	44, 270	35, 663	42, 368	10. 2	11. 7	45. 0	12. 0	9. 7	11. 5
08	355, 994	35, 867	41, 743	159, 374	42, 375	34, 960	41, 675	10. 1	11. 7	44. 8	11. 9	9. 8	11. 7
09	345, 888	33, 664	40, 321	157, 720	42, 272	33, 050	38, 861	9. 7	11. 7	45. 6	12. 2	9. 6	11. 2
10	334, 899	30, 951	38, 341	154, 992	41, 733	32, 203	36, 679	9. 2	11. 4	46. 3	12. 5	9. 6	11. 0
11	336, 138	32, 066	38, 119	157, 183	41, 489	31, 438	35, 843	9. 5	11. 3	46. 8	12. 3	9. 4	10. 7
12	344, 262	30, 897	39, 512	160, 707	43, 138	32, 988	37, 020	9. 0	11. 5	46. 7	12. 5	9. 6	10. 8
13	351, 703	31, 267	41, 377	161, 323	43, 256	35, 579	38, 901	8. 9	11. 8	45. 9	12. 3	10. 1	11. 1
14	349, 564	31, 445	41, 923	157, 769	42, 101	36, 543	39, 783	9. 0	12. 0	45. 1	12. 0	10. 5	11. 4
15	368, 423	32, 589	44, 650	165, 561	44, 653	38, 835	42, 135	8. 8	12. 1	44. 9	12. 1	10. 5	11. 4
16	354, 701	31, 922	43, 192	158, 286	41, 774	38, 168	41, 359	9. 0	12. 2	44. 6	11. 8	10. 8	11. 7

出所：住民基本台帳人口移動報告（総務省統計局）。

での移動）にわけてグラフに表したものである。県間移動・県内移動とも，1960年代に大幅に増加し，1970年代前半にピークを迎えている。このとき県間移動と県内移動はほぼ同じ割合である。その後，県間移動も県内移動も減少するが，年々県内移動者の割合が増加し県間移動者の割合が減少し，2010年には10ポイント近くの差が生じている。このように，移動数の減少とその内容の変化が確認できる。

ただし，この住民基本台帳人口移動報告では，同一市町村内での移動者は集計されていない。同一市町村内移動は，現実には県内移動の１つであることを鑑みると，県内移動者はより多くを占めている可能性が高い。

関西の中心的都市である大阪市においては，1960年代をピークに移動者数が減少していた。そして，移動者の内訳をみると，とくに西日本からの移動者が減少し，それに対して大阪府内他市町村および近畿からの移動者の割合が増加していた。つまり大阪市が広域的に人を集めなくなっているといえる。このことが，親が近畿外に居住している割合の減少，近畿内に居住している割合の増加，親の居住地が近くなっていることの背景にあると指摘できる。

（2）人口学的要因と移動の変容

移動数の減少とその変容について，人口学的な観点から説明したい。

社会は，産業化・近代化にともなって「多産多死」「多産少死」「少産少死」の過程をたどるといわれている。日本においては，1925年以前生まれが多産多死世代（第一世代），1925～50年生まれが多産少死世代（第二世代），1950年以降生まれが少産少死世代（第三世代）とされている（伊藤 1994：191）。第一世代に対して第二世代の人口はほぼ2倍である（伊藤 1994：191）。そのため，第二世代は跡継ぎ夫婦のほかにもう一組の夫婦が存在し，彼らは職業を得るために他地域に流出しなければならない。この世代に，戦後のベビーブームに生まれた団塊の世代が該当する。1950年代から1960年代にかけての移動者数の増加と都市化は，まさに団塊の世代が労働人口年齢に達する時期であり，彼らが大都市やその周辺地域に移動をしたからであるといえる。一方，第三世代は「長男長女世代」である。一組の夫婦から2人の子どもが生まれるということである。非大都市圏において職業が得られる限り，彼らは大都市に転出する必要はない。その結果，大都市への移動者数が減少した。1950年代から1960年代にかけての移動者数の増加と，その後の移動者数の減少は，まさにこうした人口学的要因が1つの大きな要因だったのである。

また，都市化との関連では，第一の世代（1910年代まで生まれ）は「農村で生まれ，農村的性格の強い地域で生活をしてきた世代」，第二の世代（1920年頃～1950年頃生まれ）は，「その多くは農村で生まれ，都市で生活」，第三の世代（1960年代以降生まれ）は「都市で生まれ都市で生活をする，文字どおりの都市世代」であるといえる（伊藤 1994：200-201）。

大阪は，かつての都市化の時代は西日本を中心に多くの人を集めていた。したがって，大阪圏へ移動してきた住民の親の居住地は，地方つまり近畿外であった。よって，1970年代以前に入居してきたニュータウン住民の親は近畿外に居住している割合が高かった。その後，大阪が西日本から人を集める規模が縮小し，さらにかつて地方から移動してきた人々が定住しその子世代も近畿内で居住する。このことが親が近畿内に居住している割合の増加という形で表れていた。こうした人口移動の変化が，〈近居〉という現象となって現れているといえる。

このように，戦後急速に進展した多産多死から少産少死への変化とそれにともなう人口移動や都市化現象は，戦後の日本社会をとらえるうえで考慮する必要がある。都市社会学的な視点を家族社会学に取り入れることが重要であるといえるだろう。

ただし，［実家との距離］を考慮する割合が増加していたことについては，この人口移動の観点からは説明できない。この点については，今後，別の検証が必要である。

注

(1)　総務省統計局「人口推計」によると2011年に日本の人口は減少に転じたとされる。

(2)　日本では，住所変更を届け出ると住民基本台帳上に移動したことが記録され，その記録に基づく移動統計が「住民基本台帳人口移動報告」（総務庁統計局）である。住民基本台帳移動報告では，都道府県と政令指定都市の境界を越えた移動および市区町村を越えた移動について集計されている。1954（昭和29）年以降の都道府県間および県内他市町村間の移動者数がわかる。同一市町村内の移動は集計されていない点に注意が必要である。

第7章
〈近居研究〉の課題と可能性

前章までの分析で，ニュータウン住民とその親との近居の実態がわかってきた。〈事実〉と〈意識〉の両面から分析をおこない，そして時代論的な分析を進めることで，ニュータウンにおける近居の実態を測定することができた。本章では，今後さらに近居研究を進めていくにあたっての課題と可能性について整理しておきたい。

第1節では，ニュータウン以外の地域においても近居の実態がみられるのかについて，「西宮アパート・マンション調査」を用いて検証しながら今後の課題を整理する。第2節では，「関学学生調査」と「西神ニュータウンインタビュー調査」を用いて，家族間サポートという観点から近居研究の可能性を整理する。

1 「西宮アパート・マンション調査」による検証と今後の課題

（1）「西宮アパート・マンション調査」による検証

「西宮アパート・マンション調査」が実施された兵庫県西宮市は，大阪へも神戸へも30分圏内とアクセスしやすい位置にある住宅地である。ニュータウンに比べて利便性が高く，より都会的な地域であるといえる。さらにこの調査は，「共同住宅居住者」のみを調査対象としている。そこで，この調査の購入マンション居住者を分析対象とすることで，ニュータウンとは性質の異なる「より利便性の高い，都会的な地域の購入マンション居住者」において，近居の実態がみられるかどうかを検証したい。

西宮アパート・マンション調査でも，NT 調査と同じ質問文を用いて，親の居住地を最寄駅で把握している。また，NT 調査とは選択肢が異なるが，居住地選択行動についても調査している[1]。そのため，NT 調査と同様の分析をおこなうことができる。ここでは第6章のように，「近年ほど近居の傾向がみられるか」についての分析をおこない，ニュータウンと同様の結果が得られるか検証する。

西宮アパート・マンション調査の概要は以下のとおりである。この調査は，科学研究費基盤研究（A）「危機的調査環境下における新たな社会調査手法の開発」の一環として2008年に実施された（研究代表者：大谷信介）。新しい調査方法の開発と共同住宅居住者の実態把握を目的としている[2]。

「西宮アパート・マンション調査」

調査対象地	：兵庫県西宮市
調査対象者	：西宮市の共同住宅に住む世帯主 （ゼンリン住宅地図に別記情報が記載されているアパート・マンション）
調査期間	：2008年11月8日～12月25日
調査方法	：マンション調査 冊子形式の調査票による①訪問法，②郵送法，③ポスティング法 ：アパート調査 はがき形式の調査票によるポスティング法
抽出方法	：住宅地図をもとに作成したデータベースから，居住類型・建物名・階数・総戸数・居住率・地域を考慮し，サンプリングを実施
サンプル数	：4000（①郵送法800，②訪問法800，③ポスティング法2400）
回収数	：マンション調査：全体843票／3755票（回収率22.4%） アパート調査　：全体130票／1381票（回収率 9.4%）

NT 調査と比較するために，アパート居住者を分析から省き，購入マンション居住者を分析対象とする。また，自ら住居選択をしていない人を省くため，世帯主とその配偶者を分析対象とする。該当するサンプルは482であった。

NT 調査では入居年別の分析をおこない時系列的な変化をみたが，マンション居住者の入居年や入居時の年齢はばらばらであるため，年齢別による分析をおこなう。年齢別の構成比は，60歳代以上49.5％（237），50歳代22.1％（106），40歳代21.1％（101），30歳代以下7.3％（35）であった（NA（3））。分析対象482サンプルのうち，親と同居している15サンプルをのぞき，親の居住地について整理する。

表7－1は，親の居住地を近畿内／近畿外にわけて年齢別に整理したものである（分析サンプル数が少なくなっているのは，無回答に加え親が他界しているケースがあるためである）。まず夫親の場合，近畿内に居住している割合は，60歳代以上62.2％，50歳代62.9％，40歳代75.0％，30歳代以下87.9％である。年齢が若いほど近畿内の割合が高くなっている。次に妻親の場合，近畿内に居住している割合は，60歳代以上56.5％，50歳代63.5％，40歳代76.9％，30歳代以下83.9％である。夫親・妻親とも，年齢が若いほど近畿内居住の割合が高い。

では親が近畿内に居住している場合，その居住地はどの程度離れているのか。表7－2は，親が近畿内に居住しているサンプルを取り上げ，夫親居住地・妻親居住地までの所要時間・距離・運賃の平均を年齢別に整理したものである[3]。まず夫親居住地までの所要時間は，50歳代から30歳代以下にかけて，55.8分・50.7分・29.2分と短くなっている。距離・運賃も年齢が若いほど短くなっている。次に妻親居住地までの所要時間は60歳代以上78.2分・50歳代52.0分・40歳代37.2分・30歳代以下35.5分と短くなっている。距離・運賃も同様である。このように，夫親・妻親とも，年齢が若いほど居住地が近くなっていることが示されている。

表7－1　年齢別：親の居住地

	夫親				妻親			
	近畿内	近畿外	計		近畿内	近畿外	計	
60歳代以上	62.2	37.8	100.0	(45)	56.5	43.5	100.0	(62)
50歳代	62.9	37.1	100.0	(70)	63.5	36.5	100.0	(74)
40歳代	75.0	25.0	100.0	(88)	76.9	23.1	100.0	(91)
30歳代以下	87.9	12.1	100.0	(33)	83.9	16.1	100.0	(31)
計	70.8	29.2	100.0	(236)	69.0	31.0	100.0	(258)

$p<0.028$　　$p<0.009$

表7−2 年齢別：親の居住地までの距離・時間・費用

	夫親			妻親		
	時間（分）	距離（km）	費用（円）	時間（分）	距離（km）	費用（円）
60歳代以上	50.2	36.4	962	78.2	60.3	1420
50歳代	55.8	37.6	918	52.0	34.4	797
40歳代	50.7	34.3	811	37.2	22.6	514
30歳代以下	29.2	17.5	421	35.5	23.2	530
計	47.9 (157)	32.5 (157)	794 (157)	48.0 (162)	32.4 (162)	751 (162)

では，意識の面ではどうだろうか。西宮アパート・マンション調査では，居住地選択要因をNT調査よりも簡素化し，［価格・家賃］［生活環境］［間取り・設備］［通勤の便］［教育環境］［実家との距離］の6つを選択肢としている。

表7−3は，各要因を考慮したと回答した比率（「1．非常に考慮した」「2．やや考慮」の計）を整理したものである。また，「考慮した／考慮せず」を年齢とクロス集計した場合のカイ2乗検定の結果を記している。［実家との距離］を考慮した割合は，60歳代以上27.6%・50歳代38.1%・40歳代59.4%・30歳代以下63.6%と，年齢が若いほど高くなっている。

表7−4は，各要因を「最も重視した」と回答した人の比率を年齢別に整理したものである。60歳代以上で最も多いのは［通勤］，それ以外の世代は［価格・家賃］が最も多い。一方［実家との距離］を最も重視した人はそれほど多くないが，ここでも，60歳代以上7.8%・50歳代4.9%・40歳代11.0%・30歳代以下15.2%と，年齢が若いほど増加する傾向がみられる。

このように，年齢が若いほど［実家との距離］を考慮する割合も，［実家との距離］を最も重視したという人の割合も増加していた。

西宮の購入マンション居住者においては，〈事実〉・〈意識〉の両面において，若い世代ほど近居を志向している実態が明らかとなった。ニュータウンにおいて入居年代が近年になるほど近居の傾向が強まっていた結果と適合的である。ニュータウンに比べて利便性が高くより都会的な地域の，マンション居住者に

表7－3　年齢別：各選定要因を考慮した比率

	価格・家賃	生活環境	間取り・設備	通勤の便	教育環境	実家との距離
60歳代以上	89.3	90.9	89.6	84.2	66.2	27.6
50歳代	96.2	87.3	88.1	92.2	70.6	38.1
40歳代	91.8	83.7	82.8	89.8	63.2	59.4
30歳代以下	93.9	84.8	81.8	81.8	66.7	63.6
計	91.8	88.1	87.2	87.1	66.6	40.2
カイ2乗検定	p<0.200	p<0.282	p<0.298	p<0.149	p<0.740	p<0.000

表7－4　年齢別：最も重視した居住地選定要因

	通勤の便	価格・家賃	生活環境	教育環境	間取り・設備	実家との距離	計	
60歳代以上	25.1	21.0	23.2	10.0	12.8	7.8	100.0	(219)
50歳代	28.4	29.4	12.7	15.7	8.8	4.9	100.0	(102)
40歳代	21.0	24.0	16.0	21.0	7.0	11.0	100.0	(100)
30歳代以下	24.2	33.3	15.2	6.1	6.1	15.2	100.0	(33)
計	24.9	24.2	18.7	13.4	10.1	8.4	100.0	(454)

p<0.056

おいても，ニュータウンと同様の結果が示されている。より普遍的な現象として，近居をとらえないといけないといえる。

（2）今後の近居研究における課題

本書で扱った研究対象は，「持ち家一戸建居住者」と「購入マンション居住者」である。したがって，今後は「賃貸住宅居住者」や「地方」を含めた調査研究が必要である。

本書においては，「家を買う」ということを重視したため，持ち家一戸建と購入マンションを分析対象とした。しかしURにおいて「近居割」を実施していることからも（序章参照），賃貸住宅居住者が近居と無縁であるとはいえない。また公営住宅は，入居条件に当該市町村在住であることが含まれていることがあるため，親と同じ市町村に在住つまり近居している可能性があると考えられる。こうしたことを鑑みると，今後は賃貸住宅居住者の実態把握も必要である。

そして本書で扱ったNT調査と西宮アパート・マンション調査は，いずれも関西都市圏を対象に実施した調査である。つまり本書で明らかになったのは，あくまで都市住民の実態である。今後は，都市とは生活様式や生活行動の異なる「地方」における実態把握も進めていく必要がある。

その際には，第2章で明らかになった〈地域性〉を念頭においておきたい。第2章の分析では，老後の暮らし方についての考え方に地域によって違いがみられることが明らかとなった。こうした知見は大変興味深いものである。しかし，意識としてそう望んでいたとしても，実際にどう暮らしているかは別問題である。〈事実〉としてどのように暮らしているのか，それは地域によって違いがあったり変化したりしているのか。〈意識〉だけではなく，〈事実〉という側面からも実態を把握していく必要があるだろう。

さらに，本書で扱った対象は比較的階層が高かったという点には留意しておかなければならない。分析データの基本的属性（第3章参照）では，ニュータウン住民は「大卒率が高い」「高年収の割合が高い」といった点が示されていた。階層性やライフステージといった点でのひろがりも必要である。

本書での調査研究を進める過程において，社会調査によって近居の実態を把握するうえでの課題がみえてきた。今後，対象や地域をひろげて実態把握を進めるためには，検討しておく必要がある。それは，親の居住地という場所の把握方法と，その空間的分布の可視化についてである。

NT調査では，親の居住地を〈最寄駅〉で把握した。市町村単位より詳細に把握することが可能で，かつ回答者のプライバシー意識の観点からも抵抗が少なく回答が得られやすい方法であった。また，乗換案内ソフトを用いて所要時間を算出できたため，「電車での所要時間」という統一した基準で比較できるというメリットもあった。場所を把握するための方法として有効であったが，課題も指摘できる。

まず，鉄道網の発達していない地方では採用できないという点である。NT調査や西宮アパート・マンション調査は，関西都市圏で実施された調査である。鉄道会社や駅の多い都市部だったからこそ，最寄駅質問が効果的だったといえる。

また，非都市部では駅が物理的に少ないということだけでなく，人々の生活行動も「電車」ではなく「自動車」によって成り立っていると考えられる。都市部よりいっそう車社会であろう。最寄駅質問による測定が難しいことと，自動車が主要な交通手段であることを考えると，〈車〉による測定方法も検討課題である。

次に，こうして把握した親の居住地をどのように空間的に描くかという課題がある。NT 調査は，調査対象地を「ニュータウン」に限定したため，調査対象者の居住地が非常に狭い範囲に限られていた。このことにより，ニュータウンを起点として，親の居住地の分布をわかりやすく空間的に描くことができた。しかし一般的なサンプリング調査をおこなうと，調査対象者が都道府県単位や市町村単位で無作為に抽出されることが多い。調査対象者の居住地もばらばらに分布しており，その親の居住地もそれぞればらばらに分布しているため，その空間的分布をわかりやすく描くことは難しい。どのようにしたら空間的に投影できるか，あるいはどのように調査結果を提示できるのか，検討が必要である。

こうした「最寄駅に代わる測定方法」「空間的分布の投影方法」については，日本における実態把握や地域間比較もさることながら，海外の実態を把握し国際比較することも念頭に，より汎用性のある方法を考えていきたい。

2 家族間サポートと近居研究の可能性

本書の目的は，まず近居の実態を把握することであった。よって，「なぜ近くに住むのか」「近くに住んでどんな生活を送っているのか，どのような関係を取り結んでいるのか」といったことは深く問うてこなかった。今後の研究においては，こうした〈近居生活の内容〉をとらえていく必要がある。とくに，どのようなサポートを提供したり受け取ったりしているのかといった家族間サポートは重要なテーマであろう。本節では，育児と介護を事例に取り上げ，家族間サポートに着目していく重要性について検討したい。

第１項では「関学学生調査」を用いて育児サポートについて，第２項では「西神ニュータウンインタビュー調査」を用いて介護サポートについて考察する。

（1）近居と育児サポート

近居と育児サポートの関連を検討するために，「関学学生調査」を実施した。関学学生調査は，関西学院大学社会学部2014年度「都市社会学Ｂ」受講者を対象に実施した調査である[(4)]。学生に配布した調査票に，「学生の親」についての質問を含めた。学生は親に聞き取りをし，その結果を回答してもらうという方法をとった。そうすることで，「学生の親」の実態を把握しようと試みた。

本調査の特徴は，「学生の親」を調査対象に設定したことである。「学生の親」とは，全員が育児を経験し，しかもほぼ完了期にあることを意味する。そのため，これまでどのような育児をしてきたのかを振り返ってもらうことができる。つまり育児完了期にあたる人々を対象に，回顧法によって，これまでの育児サポートについて調査できるということである。そして，その親（祖父母）の居住地を調査することで，育児サポートと近居との関連を分析することができる。この居住地の分析に関しては，自宅生のみを分析対象とする。近畿圏内に居住する住民の実態を明らかにするためである。

調査概要は以下のとおりである。

「関学学生調査」

調査対象者	：関西学院大学社会学部　2014年度「都市社会学Ｂ」受講者
調査期間	：2014年６～７月
調査方法	：調査票を配布回収
回収数	：237票

調査に回答した受講生237サンプルの基本的属性は次のとおりである。男性

51.6％（114）・女性48.4％（107），自宅生66.2％（145）・下宿生33.8％（74），年齢は18歳10.0％（22）・19歳38.2％（84）・20歳33.2％（73）・21歳12.7％（28）・22歳以上5.9％（13）。つまり，現在20歳前後の子どもをもつ住民とその親（祖父母）の実態について分析をしていく。

「学生の親」の基本的属性として，表7－5は現在の年齢，表7－6は出生年，表7－7は結婚年齢を整理した。平均年齢は，父親52.6歳，母親50.1歳で，1960年代前半に生まれた者が多い。団塊の世代よりひとまわり若い，いわゆる「少産少死」「長男長女」の世代である。結婚年齢の平均は，父親28.0歳，母親25.5歳である。母親が第1子を出産した年齢は28.2歳，末子は31.6歳である。子どもの数は平均2.06人で，1人15.0％，2人65.8％，3人17.9％，4人以上1.3％という構成である。子どもは，第1子が21.9歳，末子が18.5歳となっている。

では，「学生の親」はどこに住み，どこで生まれ，その親である祖父母はどこに住んでいるのか。分析にあたっては，「近畿内に居住している住民の居住

表7－5　現在の年齢

	父親		母親	
40～44歳	2.5	（5）	4.4	（9）
45～49歳	23.0	（46）	39.0	（80）
50～54歳	45.5	（91）	45.4	（93）
55～59歳	21.5	（43）	9.3	（19）
60歳以上	7.5	（15）	2.0	（4）
計	100.0	（200）	100.0	（205）
平均年齢	52.6歳		50.1歳	

表7－6　出生年

	父親		母親	
1950年代以前	29.0	（58）	11.2	（23）
1960～1964年	45.5	（91）	45.4	（93）
1965～1969年	23.0	（46）	39.0	（80）
1970年代以降	2.5	（5）	4.4	（9）
計	100.0	（200）	100.0	（205）

表7－7　結婚年齢

	父親		母親	
25歳未満	21.7	（40）	39.0	（73）
25～29歳	42.9	（79）	49.2	（92）
30～34歳	26.6	（49）	9.6	（18）
35歳以上	7.5	（16）	2.1	（4）
計	100.0	（184）	100.0	（187）
平均年齢	28.0歳		25.5歳	

実態」について把握するため，自宅生（145）を分析対象とする。よって，分析しているのは「関西学院大学に自宅から通える範囲の住民」ということになる。

自宅生145サンプルのうち，祖父母と同居していたのは17（父方と同居13，母方と同居３，双方の祖父母と同居１），また双方の祖父母とも他界していたのは３であった。これらを省いた，祖父母と別居している119サンプルを対象に居住地について分析をおこなう（NA（６)。また，119サンプルのうち父方祖父母のみ健在２，母方祖父母のみ健在３，いずれも健在114であった)。祖父母の居住地や健在の状況については，親が現在の住居に入居した〈入居時点〉の実態について調査している[5]。育児サポートの質問と時期を揃えるためである。

表７−８は，祖父母と別居しているケース（119）を対象に，親の居住地と出身地，祖父母の居住地を整理したものである。まず居住地は，分析対象が自宅生なので近畿内100.0％である。大学のある兵庫県49.6％と隣接する大阪府43.4％で９割以上をしめる。次に父親の出身地は，近畿内76.7％，近畿外23.3％である。多くをしめるのは大阪府38.9％・兵庫県32.2％である。母親の出身地は近畿内89.6％，近畿外10.4％である。兵庫県43.8％・大阪府37.5％で８割をしめる。父親は８割近くが，母親は９割近くが近畿内で生まれ育ったということである。まさに「都市で生まれ都市で生活をする，文字どおりの都市世代」（伊藤 1994：188）であるといえる。

では，祖父母はどこに住んでいるのか。父方の祖父母は近畿内78.5％，近畿外21.5％である。やはり大阪府37.6％・兵庫県32.3％が多い。母方の祖父母は近畿内88.2％，近畿外11.8％である。大阪府39.8％と兵庫県38.7％である。祖父母の世代も，父方が８割近く，母方は９割近くが近畿内に居住しているということである。

双方の祖父母の居住地の組み合わせについては，双方とも近畿内74.1％（63），父方のみ近畿内4.7％（４），母方のみ近畿内14.1％（12），双方とも近畿外7.1％（６）であった（NA（34))。双方の祖父母とも近畿内に居住しているケースが圧倒的に多く，双方とも近畿外というケースが非常に少ない。

表7－8 学生の親・祖父母の居住地と出身地

	親の居住地	父親 出身地	母親 出身地	父方祖父母 居住地	母方祖父母 居住地
近畿内	100.0（113）	76.7（69）	89.6（86）	78.5（73）	88.2（82）
兵庫県	49.6	32.2	43.8	32.3	38.7
大阪府	43.4	38.9	37.5	37.6	39.8
京都府	4.4	4.4	2.1	6.5	2.2
奈良県	2.7	0.0	5.2	2.2	5.4
和歌山県	0.0	1.1	0.0	0.0	1.1
三重県	0.0	0.0	1.0	0.0	1.1
近畿外	0.0（0）	23.3（21）	10.4（10）	21.5（20）	11.8（11）
北・東北	0.0	0.0	1.0	1.1	1.1
関東	0.0	4.4	0.0	3.2	0.0
中部	0.0	4.4	1.0	2.2	0.0
中国	0.0	4.4	1.0	3.2	2.2
四国	0.0	5.6	2.1	7.5	2.2
九州	0.0	4.4	5.2	4.3	6.5
海外	0.0	0.0	0.0	0.0	0.0
計	100.0（113） NA（6）	100.0（90） NA（29）	100.0（96） NA（23）	100.0（93） NA（26）	100.0（93） NA（26）

では祖父母の居住地までの所要時間はどれくらいだろうか。関学学生調査では，祖父母の居住地までの「実際の所要時間」を質問した（質問文は「(両親の現住居から）最もよく使われる交通手段でかかる時間を具体的にお答えください。」)。

表7－9は，祖父母の居住地までの所要時間を整理したものである。父方祖父母についてみてみると，祖父母も近畿内居住の場合，15分以内33.3％，30分以内37.7％と30分圏内が7割をしめる。1時間以内17.4％を加えると，9割近くが1時間以内となっている。母方祖父母の場合，近畿内居住であれば，15分以内34.6％，30分以内26.9％と30分圏内が6割程度をしめる。母方祖父母も，9割近くが1時間以内である。

所要時間の平均は，祖父母が近畿内居住の場合は父方33.3分・母方37.6分，祖父母が近畿外居住の場合は父方180.9分・母方198.3分，全体平均は父方63.8分・母方50.8分であった。父方・母方の祖父母とも，近畿内に居住している場合は，ほぼ30分圏内と近い範囲に居住しているということが明らかとなった。

以上の分析のとおり，関学自宅生の親は8割程度が近畿内出身であること，

表7－9　現住居から祖父母の居住地までの所要時間

		15分以内	30分以内	1時間以内	2時間以内	3時間以内	3時間以上	計
父方祖父母	全体	33.0	27.8	12.4	11.3	8.2	7.2	100.0 (97)
	近畿内居住	31.9	37.7	17.4	11.6	1.4	0.0	100.0 (69)
	近畿外居住	6.3	0.0	0.0	18.8	43.8	31.3	100.0 (16)
母方祖父母	全体	33.3	24.2	23.2	8.1	8.1	3.0	100.0 (99)
	近畿内居住	34.6	26.9	25.6	9.0	3.8	0.0	100.0 (78)
	近畿外居住	11.1	0.0	0.0	0.0	55.6	33.3	100.0 (9)

祖父母も8割以上が近畿内に居住しており，近畿内に居住している場合は30分圏内に住んでいることが明らかとなった。学生の親は「都市で生まれ都市で育った世代」であり，その祖父母とはまさに近居しているといえよう。

次に，育児サポートとの関連をみてみよう。関学学生調査では，育児サポートを［①緊急の事態］と［②日常的サポート］に分け，親が誰からサポートを得ていたかを質問した。質問文は以下のとおりである。

> Q16. あなたの両親は，現在の住居に入居した当時，両親自身以外に，育児のサポートをお願いできる当てはありましたか。複数ある場合は，最もサポートしてくれた方1つに○をつけてください。
>
> ①　子供が急に熱を出し学校（保育園等）に行けなくなった場合や両親の急用や急病といった緊急・突発的な事態
> 1．父方の祖父母　2．父方の親族　3．母方の祖父母　4．母方の親族
> 5．その他　6．頼れる人はいなかった
>
> ②　保育園や学校の送り迎えや，両親が帰宅するまでの子守・世話といった日常的なサポート
> 1．父方の祖父母　2．父方の親族　3．母方の祖父母　4．母方の親族
> 5．その他　6．頼れる人はいなかった

表7－10・表7－11は，祖父母の居住地の組み合わせと，誰から育児サポートを得ていたかをクロス集計したものである。分析サンプルは，上の分析と同様，自宅生かつ祖父母と別居しているサンプル（119）である。

①緊急の事態の場合（表7－10），最も多いのは母方祖父母48.2％，次いで父

方祖父母16.9%，［頼れる人はいなかった］15.7%と続く。父方・母方をあわせると，祖父母が約65%をしめる。どちらか片方が近畿内居住の場合は，その祖父母を頼りにしている傾向がみられる。近畿内同士であっても，片方のみ近畿内であっても，父方より母方を頼っている割合の方が高い。そして双方とも近畿外の場合は（サンプル数は非常に少ないが），やはり［頼れる人はいなかった］60.0%，その他40.0%となっている。

祖父母をサポート源と回答したサンプルを取り上げ，父方・母方どちらの祖父母をサポート源としているかを所要時間との関連でみてみた（双方の所要時間を回答していないサンプルは省く）。父方の祖父母をサポート源としている15サンプルは，父方の方が近い（14），父方母方が全く同じ所要時間（1）であった。一方，母方の祖父母をサポート源としている43サンプルは，母方の方が近い（28），父方母方が全く同じ所要時間（5），母方の方が遠い（10）であった。分析数が少ないが，やはり近い方をサポート源としている一方，遠くても母方を

表7-10　祖父母の居住地と育児サポートの有無（①緊急の事態）

	父方祖父母	父方親族	母方祖父母	母方親族	その他	頼れる人いなかった	計
近畿内同士	19.4	3.2	46.8	8.1	6.5	16.1	100.0 (62)
夫のみ近畿	50.0	0.0	0.0	25.0	25.0	0.0	100.0 (4)
母のみ近畿	0.0	0.0	91.7	0.0	8.3	0.0	100.0 (12)
近畿外同士	0.0	0.0	0.0	0.0	40.0	60.0	100.0 (5)
計	16.9	2.4	48.2	7.2	9.6	15.7	100.0 (83)

$p<0.004$

表7-11　祖父母の居住地と育児サポートの有無（②日常的サポート）

	父方祖父母	父方親族	母方祖父母	母方親族	その他	頼れる人いなかった	計
近畿内同士	11.3	3.2	37.1	3.2	14.5	30.6	100.0 (62)
夫のみ近畿	0.0	0.0	0.0	25.0	25.0	50.0	100.0 (4)
母のみ近畿	0.0	0.0	50.0	0.0	30.0	20.0	100.0 (10)
近畿外同士	0.0	0.0	0.0	0.0	60.0	40.0	100.0 (5)
計	8.6	2.5	34.6	3.7	19.8	30.9	100.0 (81)

$p<0.227$

サポート源としている傾向もみてとれる。

②日常的サポートの場合（表7-11），最も多いのは同じく母方祖父母34.6％であるが，2番目は［頼れる人はいなかった］が30.9％である。父方祖父母は，その他19.8％に次いで4番目8.6％と少なくなっている。父方・母方をあわせて祖父母が4割程度である。①緊急の事態にくらべると祖父母の割合が少なくなっているが，やはり最も多くをしめている。

どちらの祖父母をサポート源としているかを所要時間との関連でみると，父方の祖父母をサポート源としている8サンプルのうち，父方の方が近い（7），父方母方が全く同じ所要時間（1）であった。母方の祖父母をサポート源としている27サンプルは，母方の方が近い（18），父方母方が全く同じ所要時間（3），母方の方が遠い（6）であった。①緊急の事態と同じく，遠くても母方をサポート源としている事例があるのに対して，遠くても父方をサポート源としている事例はまったく無かった。

以上のことから，①緊急の事態・②日常的サポートのいずれも，祖父母がサポート源として最も多くをしめていることがわかる。さらに共通していたのは，父方より母方の祖父母からサポートを受けている割合が高いということである。サポート源が母方に傾斜しているといえる。

ただし，①緊急の事態に比べて，②日常的サポートでは祖父母の割合が少なくなっている。［その他］や［頼れる人はいなかった］が割合を増している。日常的なサポートは祖父母以外から得ている，あるいはサポート無しでやりくりする，しかし緊急事態には祖父母がサポート源となっているということであろう。「いざという時」に，頼りになる，あるいは融通がきくサポート源として祖父母の存在が大きいといえる。育児サポートの資源として，やはり祖父母は重要な位置づけにあることが示されている。一方で，父方・母方によってサポートの実態が異なる可能性も示された。〈近居の内容〉として，育児サポートの実態を把握していく必要があるだろう。

調査方法論的な観点からは，このような対象を限定した調査，いうならば「ピンポイント調査」の可能性を指摘することができる。「学生の親」に対象を限定した学生調査だからこそ，ある年齢層の実態や育児の様子が鮮明に表れた。広範囲のサンプリング調査のコストが大きいなかで，ピンポイント調査を積み重ねていくことは意味があるだろう。

一方で，一般的なサンプリング調査の必要性は非常に高い。市や県あるいは日本国民の実態を全体としてとらえることは，学術面でも政策面でも不可欠である。どんな生活実態の人が・どんな問題を抱えている人が，どこに・どれくらいいるのか，そうした全体像を把握してこそ，学術研究は社会に生かされるであろうし，有効な政策を考えることもできるのである。「国民生活に関する世論調査」では近居の〈意識〉の側面について調査していたが，〈事実〉の側面についても把握する必要がある。

(2) 近居と介護サポート

育児のほかにサポートが必要になるのは，介護であろう。そこで居住状況と介護について事例的に把握するため，「西神ニュータウンインタビュー調査」を実施した。西神ニュータウンを対象とした理由は，当ニュータウンで活動している「西神ニュータウン研究会」(6)に筆者が参加していたため，他のニュータウンよりも詳細な実態把握が可能だったからである。

次の2種類のインタビュー調査を実施した。1つ目は，西神ニュータウンに居住する住民に対するインタビュー調査である。2つ目は，西区社会福祉協議会職員に対するインタビュー調査である。それぞれの調査概要は以下のとおりである。

「西神ニュータウンインタビュー調査」

① 西神ニュータウン住民インタビュー調査

調査対象者	：西神ニュータウン・西神南ニュータウンの住民9名 A氏（67歳），B氏（83歳），C氏（61歳），D氏（66歳），E氏（66歳），F氏（67歳），G氏（82歳），H氏（43歳），I氏（44歳）
調査実施日	：2014年8月～9月

調査内容	：これまでの居住歴・職業歴・出身地，家族構成やサポート。親の居住状況，親が高齢になってからの居住状況の変化や介護経験。

② 西区社会福祉協議会インタビュー調査

調査対象者	：西区社会福祉協議会職員 本田幹雄氏 社会福祉法人神戸市西区社会福祉協議会の事業課長兼ボランティアセンター所長。社会福祉士，主任介護支援専門員。2008年までの７年間，西区在宅センターに勤務。在宅センターとは，デイサービスや地域包括活動や居宅支援事業を担当している機関。勤めていた在宅センターは西区で最も古く，担当地域にニュータウンも含まれていた。
調査実施日	：2014年８月12日
調査場所	：神戸市西区役所
調査内容	：西神ニュータウンに居住する高齢者の居住状況，介護サービス利用者の実態，高齢化や介護をめぐる課題。

西神ニュータウン住民インタビュー調査では，７名の調査対象者に対して，とくに親の介護や居住状況の変化について聞き取りをおこなった。６名については「自分（配偶者）の親」について，１名（B氏）については「西神ニュータウンに居住する娘夫婦の親」という親の立場として答えていただいた。表7-12は，親子の居住状況を整理したものである。

B氏以外の６名の親の状況を整理すると，ほとんどの親が（親の）地元で誰かと同居していることがわかる。親と同居しているのは，ほぼ兄（C氏夫親，E氏妻親，A氏妻親，F氏妻親，G氏妻親），もしくは弟（E氏夫親，D氏妻親）である。例外的に他の親族（C氏妻親）というケースもある。それ以外のケースは，調査対象者が「呼び寄せて同居」（A氏夫親，F氏夫親，G氏夫親，A氏妻親），「施設に入所」（F氏夫親，C氏妻親），調査対象者の「すぐ行ける範囲に近居」（D氏夫親）である。そしてB氏は，娘に「呼び寄せられて近居」というケースである。

以下では，居住状況と介護が密接に関係している事例としてD氏・A氏・F

表7-12 西神ニュータウン住民の親子の居住状況

	夫親	妻親
C氏（61）	「地元で長男夫婦と同居」	父「一時的に進学のための孫と同居中」 母「脳梗塞のため老人ホームに入居」
D氏（66）	「車で30分の所に現在は母一人」	「弟夫婦が同居していた。両親の他界後は，弟が住居を引き継いだ」
E氏（66）	「弟夫婦が同居し，介護も担当。両親の他界後は，弟が家を引き継いだ」	「兄夫婦と同居中」
A氏（67）	「亡くなる数年前に実家を売却しそのお金を受け取った長男が引き取った」	「独身の兄が同居していたが先に他界したため，両親を呼び寄せて同居した」
F氏（67）	「母を呼び寄せて同居したが，結局は地元に戻り，施設に入所した」	「兄夫婦と同居。三世代で住んでいる」
G氏（82）	「呼び寄せて同居するために一戸建を購入したが，入居を前に他界」	「長男と同居していた」
B氏（83）	「西神ニュータウンに住む娘夫婦に呼び寄せられ，近くのマンションを購入」	

注：（　）内の数字は調査時点の年齢。

氏の事例を紹介する。D氏は，親と近居していたために居住状況を変化させることなく介護することができた事例である。A氏は，日常的にサポートすることが無理なので呼び寄せて同居した事例，F氏は呼び寄せようとしたが結果として同居をやめた事例である。

〈近居していたため居住状況を変化させることなく介護した事例〉

D氏（66歳）

「自宅から車で30分の実家に親が住んでいる。親の近くに住もうと意識はしていなかったが，神戸市に職場があり，神戸市内で広い家を求めていたら，結果として近くに住んでいた。」

「両親は夫婦２人暮らしだったが，昨年父親が93歳で他界。父親が病気になった時には，妹と順番で様子を見に行っていた。妹は２人いるが，１人は遠くにいるので，神戸市内に住んでいるもう１人の妹と協力した。今は母親88歳が１人暮らしをしているが，何かあったら，私・妻・妹が順番に見に行くだろう。自分が神戸ではなく遠くに住んでいたら，呼び寄せたりも考えるだろうし，母親自身も不安に思うだろうが，父親のときも近くに住んでいて何やかんやと見送ることができたので，この状況のままだろう。今でも母親の携帯電話は，１番を押したら私にかかってくるようにしている。」

〈日常的にサポートすることが無理なので，呼び寄せて同居した事例〉

A氏（67歳）
「妻の両親は，生まれ故郷の三重県に住んでいた。町村合併する前は「村」だったような生活は大変不便な田舎だ。妻の兄の，独身の長男と同居していたんだが，数年前に長男が先に亡くなった。この後どうするかという話になった時に，田舎に残しておくよりはうちに引き取ろうと考えた。父親は心筋梗塞で入退院を繰り返していた。しかも病院までバスで２時間かかるという場所だ。母親は体は元気だが認知症を患っていた。そんな状態で田舎に２人残しておくと，もう命が危ないということで，「一緒に住まないか」と説得したところ，「一晩考えさせてくれ」と。そして両親とも納得して，長男が亡くなった２ヶ月後に西神ニュータウンの我が家へ引っ越してきた。そして両親が他界するまで４年ほど，私達夫婦と妻の両親の４人で暮らした。」
「両親を家に引き取った理由の１つに，田舎でのつきあいというか慣習があって，そういうことを両親のかわりにこなすことができなかったというのも大きい。長男が亡くなったあと，三重の親戚から，「親がここに住んでいるんだから，（あなた達娘夫婦が）もっと地域のことに参加しないといけない」「親のかわりに顔を出さないといけない」と言われた。しかし日帰りできない場所だし，頻繁に行き来するのはとうてい無理。それもあって，両親をこちらに呼ぶことにした。」

〈呼び寄せて同居したものの，結果的に地元に戻り施設に入所した事例〉

F氏（67歳）
「西神ニュータウンにくる前は，須磨区の分譲マンションに住んでいた。西神に一戸建を購入した理由は，私の母を呼び寄せて同居するためだった。両親は実家のある福井県にずっと住んでいた。市町村合併以前は，町・村だったような地域だ。父は1970年代に57歳で他界，その後母がずっと１人で住んでいた。母は90歳位まで介護保険も何も使わなかったくらい健康で暮らしていたが，さすがに高齢になり病気がちになってきた。このままでは不安だ，かといって須磨のマンションに一緒に住めるような広さはない，そこで土地を探してニュータウンに一戸建を建てた。その後，体が弱ったのを機に一緒に暮らし始めたが，こちらでの生活は，友達はいない，出かけるところもない，話をする相手もいない，つきあいは家族だけ，ということでだんだん精神的に弱ってくる感じだった。結局，たまたま福井の実家近くに施設があって，本人が「やっぱり戻りたい」と。その施設は実家から車で20分くらいで，そこだったら私の妹２人も40〜50分のところに住んでいるし，近所の人もたまにはお見舞いに来てくれるし，時々は実家にも一時帰宅できるし，ということで，結局そこに入所した。」

このように，「呼び寄せ」という実態が生じていることが明らかとなった。

そこで，地域のより全体的な実態を把握するために，西区の高齢者問題や福祉問題に専門的に携わる神戸市西区社会福祉協議会職員の本田幹雄氏にインタビュー調査を実施した。

> ➤どういった人が「呼び寄せ」をしていると感じるか
>
> 「「親を呼び寄せる」というのは，まず第一に収入・仕事が条件となるだろう。家計上のゆとりがなければなかなか呼び寄せられない。また，ニュータウンに住んでいる人は転勤が少ない人が多いが，それは呼び寄せしやすいかもしれない。あと，奥さんが働いているほうが「日中，家にいてもらえたら助かる」ということで呼び寄せに理解を得やすいかもしれない。住居の観点からいえば，一戸建の方が部屋数も多く「住める」という環境があるから，選択肢の1つとして「呼び寄せ」という道を持っているといえる。マンションではなかなか難しい。実際に呼び寄せられたケースをみると，夫婦揃ってというケースもあるにはあるが，ほとんどが両親のどちらか片方のみを呼び寄せていた。西神ニュータウンは比較的区画が大きいとはいえ，夫婦と親夫婦の夫婦2組がそろって暮らすのにはやはり狭いのではないか。経済的な基盤が確立されているうえで，そういう条件が必要だろう。だから，今は長男も次男も関係ないのではないか。それよりも，きょうだいのなかである程度生活に余裕のある人がそうするのではないか。」
>
> ➤どういった人が呼び寄せられているか。特徴やきっかけはあるか
>
> 「デイサービスで接していた限りでは，「ちょっと体力的に弱ってこられた人」「1人にしておくのは心配になった人」が呼び寄せられているという印象だ。一般的に親世代は「同居は避けたい」「子どもに迷惑をかけたくない」と思っている人が多いので，元気なうちから同居するというのは少ないのではないか。また，完全な要介護状態になってからということではなく，「ちょっと心配だ」ぐらいのケースが多いかと思う。ただし一方で，単に「1人で暮らしていて心配だから」というだけで呼び寄せることはないと思う。本人が元気で，まわりに親戚がいて，近所づきあいもしているような親を，あえて呼び寄せることはないだろう。親戚づきあいや近所づきあい，コミュニティでのつきあいがなく，1人で過ごしていたからこそ，「心配だ」となる。たとえば，家の電球を換えてくれる人がいないとか，ちょっとした生活のお世話を頼れる人がいないとか。そうしたちょっとした身の回りのことができない，人に頼めない，というのが1つの基準になるだろう。こうした，「親がちょっと心配である」とか「親の地域での孤立」といったことが呼び寄せの背景にあると思う。」

このように，西神ニュータウンインタビュー調査では，高齢期の親に対するサポートと居住状況が密接な関係を持っていることが示されていた。日常的な

サポートが可能な範囲に居住していれば，居住状況を変化させることなくサポートすることが可能であった。しかし日常的なサポートが困難なくらい居住地が離れている場合は，施設への入所や，親あるいは子の居住地の変更が検討されていた。そうした呼び寄せが必要になる「契機」があることも示唆されていた。また，親のサポート・ネットワークの保有状況が大きく影響すること，誰でもが「呼び寄せ」「呼び寄せられ」が可能ではないことも示されていた。「呼び寄せ」あるいは「呼び寄せられ」という現象には，さまざまな要因や条件が複雑に関係していると考えられる。呼び寄せが必ずしもうまくいかなかった事例もあるように，問題点も少なくはないだろう。今後，呼び寄せの実態と課題を整理していく必要があるといえる。

本書では，主に量的調査や量的調査の事例的解釈によって調査研究を進めてきた。量的調査に加えて，こうした聞き取り調査をおこなうことで，近居の実態の〈内容〉を把握していく必要があるだろう。

（3）近居研究の可能性

近居とサポートとの関係については，今後より一層の実態把握が必要である。同・別居家族からどのようなサポートを受けているのか，あるいは与えているのか。別居の家族はどこに住み，どれくらいの近さでどんなサポートをしているのか。

本節では育児サポートと介護サポートについて述べたが，家族によるサポートは育児と介護だけではない。家事サポートや心理的サポートなどさまざまなサポート内容が考えられる。そうした種々のサポートについて，それぞれを研究テーマとすることももちろん可能である。しかし，〈近居〉という枠組みによって，家族によってなされているサポートを全体像として把握することが可能となることを提案したい。つまり「育児サポートの実態」「介護サポートの実態」といったように，それぞれを単独に研究対象とするのではなく，総合的・複合的に研究対象とするということである。

このことは，実際の生活における生活課題のありようを鑑みれば妥当なアプローチの方法といえる。なぜなら育児や介護といった生活課題は，必ずしも異なる時期に1つずつ発生していくわけではない。同時期に複数の課題を抱えている家族も多いだろう。また，ある面ではサポートを受け取り，ある面ではサポートを提供しているというように，家族間で築かれている関係には，互酬的な側面もあるだろう。つまり家族によるサポートをその内容によってばらばらに把握しても，家族間サポートとしての全体像を把握することは難しいのである。

このように，〈近居〉に着目することは，家族間のサポートの実態を総合的・複合的に把握できる可能性がある。

注

(1) 西宮アパート・マンション調査における居住地選択行動の質問は以下のとおりである。

Q7．あなたは，現在の住居を選定するにあたって，次の①～⑥の要因をどの程度考慮されましたか。それぞれについてあてはまる番号に○をつけてください。

	非常に考慮した	やや考慮した	あまり遠慮せず	全く考慮せず
①実家との距離	1	2	3	4
②通勤の便がよいこと	1	2	3	4
③子どもの教育環境（学区・校区など）がよいこと	1	2	3	4
④住居の間取り，設備（セキュリティーなど）の充実	1	2	3	4
⑤住居周辺の生活環境（商業・医療施設など）がよいこと	1	2	3	4
⑥住居の価格や家賃	1	2	3	4

Q8．上記の①～⑥の中で，住居選定に際して最も重要であったものと，2番目に重要であったものを選び，番号をご記入ください。
1番目（　　　）　2番目（　　　）

(2) 「西宮アパート・マンション調査」の詳細については，大谷信介編『マンションの社会学——住宅地図を活用した社会調査の試み』ミネルヴァ書房，2012年，を参照。

(3) 乗換案内ソフトにジョルダンを使用した。検索日は2014年8月1日とした。

(4) 調査実施にあたっては，授業担当者の協力を得た。

(5) 関学学生調査で用いた祖父母に関する質問文は以下のとおりである。

Q14. 両親が現在の住居に入居した当時，祖父母はどちらにお住まいでしたか。
父方の祖父母 1．あなたの両親と同居していた 2．別居していた 3．2人とも他界していた
母方の祖父母 1．あなたの両親と同居していた 2．別居していた 3．2人とも他界していた

Q15. 両親が現住居に入居した当時に，祖父母がご健在だった方にお聞きします。祖父母がお住まいだった住居について，次の4つの質問に答えてください。

	父方の祖父母	母方の祖父母
①近畿圏内の場合は鉄道の最寄駅を，近畿圏外の場合は都道府県名をお答えください。	1．近畿圏内 鉄道会社名（ ） （ ）線（ ）駅 2．近畿圏外 都道府県（ ） ・外国	1．近畿圏内 鉄道会社名（ ） （ ）線（ ）駅 2．近畿圏外 都道府県（ ） ・外国
②（両親の現住居から）最もよく使われる交通手段でかかる時間を具体的にお答えください。	（ 分）	（ 分）
③（両親の現住居から）最もよく使われる交通手段でかかる時間をお答えください。同一のマンションやアパート内で別居している場合は，3としてください。（○は各1つだけ）	1．同じ建物内（玄関も同じ） 2．同じ建物内（玄関は別） 3．同じ敷地内の別棟 4．15分未満 5．15分～30分未満 6．30分～60分未満 7．1時間～3時間未満 8．3時間以上	1．同じ建物内（玄関も同じ） 2．同じ建物内（玄関は別） 3．同じ敷地内の別棟 4．15分未満 5．15分～30分未満 6．30分～60分未満 7．1時間～3時間未満 8．3時間以上
④（両親の現住居から）最もよく使われる主要な交通手段はどちらですか。（○は各1つ）	1．徒歩 2．自転車 3．バイク・原付 4．バス 5．自動車 6．電車 7．その他	1．徒歩 2．自転車 3．バイク・原付 4．バス 5．自動車 6．電車 7．その他

(6) 西神ニュータウン研究会の概要は以下のとおり。

西神ニュータウン研究会
【発足の経緯】2002年秋に，神戸研究学園都市大学連絡協議会（UNITY）で「西神ニュータウンの建設と歴史」の共同研究の公開講座を実施。参加者のなかから継続の希望があり，2003年2月から新たな研究会として発足。
【地域】西神ニュータウン（西神中央・西神南・研究学園都市）及びその周辺
【会員】この地域に関心のある，個人，企業，行政，大学等の関係者
【活動】例会，見学会，会報の発行，西神ニュータウン関連の文献や資料の作成
（西神ニュータウン研究会『阪神大震災と西神ニュータウン』より）

終　章
近居研究の進展にむけて

本書では，これまでの日本家族社会学において学術的・実証的に議論されてこなかった〈近居〉に焦点をあて，まずは近居の実態を把握しようと試みてきた。「関西ニュータウンの比較調査」（NT 調査）を用いて，関西都市圏における親子の居住状況について分析をおこなった。本章では，本研究で明らかになった近居の実態と，今後の近居研究の可能性と課題についてあらためて整理していきたい。

1　本書における近居研究

（1）本研究の試み

NT 調査の大きな特徴は，1つは「調査対象をニュータウンに限定したこと」，もう1つは「〈最寄駅〉による空間的把握を試みたこと」である。「調査対象をニュータウンに限定したこと」とは，調査対象者をニュータウン住民に，調査対象地をニュータウン地区に限定したということである。調査対象がニュータウン住民に限定されているということは，人々の〈選択の結果〉を分析できることを意味する。ニュータウンは新たに開発された土地であるため，土着の住民を想定しなくてよい。住民は，「ニュータウン」という場所を自ら選んで転居してきた。すべての住民が，通勤の便や地域環境などさまざまな要因を取捨選択して，ニュータウンを選択したのである。ニュータウンは，そうした居住地選択の「結果」を表しているといえる。どのような要因を重視し，どの要因をどの程度考慮し，その結果どこを選択したのか，そうした選択行動の結果を

「事実」としてみることができる。親の居住地も，「選択の結果としての親の居住地」なのである。一般的なサンプリング調査の場合は，親の居住地が近い／遠いといった実態は明らかにできるが，それはあくまでも現在の居住実態であり，「選んだ結果」を反映しているわけではない。ニュータウンは「選んだ結果」が鮮明に表れているところであり，選択の結果としての親の居住地の関係をみることができるのである。

そして調査対象地がニュータウンであるということは，調査対象者の居住地が狭い範囲内に限定されていることを意味する。このことにより，ニュータウンを起点として，親の居住地の分布を空間的に描くことが可能となる。都道府県単位や市町村単位でおこなわれる一般的なサンプリング調査の場合，調査対象者の居住地も，その親の居住地の分布もそれぞればらばらであるため，その空間的分布をわかりやすく描くことは難しいのである。

もう1つの特徴は，「〈最寄駅〉による空間的把握を試みたこと」である。NT 調査では，親が近畿内に住んでいる場合は，親の居住地の最寄駅を回答してもらうことで，その場所を把握しようと試みた（親が近畿外に住んでいる場合は，都道府県名を回答してもらった）。最寄駅を問うことで，市町村単位より詳細な把握が可能となった。またこの最寄駅質問の回答をアフターコーディングすることで，市町村データや乗換案内ソフトで算出した所要時間データなどを入力・分析することも可能となった。このように，「調査対象をニュータウンに限定したこと」と「〈最寄駅〉による空間的把握を試みたこと」により，ニュータウン住民の親の居住地をより詳細なレベルで把握し，さらにニュータウンを起点として地理的な分布を空間的に把握することができたのである。

（2）明らかになってきた〈近居〉の実態

NT 調査の分析によって，親が近畿内に居住している場合は，親の居住地までの所要時間が「小1時間」というニュータウンが多いことが明らかとなった。ニュータウンが立地している場所に影響される面はあるが，平均すると1時間程度で行ける範囲に親が居住しているということである。さらに親の居住地を地図に描くと，「千里 NT は大阪北部」「泉北 NT は大阪南部に多く，和歌山などにも分布」「須磨 NT は神戸市を中心に神戸市以西にも」「平城 NT は奈良から大阪東部〜北部にかけて」「洛西 NT はほぼ京都市・京都府内」「三田 NT はニュータウン周辺に加えて，ひろく阪神間に」「西神 NT は神戸市を中心に阪神間・神戸市以西にも」「トリヴェール和泉は大阪南部」というニュータウンごとの特徴が明らかとなった。親の居住地の分布に空間的特徴がみられたのである。こうした空間的特徴は，調査対象をニュータウンとし，さらに複数のニュータウンを対象にしたからこそ明らかにできたといえる。

このように，近居の実態について，親の居住地の‘場所’という〈事実〉の側面から分析をおこなった。一方，〈意識〉の側面として，「親の居住地のことはどう考えられていたか」という居住地選択行動の観点からも分析をおこなった。居住地を選択する際に，親の居住地［実家との距離］を考慮したのかどうかという点である。その結果，［実家との距離］を考慮するほど親の居住地が近いこと，［実家との距離］を考慮することが〈近さ〉だけでなく〈便利さ〉としても表れること，［実家との距離］を考慮していない場合でも空間的特徴がみられることが明らかとなった。

こうした近居の実態が時代によって変化しているのかどうかについて，〈事実〉と〈意識〉の両面から時系列的分析をおこなった。その結果，入居年が近年になるほど，親が近畿内に居住している割合が増加していること，その近畿内においては親の居住地が近くなっていること，そして［実家との距離］を考慮する割合が増加していることが明らかとなった。〈事実〉と〈意識〉の両面において，近居の傾向が強まっているといえよう。本書では，こうした変化の背景について，都市社会学的な観点から考察した。調査がおこなわれた関西都市圏の中心である大阪は，かつての都市化の時代は西日本を中心に多くの人を集めていたため，大阪圏へ移動していた住民の親の居住地は地方つまり近畿外であった。よって，1970年代以前に入居した住民の親は近畿外の割合が高かった。その後，大阪が西日本から人を集める規模が縮小した。さらにかつて地方から移住してきた人が定住し，その子世代が近畿内で居住する。そのことが，親が近畿内に居住している割合の増加となって表れていたのである。人口移動の変容が，近居という現象になって現れていたといえる。このように，人口移動や都市化現象は，戦後の日本社会をとらえるうえで考慮する必要がある。

本研究の特徴は，近居の実態として親子の空間的配置状況を実証的データによって把握し，さらに，都市化とそれにともなう人口移動と関連させて分析した点である。これまでの都市社会学においては，農村から都市への人口移動やそれにともなう近隣関係やコミュニティの問題が中心的な研究課題とされ，〈家族〉という分析視点は弱かったと指摘できる。また家族社会学においては，親族関係・親子関係・サポート関係といったように〈関係性〉への関心が強く，空間的な研究視点はほとんどなかったといえる。本書は，新しい研究方向として，都市社会学と家族社会学を融合させようとしたものである。

2　今後の課題と展望

（1）近居研究における今後の課題

本研究によって，関西都市圏における近居の実態が明らかになってきた。しかしニュータウンにおける分析結果のみで，近居の実態を一般化するのは早計である。第７章で指摘したように，「研究対象を拡げること」と「社会調査による近居の測定方法と表現方法」は，今後検討すべき課題である。

本書では，分析対象を「持ち家一戸建居住者」と「購入マンション居住者」に限定して調査研究を進めてきた。「家を買う」ということの意味を重視したからである。しかし，おそらく賃貸住宅居住者も近居と無縁ではないだろう。今後は賃貸マンション居住者や公営住宅居住者などの実態把握も進めていく必要がある。

また，本書で扱ったNT調査，さらに西宮アパート・マンション調査や関学学生調査は，いずれも関西都市圏で実施した調査である。つまり本書で明らかになったのは，都市住民の実態なのである。さらに比較的階層が高い傾向があったともいえる。今後は，階層やライフステージへの着目，都市とは生活様式や生活行動の異なる「地方」における実態把握も進めていく必要がある。

こうした実証研究を社会調査によって積み重ねていくために，検討しておかなければならない課題がある。それは，親の居住地という場所の把握方法と，その空間的分布の可視化についてである。

NT 調査で用いた最寄駅質問は，場所を把握するための方法として有効であったが，課題も指摘できる。まず，鉄道網の発達していない地方では採用できないという点である。非都市部では鉄道会社も少なく，駅も多くはない。最寄駅ではあるが近くない，といった状況もあるだろう。また物理的に駅が少ないというだけでなく，人々の生活行動も「電車」ではなく「自動車」によって成り立っていると考えられる。都市部と比べてよりいっそう車社会であろう。このように，最寄駅質問による測定が難しいことと，自動車が主要な交通手段であることを考えると，〈車〉による測定方法も検討課題である。

次に，こうして把握した親の居住地をどのように空間的に描くかという問題がある。NT 調査では，調査対象者の居住地が狭い範囲に限定されていたため，親の居住地の空間的分布をわかりやすく地図に描くことができた。しかし一般的にサンプリング調査をおこなうと，回答者の居住地も，その親の居住地もばらばらに散らばっている。それらをどのようにしたら空間的に投影できるか，あるいはどのように調査結果を提示できるのか，検討が必要である。

こうした「最寄駅に代わる測定方法」「空間的分布の表現方法」については，日本における実態把握や地域間比較だけでなく，海外の実態を把握し国際比較することも念頭において，より汎用性のある方法を考えていきたい。

（2）展望としての近居研究の可能性

本書では，近居の実態として，まずは親の居住地の場所を実証的に把握することに重点をおいた。今後は，「なぜ近居するのか」「近居して，どのような関係を取り結んでいるのか」といった〈近居生活の内容〉を把握していく必要がある。

第6章では，〈事実〉と〈意識〉の両面において，近居の傾向が強まっていることが明らかとなった。入居年が近年になるほど親が近畿内に居住している割合が増加していることについて，人口移動の観点から説明した。しかし，入居年が近年になるほど［実家との距離］を考慮する割合が増加していたことについては，なぜそうなのか解明していない。人口移動とは別の観点からの分析が必要だろう。第７章にて指摘したように，近居とサポートの関係という観点から，今後より一層の調査研究が必要である。NT 調査の対象者が家を買った1980年代や1990年代に比べて，共働き世帯が増加したり高齢化率が上昇していることを鑑みると，家族によるサポートはより重要性を増している可能性があるだろう。

家族間サポートの研究において，近居研究のもつ意義は大きいと指摘したい。第７章では育児サポートと介護サポートを事例にあげたが，家族によるサポートは育児・介護だけではない。家事サポートや心理的サポートなどさまざまなサポート内容があるだろう。そうしたさまざまなサポートを，個別的ではなく総合的に把握できる可能性が近居研究にはあるといえる。〈近居〉という枠組みによって，家族によってなされているサポートを全体像として把握することが可能となるということである。つまり「育児サポートの実態」「介護サポートの実態」といったように，それぞれを単独に研究対象とするのではなく，総合的・複合的に研究対象とするのである。育児や介護といった生活課題は，必ずしも異なる時期に別々に発生するわけではなく，同時期に複数の課題を抱えている家族も多いだろう。また，ある面ではサポートを受け取り，ある面ではサポートを提供しているというように，家族間で築かれている関係には，互酬的な側面もあるだろう。つまり家族によるサポートをその内容によってばらばらに把握しても，家族間サポートとしての全体像を把握することは難しいのである。〈近居〉に着目することは，家族間のサポートの実態を総合的・複合的に把握できる可能性がある。

家族がどのように暮らしているのか，どのような関係を結んでいるのか。近居研究によって，同居家族だけではなく別居家族も含めた実態を把握することができる。そして家族間サポートを総合的にとらえることで，双方向的・互酬的なサポートの実態解明も可能となる。現代日本の〈家族〉のありようを描き出す１つの方法となるだろう。今後，さらなる実態解明をめざし，調査研究を進めていきたい。

参考文献

天野正子，2001，『団塊世代・新論――〈関係的自立〉をひらく』有信堂高文社。

青山道夫他編，1974，『講座家族６　家族・親族・同族』弘文堂。

有賀喜左衛門，1943，『日本家族制度と小作制度』河出書房。

――――，1966，『有賀喜左衛門著作集Ⅰ』未来社。

――――，1969，『有賀喜左衛門著作集Ⅷ　民俗学・社会学方法論』未来社。

――――，1971，『有賀喜左衛門著作集Ⅹ　同族と村落』未来社。

Bott, E., 1955, “Urban Families: Conjugal Roles and Social Networks”, *Human Relations*, 8 : 345-384.（野沢慎司訳，2006，「都市の家族――夫婦役割と社会的ネットワーク」野沢慎司編・監訳『リーディングスネットワーク論――家族・コミュニティ・社会関係資本』勁草書房）

Cheal, D., 2002, *Sociology of Family Life*, Palgrave.（野々山久也監訳，2006，『家族ライフスタイルの社会学』ミネルヴァ書房）

Florida, Richard L., 2008, “Who's your city? : how the creative economy is making where to live : the most important decision of your life”.（井口典夫訳，2009，『クリエイティブ都市論――創造性は居心地のよい場所を求める』ダイヤモンド社）

藤野敦子，2002，「子供のいる既婚女性の就業選択――夫の働き方，性別役割意識が及ぼす影響」『季刊家計経済研究』56：48-55頁。

福原正弘，1998，『ニュータウンは今――40年目の夢と現実』東京新聞出版局。

福尾猛市郎，1972，『日本家族制度史概説』吉川弘文館。

福武直，1959，『福武直著作集５　日本村落の社会構造』東京大学出版会。

藤崎宏子，1985，「老年期の社会的ネットワーク」副田義也編著『日本文化と老年世代』中央法規出版，89-148頁。

藤崎宏子，1998，『高齢者・家族・社会的ネットワーク』培風館。

船橋恵子，1999，「父親の現在――開かれた父親論へ」『変容する家族と子ども』教育出版，85-105頁。

蒲生正男，1960，『日本人の生活構造序説』誠心書房。

後藤真太郎・谷謙二・酒井聡一・加藤一郎，2004，『MANDARA と EXCEL による市民のための GIS 講座――パソコンで地図をつくろう』古今書院。

速水聖子，2001，「郊外都市コミュニティの地域変容――高齢化と『郊外』の意味」『日本都市社会学会年報』19：55-69頁。

Hill, R., 1970, *Family Development in Three Generations: A longitudinal Study of Changing Family Patterns of Planning and Achievement*, Shenkman.

廣嶋清志，1990，「子からみた親子の居住関係と移動」『人口問題研究』46：16-33頁。

――――，1991，「近年における親との同居と結婚」『人口問題研究』47：53-70頁。

兵庫県家庭問題研究所，1987，『核家族の育児援助に関する調査研究報告書』兵庫県。

――――，1990，『男性の家事分担に関する調査研究』兵庫県。

稲葉昭英他編，2017，『日本の家族――1999-2009：全国家族調査［NFRJ］による計量社会学』東京大学出版会。

伊藤達也，1994，『生活の中の人口学』古今書院。

伊藤達也，1984，「年齢構造の変化と家族制度からみた戦後の人口移動の推移」『人口問題研究』172：24-38頁。

岩渕亜希子，2009，「サポート資源としての家族」野々山久也編『論点ハンドブック家族社会学』世界思想社，233-236頁。

岩井紀子，2001，「日本版 General Social Surveys（JGSS）と家族測定項目――第１回予備調査データの検討」『家族社会学研究』12（２）：261-270頁。

岩井紀子，2003，「JGSS プロジェクト（２）調査方法と調査項目」『統計』54（11）：48-55頁。

岩井紀子・稲葉昭英，2000，「家事に参加する夫，しない夫」盛山和夫編『日本の階層システム４　ジェンダー・市場・家族』東京大学出版会，193-215頁。

岩井紀子・保田時男，2008，「世代間援助における夫側と妻側のバランスについての分析――世代間関係の双系化論に対する実証的アプローチ」『家族社会学研究』20

（2）：34-47頁。

Johnson, C. L., 2000, "Perspectives on American Kinship in the Later 1990s", *Journal of Marriage and the Family*, 62: 623-639.

ヨーゼフ・クライナー，1996,「日本の地域性の現在――ひとつの問題提起」ヨーゼフ・クライナー編『地域性からみた日本――多元的理解のために』新曜社。

上子武次・増田光吉編，1976,『三世代家族――世代間関係の実証的研究』垣内出版。

関西学院大学社会学部大谷研究室，2004,『国勢調査の多角的分析――日本最大の全数調査の実態と問題点』関西学院大学社会学部大谷研究室。

――――，2005,『ニュータウン住民の住居選択行動と生活実態――「関西ニュータウン比較調査」報告書』関西学院大学社会学部大谷研究室。

――――，2006,『関西ニュータウン住民の生活行動とネットワーク――「関西ニュータウン比較調査」報告書（2）』関西学院大学社会学部大谷研究室。

――――，2008,『〈ポスト都市化社会〉における都市現象』関西学院大学社会学部大谷研究室。

――――，2009,『西宮アパート・マンション調査報告書――新たな社会調査手法への挑戦』関西学院大学社会学部大谷研究室。

――――，2010,『西宮マンション居住に関する社会学的研究――西宮アパート・マンション調査報告書（2）』関西学院大学社会学部大谷研究室。

片岡佳美，2009,「11　親族ネットワーク」野々山久也編『論点ハンドブック家族社会学』世界思想社，47-50頁。

Katherine S., Newman, 2012, *The Accordion Family: Boomerang Kids, Anxious Parents, and the Private Toll of Global Competition*, Beacon Press, Boston.（萩原久美子・桑島薫訳，2013,『親元暮らしという戦略――アコーディオン・ファミリーの時代』岩波書店）

加藤彰彦，2003,『家族変動の社会学的研究――現代日本家族の持続と変容』早稲田大学大学院文学研究科提出博士論文。

――――，2009,「直系家族の現在」神戸大学社会学研究会『社会学雑誌』26, 3-18頁。

木下栄二，2009,「12　同族」野々山久也編『論点ハンドブック家族社会学』世界思想社，

51–54頁。

————，2011，「最近20年の家族社会学における方法論上のトレンド——社会調査の観点から」桃山学院大学総合研究所『桃山学院大学社会学論集』44（2）：193–224頁。

喜多野清一，1976，『家と同族の基礎理論』未来社。

喜多野清一編，1983，『家族・親族・村落』早稲田大学出版部。

小山隆，1964，「相続世帯と創設世帯における親族関係」『人文学報』（都立大学）40：3–16頁。

————，1965，「都市の親族関係」『ケース研究』87：1–6頁。

Litwak, E., 1960, "Geographic Mobility and Extended Family Cohesion", *American Sociological Review*, 25: 385–394.

Litwak, E. and Szelenyi, I., 1969, "Primary Group Structures and Their Functions: Kin, Neighbors, and Friends", *American Sociological Review*, 34: 465–481.

前田信彦，1998，「家族のライフサイクルと女性の就業——同居親の有無とその年齢効果」『日本労働研究雑誌』459：25–38頁。

牧野カツコ，1982，「乳幼児を持つ母親の生活と〈育児不安〉」『家庭教育研究所紀要』3：34–56頁。

正岡寛司・望月嵩，1988，『現代家族論』有斐閣。

増田光吉，1960，『鉄筋アパート街の生活をさぐる——西宮市北口団地社会教育実態調査の報告』西宮市教育委員会。

松田茂樹，2004，「男性の家事参加——家事参加を規定する要因」渡辺秀樹・稲葉昭英・嶋崎尚子編『現代家族の構造と変容——全国家族調査［NFRJ98］による計量分析』東京大学出版会，175–189頁。

————，2006，「男性の家事参加の変化——NFRJ98, 03を用いた分析」『第2回家族についての全国調査（NFRJ03）第2次報告書 No. 1〈夫婦・世帯・ライフコース〉』日本家族社会学会，全国家族調査委員会。

————，2007，「全国家族調査の質問項目の使用頻度」『家族社会学研究』19（2）：113–120頁。

松田茂樹・鈴木征男，2002，「夫婦の労働時間と家事時間の関係――社会生活基本調査の個票データを用いた夫婦の家事時間の規定要因分析」『家族社会学研究』13（2）：73-84頁。

松田智子，2009，「36　性別役割分業の原型」野々山久也編『論点ハンドブック家族社会学』世界思想社，157-160頁。

――――，2009，「37　夫婦の役割分業の現実」野々山久也編『論点ハンドブック家族社会学』世界思想社，161-164頁。

松川尚子，2006，「高齢化と家族構成の変化――ニュータウンにおける高齢化現象」『都市研究』（5）・（6）：175-189頁。

――――，2009，「質問の測定可能性の検証とその蓄積の重要性――回顧法を用いて家族構成の変化を測定する試みを事例として」『社会と調査』（2）：57-68頁。

松本通晴，1974，「同族の構造と機能」青山道夫編『講座家族6　家族・親族・同族』弘文堂，250-268頁。

――――，1974，「同族結合の解体」青山道夫編『講座家族6　家族・親族・同族』弘文堂，269-281頁。

目黒依子，1980，『女役割――性支配の分析』垣内出版。

三谷鉄夫，1972，「家族間結合関係における非対称性について」『北海道大学文学部紀要』30：3-30頁。

――――，1991，「都市における親子同・別居と親族関係の日本的特質」『家族社会学研究』3：41-49頁。

三谷鉄夫・盛山和夫，1985，「世代間関係における非対称性の問題」『社会学評論』36（3）：335-349頁。

光吉利之，1974，「親族の構造と機能」青山道夫編『講座家族6　家族・親族・同族』弘文堂，231-249頁。

――――，1983，「現代日本の親族変動――一つの試論」喜多野清一編『家族・親族・村落』早稲田大学出版部，303-325頁。

三浦展，1995，『「家族と郊外」の社会学』PHP 研究所。

三浦展，1999，『「家族」と「幸福」の戦後史――郊外の夢と現実』講談社現代新書。

森岡清志・中林一樹編，1994，『変容する高齢者像——大都市高齢者のライフスタイル』東京都立大学出版会。
森岡清美，1967，『家族社会学』有斐閣。
————，1973，『家族周期論』培風館。
————，1993，『現代家族変動論』ミネルヴァ書房。
————，2005，『発展する家族社会学——継承・摂取・創造』有斐閣。
————，1964，「アメリカにおける異居近親関係の研究」『家庭裁判月報』16（1）最高裁判所事務総局，1-57頁。
森岡清美・本間淳・山口田鶴子・高尾敦子，1968，「東京近郊団地家族の生活史と社会参加」『社会科学ジャーナル』7：199-277頁。
森岡清美・望月嵩共，1987，『新しい家族社会学（改訂版）』培風館。
————，1997，『新しい家族社会学（四訂版）』培風館。
森岡清美・山根常男，1976，『家と現代家族』培風館。
永井暁子，2004，「男性の育児参加」渡辺秀樹・稲葉昭英・嶋崎尚子編『現代家族の構造と変容——全国家族調査［NFRJ98］による計量分析』東京大学出版会，190-200頁。
中井美樹・赤池麻由子，2000，「市場参加／社会参加——キャリア・パターンの多様性とその背景」盛山和夫編『日本の階層システム4　ジェンダー・市場・家族』東京大学出版会，111-131頁。
中山洋子・清水新二，1972，「都市の社会関係——informal social relations についての一考察」明治学院大学院『社会学研究』2・3伴刊号。
那須宗一，1974，「老人問題」青山道夫他編『家族問題と社会保障』弘文堂，173-192頁。
日本版総合的社会調査共同研究拠点大阪商業大学 JGSS 研究センター，2012，『日本版 General Social Surveys 基礎集計表・コードブック　JGSS 累積データ2000-2010』。
日本家族社会学会全国家族調査研究会，2000，『家族についての全国調査（NFRJ98）報告書 No. 1』（第一次報告書）日本家族社会学会全国家族調査研究会。
————，2005，『第2回家族についての全国調査（NFRJ03）第一次報告書』日本家族社会学会全国家族調査委員会。

日本家族社会学会全国家族調査委員会，2010，『第3回家族についての全国調査（NFRJ08）第一次報告書』日本家族社会学会全国家族調査委員会。

西岡八郎，2000，「日本における成人子と親との関係」『人口問題研究』56（3）：34-55頁。

野々山久也編，2009『論点ハンドブック家族社会学』世界思想社。

野々山久也・清水浩昭編，2001，『家族社会学の分析視覚——社会学的アプローチの応用と課題』ミネルヴァ書房。

落合恵美子，1989，『近代家族とフェミニズム』勁草書房。

————，2000，『近代家族の曲がり角』角川学芸出版。

大林太良編，1994，『岡正雄論文集　異人その他十二篇』岩波文庫。

大林太良，1996，「社会組織の地域類型」ヨーゼフ・クライナー編『地域性からみた日本——多元的理解のために』新曜社。

大橋薫・清水新二，1972，「都市における親族関係の一考察——川崎市S小学校区の場合」『明治学院論』195（社会学・社会福祉学研究34）。

大橋薫・増田光吉，1966，『家族社会学』川島書店。

大間知篤三，1975，『大間知篤三著作集第1巻——家の伝承』未来社。

大谷信介，1995，『現代都市住民のパーソナル・ネットワーク』ミネルヴァ書房。

————，2012，『マンションの社会学——住宅地図を活用した社会調査の試み』ミネルヴァ書房。

————，2001，「都市ほど近隣関係は希薄なのか？——都市別特徴と居住類型別特徴」金子勇・森岡清志編『都市化とコミュニティの社会学』ミネルヴァ書房，170-191頁。

大月敏雄・住総研編著，2014，『近居——少子高齢社会の住まい・地域再生にどう活かすか』学芸出版社。

Parsons, T., 1949, “The Social Structure of the Family”, Anshen, R.N.（ed.）, *The Family: Its Function and Destiny*, Harper and Row, 173-201.

三田市，1998，『三田市史別編　三田40年のあゆみ』三田市。

笹森秀雄，1955，「都市における社会関係に関する実証的研究」『社会学評論』22：58-83頁。

西神ニュータウン研究会，2005，『阪神大震災と西神ニュータウン』。
盛山和夫，2015，『社会保障が経済を強くする――少子高齢社会の成長戦略』光文社。
――――，2005，「書評セッション『現代家族の構造と変容：データを分析することの意味』」『家族社会学研究』17（1）：10–14頁。
関孝敏，1980，「都市家族の親族関係に関する一考察――近隣，友人との相関において」『現代社会学14』7（2）：3–37頁。
――――，2009，『家族と都市移住』古今書院。
千年よしみ，2010，「母親への支援にみる世代間関係の非対称性」『人口問題研究』66（4）：3–22頁。
Sheldon, J. H., 1948, *The Social Medicine of Old Age: Report of an inquiry in Wolverhampton*, Oxford University Press.
執行嵐，1973，「都市アパート家族の親戚関係」喜多野清一博士古希記念論文集委員会編『村落構造と親族組織』未来社，161–181頁。
島直子・品田知美・田中慶子，2009，「NFRJ（全国家族調査）レポート〈NFRJ の確立〉にむけて3――調査項目の継承と新たな試み」『家族社会学研究』21（1）：118–127頁。
嶋崎尚子，2008，「成人した子とのつながり――親からみた親子関係」藤見純子・西野理子編『現代日本人の家族――NFRJ からみたその姿』有斐閣。
――――，2009，「NFRJ（全国家族調査）レポート〈NFRJ の確立〉にむけて1――NFRJ08の実施にあたって」『家族社会学研究』21（1）：110–113頁。
清水浩昭，1986，『人口と家族の社会学』犀書房。
――――，1992，『高齢化社会と家族構造の地域性』時潮社。
――――，2013，『高齢化社会日本の家族と介護――地域性からの接近』時潮社。
――――，1996，「家族構造の地域性――人口変動との関連で」ヨーゼフ・クライナー編『地域性からみた日本――多元的理解のために』新曜社。
施利平，2006，「世代間関係における非対称性の再考」『NFRJ03第2次報告書』101–120頁。
――――，2008，「戦後日本の親子・親族関係の持続と変化――全国家族調査

（NFRJ-S01）を用いた計量分析による双系化説の検討」『家族社会学研究』20（2）：20–33頁。

杉田陽出・岩井紀子，2003，「JGSSプロジェクト（3）測定尺度と選択肢」『統計』54（12）：49–56頁。

鈴木栄太郎，1969，『鈴木栄太郎著作集Ⅵ　都市社会学原理』未来社。

田渕六郎，1998，「老親・成人子同居の規定要因――子どもの性別構成を中心に」『人口問題研究』54（3）：3-19頁。

――――，2006，「高齢期の親子関係」『季刊家計経済研究』70：19–27頁。

――――，2011，「世代間居住関係の変容と規定要因――NFRJ08・03・98の比較を通じて」田渕六郎・嶋崎尚子編『第3回家族についての全国調査（NFRJ08）第2次報告書2「世代間関係の動態」』日本家族社会学会全国家族調査委員会，1-14頁。

田渕六郎・中里英樹，2004，「老親と成人子との居住関係――同居・隣居・近居・遠居をめぐって」渡辺秀樹・稲葉昭英・嶋崎尚子編『現代家族の構造と変容――全国家族調査［NFRJ98］による計量分析』東京大学出版会，121-147頁。

谷謙二，2011，『フリーGISソフトMANDARAパーフェクトマスター』古今書院。

Townsend, P., 1963, *The Family Life of Old People: an Inquiry in East London*, Penguin Books.（山室周平監訳，1974，『居宅老人の生活と親族網――戦後東ロンドンにおける実証的研究』垣内出版）

上野千鶴子，1990，『家父長制と資本制――マルクス主義フェミニズムの地平』岩波書店。

若林幹夫・三浦展・山田昌弘・小田光雄・内田隆三，2000，『「郊外」と現在社会』青弓社。

渡辺秀樹・稲葉昭英・嶋崎尚子編，2004，『現在家族の構造と変容――全国家族調査［NFRJ98］による計量分析』東京大学出版会。

Wirth, L., 1938, “Urbanism as a Way of Life”, *American Journal of Sociology*, 44: 1-24.

山地英雄，2002，『新しき故郷――千里ニュータウンの40年』NGS。

山根真理，2001，「ジェンダー論的アプローチ」野々山久也・清水浩昭編『家族社会学の分析視覚――社会学的アプローチの応用と課題』ミネルヴァ書房。

山上俊彦，1999，「出産・育児と女子就業との両立可能性について」『季刊社会保障研究』35（1）：52-64頁。

大和礼子，2009，「援助資源としての家族」藤見純子・西野理子編『現代日本人の家族——NFRJ からみたその姿』有斐閣，199-208頁。

————，2017，『オトナ親子の同居・近居・援助——夫婦の個人化と性別分業の間』学文社。

安田三郎，1966，「質問紙のワーディング実験」『社会学評論』17（2）：58-73頁。

安田三郎・原純輔，1984，『社会調査ハンドブック［第3版］』有斐閣。

吉原千賀，2009，「老親と世代間関係」野々山久也編『論点ハンドブック家族社会学』世界思想社，287-290頁。

湯沢雍彦監，1986，『現代社会と家族』建帛社。

資料 「関西ニュータウンの比較調査研究」単純集計表

Q 1．現在，あなたがお住まいのニュータウンは次のどちらですか。

1．須磨（12.2％）　2．西神（11.8％）　3．泉北（20.0％）
4．千里（15.5％）　5．トリヴェール和泉（9.0％）
6．平城（10.6％）　7．北摂三田（12.1％）　8．洛西（8.9％）

Q 2．現在，住んでおられる住居は次のどちらですか。

	須磨	西神	泉北	千里	和泉	平城	三田	洛西	全体
持ち家一戸建	42.5	65.5	40.9	21.4	42.7	55.9	60.2	54.1	46.3
購入マンション	31.5	24.9	22.4	19.5	48.0	14.7	29.9	10.8	24.7
賃貸マンション	12.0	1.5	20.3	33.5	6.0	23.7	3.5	6.8	14.9
公営住宅	9.5	1.0	13.0	22.2	0.0	1.1	1.5	21.6	9.5
その他	4.5	7.1	3.3	3.5	3.3	4.5	5.0	6.8	4.6

Q 3．現在の住居に入居されたのはいつですか。生まれてからずっと現在の住居に住まわれている方は，ご家族が入居された年をお答えください。

	須磨	西神	泉北	千里	和泉	平城	三田	洛西	全体
平均年数(年)	17.8	12.1	18.4	20.9	6.2	12.5	9.6	19.2	15.2

現在および入居当時の家族構成について

あなたの家族構成についてお聞きします。それぞれの質問に対し，現在と入居当時の状況をお答え下さい。あなたを含めて一緒に住んでいる方を，次の中からあてはまる番号すべてに○をつけてください。

○をつけた方の年齢は，必ずご記入ください。(不足する場合は，欄外にご記入ください。)

	現在	入居当時
Q 4．一緒にお住まいになっているのはあなたを含めて何人ですか。	（　3.15　）人	（　3.57　）人

<table>
<tr><td>Q 5.
あなたを含めて一緒に住んでいる方を，次の中から<u>あてはまる番号すべてに○</u>をつけてください。
また<u>○をつけた方の年齢は必ずご記入ください。</u>
(不足する場合は，欄外にご記入ください。)</td><td>1．あなた自身　(　　)歳
2．あなたの配偶者　(　　)歳
3．あなたの父親　(　　)歳
4．あなたの母親　(　　)歳
5．配偶者の父親　(　　)歳
6．配偶者の母親　(　　)歳
7．祖父母　(　　)歳
(　　)歳
8．兄弟／姉妹　(　　)歳
(　　)歳
(　　)歳
9．あなたの子ども
一番目　(　　)歳
二番目　(　　)歳
三番目　(　　)歳
四番目　(　　)歳
10．子どもの配偶者　(　　)歳
11．孫　(　　)歳
12．その他　(　　)歳
あなた自身　(52.5) 歳
あなたの配偶者　(54.4) 歳
あなたの子ども　年長者 (21.4) 歳
年少者 (14.3) 歳
子供の人数　(1.0) 人
60歳以上の家族　(0.7) 人
70歳以上の家族　(0.3) 人</td><td>1．あなた自身　(　　)歳
2．あなたの配偶者　(　　)歳
3．あなたの父親　(　　)歳
4．あなたの母親　(　　)歳
5．配偶者の父親　(　　)歳
6．配偶者の母親　(　　)歳
7．祖父母　(　　)歳
(　　)歳
8．兄弟／姉妹　(　　)歳
(　　)歳
(　　)歳
9．あなたの子ども
一番目　(　　)歳
二番目　(　　)歳
三番目　(　　)歳
四番目　(　　)歳
10．子どもの配偶者　(　　)歳
11．孫　(　　)歳
12．その他　(　　)歳
あなた自身　(37.9) 歳
あなたの配偶者　(40.2) 歳
あなたの子ども　年長者 (11.9) 歳
年少者 (7.8) 歳
子供の人数　(1.3) 人
60歳以上の家族　(0.2) 人
70歳以上の家族　(0.1) 人</td></tr>
<tr><td>*同居状況</td><td>1．「あなたの親」と同居
(11.9%)
2．「配偶者の親」と同居
(2.5%)
3．「あなたの親」と「配偶者の親」と同居
(0.2%)
4．　同居はしていない (85.4%)</td><td>1．「あなたの親」と同居
(14.6%)
2．「配偶者の親」と同居
(3.5%)
3．「あなたの親」と「配偶者の親」と同居
(0.2%)
4．　同居はしていない (81.8%)</td></tr>
<tr><td>*家族形態</td><td>1．単身 (5.2%)
2．夫婦 (27.2%)
3．夫婦と子供 (28.3%)
(未婚の子供の年長者が23歳未満)
4．夫婦と子供 (23.3%)
(未婚の子供の年長者が23歳以上)
5．親夫婦と子夫婦のみ (0.3%)
6．三世代以上 (7.4%)
7．その他 (7.1%)
8．親夫婦と子夫婦
(5) の親夫婦が片方しかいない
(1.1%)</td><td>1．単身 (3.5%)
2．夫婦 (17.7%)
3．夫婦と子供 (57.8%)
(未婚の子供の年長者が23歳未満)
4．夫婦と子供 (6.9%)
(未婚の子供の年長者が23歳以上)
5．親夫婦と子夫婦のみ (0.4%)
6．三世代以上 (8.3%)
7．その他 (4.3%)
8．親夫婦と子夫婦
(5) の親夫婦が片方しかいない
(1.0%)</td></tr>
</table>

＊5，6，11，12歳が一人でもいるかどうか。
1．いる（25.7%）　2．いない（74.3%）
＊現在と入居当時を見比べて，家族構成が一人でも変化しているかどうか。
1．変化している（58.0%）　2．変化していない（42.0%）

Q4．一緒にお住まいになっているのはあなたを含めて何人ですか。

	須磨	西神	泉北	千里	和泉	平城	三田	洛西	全体
現　　在：平均人数(人)	3.1	3.4	2.9	2.8	3.4	3.2	3.5	3.2	3.2
入居当時：平均人数(人)	3.6	3.7	3.5	3.4	3.4	3.6	3.8	3.7	3.6

Q5．あなたを含めて一緒に住んでいる方を，次の中からあてはまる番号すべてに○をつけてください。

〈現　在〉

	須磨	西神	泉北	千里	和泉	平城	三田	洛西	全体
あなた自身（歳）	52.6	51.3	55.4	55.8	45.1	51.8	49.8	54.2	52.5
あなたの配偶者（歳）	55.9	53.5	56.9	58.4	45.5	52.6	51.5	57.4	54.4
年長者（歳）	21.8	21.7	23.6	23.7	17.1	20.3	19.5	23.4	21.4
年少者（歳）	16.7	14.3	14.9	15.8	11.7	14.1	12.9	16.0	14.3
子供の人数（人）	0.8	1.1	0.8	0.7	1.3	1.1	1.2	0.9	1.0
60歳以上（人）	0.8	0.6	0.9	1.0	0.3	0.6	0.5	0.9	0.7
70歳以上（人）	0.3	0.3	0.3	0.5	0.1	0.3	0.3	0.3	0.3

〈入居当時〉

	須磨	西神	泉北	千里	和泉	平城	三田	洛西	全体
あなた自身（歳）	35.3	39.3	37.5	36.0	39.6	39.4	40.5	36.1	37.9
あなたの配偶者（歳）	37.5	42.6	39.7	39.0	40.9	41.0	42.2	39.7	40.2
年長者（歳）	10.6	12.9	10.8	10.2	14.1	13.0	13.3	11.7	11.9
年少者（歳）	8.6	8.6	7.2	6.8	9.2	8.2	7.1	7.6	7.8
子供の人数（人）	1.3	1.3	1.3	1.1	1.2	1.3	1.3	1.2	1.3
60歳以上（人）	0.2	0.2	0.2	0.2	0.2	0.2	0.4	0.2	0.2
70歳以上（人）	0.1	0.1	0.1	0.1	0.1	0.1	0.1	0.1	0.1

＊　同居状況（あなたが親と同居しているかどうか）

〈現　在〉

	須磨	西神	泉北	千里	和泉	平城	三田	洛西	全体
「あなたの親」と同居	17.0	15.0	7.6	10.7	10.7	10.4	12.6	14.7	11.9
「配偶者の親」と同居	0.5	4.1	1.8	3.6	2.0	1.7	3.0	3.5	2.5

「あなたの親」と「配偶者の親」と同居	0.0	0.0	0.0	0.4	0.7	0.0	0.0	0.7	0.2
同居はしていない	82.5	80.8	90.5	85.4	86.7	87.9	84.4	81.1	85.4

〈入居当時〉

	須磨	西神	泉北	千里	和泉	平城	三田	洛西	全体
「あなたの親」と同居	19.0	15.4	10.2	16.6	12.7	12.3	16.8	15.6	14.6
「配偶者の親」と同居	2.1	2.7	2.9	5.5	3.3	2.3	3.6	5.9	3.5
「あなたの親」と「配偶者の親」と同居	0.0	0.0	0.3	0.0	0.7	0.0	0.0	0.7	0.2
同居はしていない	78.8	81.9	86.7	77.9	83.3	85.4	79.6	77.8	81.8

＊　家族形態

〈現　在〉

	須磨	西神	泉北	千里	和泉	平城	三田	洛西	全体
単　身	3.1	2.6	5.5	10.7	6.0	4.1	2.0	6.3	5.2
夫　婦	30.4	24.0	34.4	31.6	15.3	22.2	20.2	31.3	27.2
夫婦と子供（子23未満）	23.2	34.4	19.3	15.4	47.3	38.0	41.4	20.8	28.3
夫婦と子供（子23以上）	29.4	21.4	27.0	19.4	16.0	25.1	18.7	28.5	23.3
親夫婦と子夫婦のみ	0.0	0.0	0.6	1.2	0.0	0.0	0.0	0.0	0.3
三世代以上	4.6	8.3	4.6	9.5	11.3	6.4	9.6	6.9	7.4
その他	7.2	8.3	7.4	12.3	4.0	2.9	6.6	4.2	7.1
夫婦と片親	2.1	1.0	1.2	0.0	0.0	1.2	1.5	2.1	1.1

〈入居当時〉

	須磨	西神	泉北	千里	和泉	平城	三田	洛西	全体
単　身	3.2	1.1	2.9	6.4	6.7	3.5	2.1	2.2	3.5
夫　婦	12.9	15.0	20.4	20.1	18.1	20.0	15.4	18.2	17.7
夫婦と子供（子23未満）	65.6	65.8	60.5	49.1	47.7	60.0	53.8	59.1	57.8
夫婦と子供（子23以上）	5.4	8.0	5.4	5.1	10.7	5.3	10.3	7.3	6.9
親夫婦と子夫婦のみ	0.5	0.0	0.0	0.9	0.7	0.0	1.0	0.0	0.4
三世代以上	5.9	4.8	5.4	9.0	12.8	8.8	13.3	8.8	8.3
その他	4.8	3.7	5.1	7.7	3.4	0.6	3.1	4.4	4.3
夫婦と片親	1.6	1.6	0.3	1.7	0.0	1.8	1.0	0.0	1.0

＊　入居当時，家族の中に5，6，11，12歳が一人でもいたかどうか。

	須磨	西神	泉北	千里	和泉	平城	三田	洛西	全体
い　る	23.8	26.5	25.7	24.5	17.4	31.8	26.8	28.7	25.7
いない	76.2	73.5	74.3	75.5	82.6	68.2	73.2	71.3	74.3

＊　家族形態が入居当時と比べて一人でも変化しているか。

	須磨	西神	泉北	千里	和泉	平城	三田	洛西	全体
変化している	68.2	51.1	64.2	66.0	34.9	52.0	46.2	73.6	58.0

変化していない	31.8	48.9	35.8	34.0	65.1	48.0	53.8	26.4	42.0

SQ 1．入居当時，あなたおよび配偶者のご両親と同居していなかった方にお聞きします。入居当時，あなたおよび配偶者のご両親はどちらにお住まいでしたか。

① あなたの親　1．近畿圏内　鉄道会社名（　　　）（　　　）駅
　　　　　　　2．近畿圏外　（　　　）都道府県

② 配偶者の親　1．近畿圏内　鉄道会社名（　　　）（　　　）駅
　　　　　　　2．近畿圏外　（　　　）都道府県

あなたおよび配偶者の職業について

あなたの職業についてお聞きします。配偶者がいらっしゃる方は，配偶者の職業についてもお聞かせください。現在と入居当時の状況についてあてはまる番号にそれぞれ○をつけてください。入居当時，まだ生まれていなかった方や就学前だった方は「現在」の欄のみご記入ください。

	現在	入居当時
Q 6． あなたおよび配偶者の職業は次のどちらですか。	【あなた】 1．自　営 (6.9%) 2．勤　め (36.2%) 3．パート・アルバイト (11.2%) 4．専業主婦 (21.9%) 5．学　生 (2.7%) 6．無　職 (19.6%) 7．その他（　　） (1.5%)	【あなた】 1．自　営 (5.5%) 2．勤　め (47.7%) 3．パート・アルバイト (5.2%) 4．専業主婦 (25.5%) 5．学　生 (6.3%) 6．無　職 (7.7%) 7．その他（　　） (2.2%)
	【配偶者】 1．自　営 (6.6%) 2．勤　め (29.0%) 3．パート・アルバイト (9.6%) 4．専業主婦 (17.9%) 5．学　生 (0.1%) 6．無　職 (17.9%) 7．その他（　　） (1.0%) 8．配偶者はいない (17.9%)	【配偶者】 1．自　営 (6.6%) 2．勤　め (42.6%) 3．パート・アルバイト (6.0%) 4．専業主婦 (21.0%) 5．学　生 (0.3%) 6．無　職 (10.4%) 7．その他（　　） (0.5%) 8．配偶者はいなかった (12.7%)

〈あなたの職業（現在）〉

	須磨	西神	泉北	千里	和泉	平城	三田	洛西	全体
自　営	4.5	5.2	10.4	4.7	6.1	6.2	5.5	12.2	6.9

勤　め	34.3	40.2	32.2	28.1	44.6	39.0	43.0	35.4	36.2
パート・アルバイト	11.6	11.9	12.6	13.7	13.5	5.6	12.0	5.4	11.2
専業主婦	20.7	20.6	21.2	23.8	27.0	22.0	22.5	17.7	21.9
学　生	4.5	3.6	0.9	2.0	1.4	4.0	3.0	3.4	2.7
無　職	22.2	16.0	21.5	25.4	6.8	21.5	14.0	24.5	19.6
その他	2.0	2.6	1.2	2.3	0.7	1.7	0.0	1.4	1.5

〈配偶者の職業（現在)〉

	須磨	西神	泉北	千里	和泉	平城	三田	洛西	全体
自　営	5.1	4.2	9.0	8.5	6.2	6.3	3.0	9.0	6.6
勤　め	23.0	36.5	26.9	19.0	43.2	32.2	35.7	21.5	29.0
パート・アルバイト	7.7	8.3	10.8	7.7	7.5	11.5	12.6	9.7	9.6
専業主婦	18.4	17.2	17.3	17.4	17.8	20.7	19.6	15.3	17.9
学　生	0.0	0.0	0.3	0.0	0.0	0.0	0.0	0.0	0.1
無　職	23.0	14.1	20.4	21.5	8.9	16.1	14.6	20.1	17.9
その他	2.6	1.0	0.6	1.2	0.7	0.0	0.5	2.1	1.0
配偶者はいなかった	20.4	18.8	14.8	24.7	15.8	13.2	14.1	22.2	17.9

〈あなたの職業（入居時)〉

	須磨	西神	泉北	千里	和泉	平城	三田	洛西	全体
自　営	4.0	2.0	6.9	6.9	4.8	6.9	4.5	7.3	5.5
勤　め	51.0	48.5	50.8	40.1	49.3	47.4	47.5	46.7	47.7
パート・アルバイト	4.0	4.1	5.9	7.7	6.8	4.0	5.6	1.5	5.2
専業主婦	22.2	25.0	24.6	26.3	29.5	22.9	28.8	25.5	25.5
学　生	6.1	8.7	3.7	9.3	4.1	5.7	5.6	8.0	6.3
無　職	8.1	8.7	6.5	7.7	4.1	11.4	8.1	7.3	7.7
その他	4.5	3.1	1.6	2.0	1.4	1.7	0.0	3.6	2.2

〈配偶者の職業（入居時)〉

	須磨	西神	泉北	千里	和泉	平城	三田	洛西	全体
自　営	5.3	2.7	8.9	11.3	4.8	6.0	3.1	8.0	6.6
勤　め	43.1	41.5	41.6	40.9	50.0	41.9	44.6	38.4	42.6
パート・アルバイト	4.3	3.8	3.8	5.7	7.5	9.6	8.8	7.2	6.0
専業主婦	21.3	24.0	23.5	15.2	15.8	23.4	22.8	20.3	21.0
学　生	0.0	0.0	0.3	0.9	0.0	0.0	0.0	0.7	0.3
無　職	9.0	13.7	12.1	8.7	6.2	9.0	11.4	11.6	10.4
その他	0.5	1.1	0.3	0.4	0.0	0.0	0.0	2.2	0.5
配偶者はいなかった	16.5	13.1	9.5	17.0	15.8	10.2	9.3	11.6	12.7

Q7. あなたおよび配偶者の職業は，入居当時の職業と同じですか。

〈あなた〉

	須磨	西神	泉北	千里	和泉	平城	三田	洛西	全体
同じである	57.2	62.5	53.8	47.2	75.3	66.5	68.2	52.7	59.2
異なっている	39.2	35.4	44.0	48.0	23.3	30.6	29.7	38.4	37.5
入居時は生まれていないまたは就学前	3.6	2.1	2.2	4.9	1.4	2.9	2.1	8.9	3.3

〈配偶者〉

	須磨	西神	泉北	千里	和泉	平城	三田	洛西	全体
同じである	53.3	73.0	57.4	54.5	77.0	66.7	71.0	51.4	62.5
異なっている	46.7	27.0	42.6	45.5	23.0	33.3	29.0	48.6	37.5
入居時は生まれていないまたは就学前	0.0	0.0	0.0	0.0	0.0	0.0	0.0	0.0	0.0

SQ 1．**Q 7**で「2．異なっている」と答えた方にお聞きします。どのように変化されましたか。

〈あなた〉

	須磨	西神	泉北	千里	和泉	平城	三田	洛西	全体
転職した	13.6	15.6	16.8	17.3	18.2	22.0	16.4	14.5	16.7
定年退職して現在は無職	39.4	20.3	26.4	33.6	9.1	32.0	23.6	29.1	28.1
定年退職後も働いている	6.1	7.8	8.8	7.3	3.0	6.0	7.3	9.1	7.3
新たに働き出した	19.7	37.5	28.0	21.8	48.5	18.0	40.0	25.5	28.1
その他	21.2	18.8	20.0	20.0	21.2	22.0	12.7	21.8	19.7

〈配偶者〉

	須磨	西神	泉北	千里	和泉	平城	三田	洛西	全体
転職した	21.5	22.0	19.6	14.5	28.0	20.0	27.3	16.0	20.2
定年退職して現在は無職	33.8	14.6	25.9	34.8	12.0	31.1	11.4	32.0	26.4
定年退職後も働いている	12.3	17.1	6.3	7.2	12.0	4.4	11.4	10.0	9.3
新たに働き出した	15.4	39.0	24.1	15.9	12.0	28.9	38.6	28.0	24.6
その他	16.9	7.3	24.1	27.5	36.0	15.6	11.4	14.0	19.5

Q 8．**Q 6**で，入居当時の職業を「1．自営」「2．勤め」と答えた方にお聞きします。あなたが働いていなかった場合には，配偶者のことについてお答えください。

① 入居当時のあなた（または配偶者）の職場はどちらにありましたか。

① あなた 1．近畿圏内 鉄道会社名（ ）（ ）駅
2．近畿圏外 （ ）都道府県

② 配偶者 1．近畿圏内 鉄道会社名（ ）（ ）駅
2．近畿圏外 （ ）都道府県

② 入居当時，あなたまたは配偶者には転居をともなう転勤の可能性がありましたか。

	須磨	西神	泉北	千里	和泉	平城	三田	洛西	全体
あった	20.8	21.9	23.5	22.1	18.9	30.8	28.5	14.5	23.0
なかった	79.2	78.1	76.5	77.9	81.1	69.2	71.5	85.5	77.0

③ 入居当時，職場からの退社時間はしいていえば次のどちらでしたか。

1．どちらかといえば定時に帰れる方だった

2．どちらかといえば遅い方だった（残業が多かった等）

	須磨	西神	泉北	千里	和泉	平城	三田	洛西	全体
定時に帰れる方	43.4	35.4	43.0	40.4	36.5	40.7	33.5	51.9	40.5
遅い方	56.6	64.6	57.0	59.6	63.5	59.3	66.5	48.1	59.5

現在のあなたまたは配偶者の通勤状況について（パート・アルバイトは除く）

あなた自身が通勤をされていない場合は，あなたの配偶者の通勤状況についてお答えください。

Q 9．あなた（または配偶者）は通勤に電車を利用していますか。

	須磨	西神	泉北	千里	和泉	平城	三田	洛西	全体
利用している	37.5	47.0	35.0	38.8	48.3	41.9	50.5	18.2	39.7
利用していない	26.1	28.6	35.7	22.8	39.2	31.1	30.2	48.9	32.0
どちらも通勤していない	36.4	24.3	29.3	38.4	12.6	26.9	19.3	32.8	28.2

SQ 1．「2．利用していない」とお答えの方にお聞きします。通勤の際に主に利用している交通手段は何ですか。

	須磨	西神	泉北	千里	和泉	平城	三田	洛西	全体
徒　歩	4.3	8.2	1.9	3.9	1.8	8.0	10.3	3.1	4.8
自転車	2.1	8.2	2.9	11.8	5.3	4.0	1.7	1.6	4.4
バイク・原付	8.5	4.1	6.7	7.8	3.5	2.0	1.7	25.0	7.7
バ　ス	4.3	4.1	1.9	2.0	5.3	0.0	5.2	4.7	3.3
自動車（自分で運転）	74.5	73.5	80.0	68.6	80.7	82.0	77.6	64.1	75.5
自動車（送迎してもらう）	0.0	0.0	4.8	2.0	1.8	2.0	0.0	0.0	1.7
その他	6.4	2.0	1.9	3.9	1.8	2.0	3.4	1.6	2.7

Q10.

① 現在，通勤の際に実際に使っている乗車駅はどちらですか。**Q 9**で「2．利用していない」「3．どちらも通勤していない」と答えた方は普段よく使っている鉄道の乗車駅をお答えください。

鉄道会社名（　　　　　　　　）（　　　　　　　　）駅

② その駅はあなたの家から徒歩圏内ですか。徒歩圏内の場合は徒歩での所要時間をお答えください。

	須磨	西神	泉北	千里	和泉	平城	三田	洛西	全体
徒歩圏内	82.3	75.2	78.9	89.7	96.9	79.5	35.3	7.5	71.2
徒歩圏外	17.7	24.8	21.1	10.3	3.1	20.5	64.7	92.5	28.8

	須磨	西神	泉北	千里	和泉	平城	三田	洛西	全体
平均時間（分）	14.3	12.8	12.6	9.9	10.2	13.1	11.4	12.9	12.0

③ その駅までは，日頃どのような交通手段を主に使われていますか。

	須磨	西神	泉北	千里	和泉	平城	三田	洛西	全体
徒　歩	54.8	48.2	56.6	78.6	77.0	59.6	24.2	4.7	52.7
自転車	5.2	14.6	8.3	2.8	9.8	3.8	5.3	1.2	6.8
バイク・原付	2.6	1.5	4.9	1.4	0.8	2.9	6.8	5.8	3.3
バ　ス	28.7	21.9	20.0	11.0	7.4	26.9	42.4	80.2	27.0
自動車（自分で運転）	4.3	5.8	2.4	3.4	1.6	1.0	6.8	3.5	3.6
自動車（送迎してもらう）	3.5	6.6	7.8	2.8	3.3	5.8	14.4	3.5	6.2
その他	0.9	1.5	0.0	0.0	0.0	0.0	0.0	1.2	0.4

Q11. 通勤の際に実際に使っている降車駅はどちらですか。通勤に電車を利用されていない方は，勤務先の最寄駅をお答えください。あなた・配偶者とも通勤されていない方は，**Q13**にお進みください。

① あなた　1．近畿圏内　鉄道会社名（　　　　）（　　　　）駅
　　　　　2．近畿圏外　（　　　　　）都道府県

② 配偶者　1．近畿圏内　鉄道会社名（　　　　）（　　　　）駅
　　　　　2．近畿圏外　（　　　　　）都道府県

Q12．通勤時間：自宅を出発してから勤務先に到着するまでの総所要時間は何分ですか。

	須磨	西神	泉北	千里	和泉	平城	三田	洛西	全体
平均時間（分）	49.4	61.4	54.9	48.6	54.7	55.2	63.9	39.1	54.3

前住居について

現在の住居に入居される直前のことについてお聞きします。

Q13．あなたは，どちらから転居されてきましたか。

	須磨	西神	泉北	千里	和泉	平城	三田	洛西	全体
同じ NT からの転居	30.4	10.0	30.4	16.9	10.3	19.0	12.0	15.8	19.3
同じ NT 以外からの転居	69.6	89.5	68.3	81.4	89.7	81.0	88.0	79.9	79.7
転居はしていない	0.0	0.5	1.3	1.7	0.0	0.0	0.0	4.3	0.9

SQ 1．**Q13**で「1．同じニュータウンからの転居」と答えた方にお聞きします。現在の住居に移り住んだ直前の居住形態は次のどちらですか。

	須磨	西神	泉北	千里	和泉	平城	三田	洛西	全体
持ち家一戸建	17.5	30.4	17.9	8.2	27.8	21.6	20.8	11.5	17.9
購入マンション	19.0	26.1	9.4	16.3	27.8	2.7	29.2	7.7	14.7
賃貸マンション	25.4	8.7	30.2	49.0	44.4	62.2	20.8	38.5	34.7
公営住宅	30.2	4.3	24.5	20.4	0.0	5.4	4.2	11.5	17.9
その他	7.9	30.4	17.9	6.1	0.0	8.1	25.0	30.8	14.7

Q14．現在のニュータウンに移り住んだ直前の住居についてお聞きします。**Q13**で「1．同じニュータウンからの転居」と答えた方は，ニュータウンに移り住む以前の住居のことについてお答えください。

① 前住居の最寄駅はどちらでしたか。近畿圏内にお住まいだった場合は，鉄道の最寄駅をお答えください。近畿圏外の場合は，都道府県名をお答えください。

1．近畿圏内　　鉄道会社名（　　　　）（　　　　）駅

2．近畿圏外　　（　　　　　）都道府県

② その居住形態は次のどちらですか。

	須磨	西神	泉北	千里	和泉	平城	三田	洛西	全体
持ち家一戸建	20.1	33.1	26.0	19.3	28.7	24.8	22.8	35.0	25.8
購入マンション	10.4	15.4	5.4	8.1	16.9	11.2	22.2	6.7	11.7

賃貸マンション	24.0	20.0	29.8	33.0	24.3	24.8	24.0	20.8	25.7
公営住宅	7.8	7.4	9.3	4.6	8.8	5.0	5.3	3.3	6.6
その他	37.7	24.0	29.5	35.0	21.3	34.2	25.7	34.2	30.2

Q15. あなたは現在の住居をどのように選定されましたか。

	須磨	西神	泉北	千里	和泉	平城	三田	洛西	全体
自分や家族の考えで住居を選定した	85.9	85.1	90.6	81.1	91.8	91.2	89.6	81.0	87.1
現在の住居の選定にはかかわっていない	14.1	14.9	9.4	18.9	8.2	8.8	10.4	19.0	12.9

Q16. あなたは，現在の住居を選定するにあたって，次の①～⑩の要因をどの程度考慮されましたか。それぞれについてあてはまる番号に○をつけてください。

	考慮した	考慮せず
①実家との距離	36.5	63.5
②通勤の便がよいこと	78.6	21.4
③公共交通機関（駅・バス停留所など）までの近さ	83.3	16.7
④都心（梅田・難波・三宮・河原町など）までの利便性	60.5	39.5
⑤公共的サービス（保育所・福祉サービス・図書館など）の充実	51.2	48.8
⑥商業施設（スーパー・専門店など）の充実	75.0	25.0
⑦医療施設の充実	67.1	32.9
⑧子供の教育環境（学区・校区など）がよいこと	66.7	33.3
⑨地域環境（町並み・緑・静けさなど）がよいこと	90.7	9.3
⑩その地域のイメージ・ブランドがよいこと	66.2	33.8

		須磨	西神	泉北	千里	和泉	平城	三田	洛西	全体
①実家との距離	考慮した	38.3	37.3	39.1	31.0	43.7	38.2	33.3	30.2	36.5
	考慮していない	61.7	62.7	60.9	69.0	56.3	61.8	66.7	69.8	63.5
②通勤の便	考慮した	80.0	81.0	72.1	87.6	80.6	83.1	78.2	66.7	78.6
	考慮していない	20.0	19.0	27.9	12.4	19.4	16.9	21.8	33.3	21.4
③公共交通機関近さ	考慮した	78.8	90.1	79.3	88.2	93.1	85.5	79.3	73.5	83.3
	考慮していない	21.2	9.9	20.7	11.8	6.9	14.5	20.7	26.5	16.7
④都心までの利便性	考慮した	59.2	65.8	53.1	77.8	53.8	59.2	58.7	56.0	60.5
	考慮していない	40.8	34.2	46.9	22.2	46.2	40.8	41.3	44.0	39.5
⑤公共的サービス	考慮した	51.9	62.2	46.1	52.5	50.4	52.0	43.9	56.0	51.2
	考慮していない	48.1	37.8	53.9	47.5	49.6	48.0	56.1	44.0	48.8
⑥商業施設	考慮した	76.3	86.2	72.5	69.4	74.6	72.5	76.7	74.1	75.0
	考慮していない	23.7	13.8	27.5	30.6	25.4	27.5	23.3	25.9	25.0
⑦医療施設	考慮した	63.9	79.0	68.6	67.7	50.8	63.6	66.5	75.5	67.1
	考慮していない	36.1	21.0	31.4	32.3	49.2	36.4	33.5	24.5	32.9

⑧教育環境	考慮した 考慮していない	62.8 37.2	69.5 30.5	64.9 35.1	65.7 34.3	62.8 37.2	70.7 29.3	66.5 33.5	74.1 25.9	66.7 33.3
⑨地域環境	考慮した 考慮していない	84.1 15.9	92.5 7.5	88.7 11.3	90.6 9.4	91.7 8.3	92.2 7.8	94.9 5.1	93.0 7.0	90.7 9.3
⑩地域のイメージ・ブランド	考慮した 考慮していない	53.5 46.5	72.6 27.4	57.8 42.2	68.0 32.0	73.5 26.5	67.1 32.9	72.1 27.9	72.8 27.2	66.2 33.8

Q17．上記の①～⑩の要因の中で，住居選定に際して最も重要であったものと，２番目に重要であったものを選び番号をご記入ください。

	１番目	２番目
①実家との距離	7.0	4.0
②通勤の便がよいこと	20.6	10.7
③公共交通機関（駅・バス停留所など）までの近さ	16.0	16.4
④都心（梅田・難波・三宮・河原町など）までの利便性	2.2	4.8
⑤公共的サービス（保育所・福祉サービス・図書館など）の充実	0.7	2.2
⑥商業施設（スーパー・専門店など）の充実	2.5	11.2
⑦医療施設の充実	2.1	4.8
⑧子供の教育環境（学区・校区など）がよいこと	14.4	13.8
⑨地域環境（町並み・緑・静けさなど）がよいこと	32.5	26.5
⑩その地域のイメージ・ブランドがよいこと	1.8	5.5

〈最も重要であったもの〉

	須磨	西神	泉北	千里	和泉	平城	三田	洛西	全体
①実家との距離	5.7	7.8	10.4	8.4	6.0	6.4	2.3	6.7	7.0
②通勤の便	28.5	14.5	19.6	28.4	18.8	18.6	18.9	16.0	20.6
③公共交通機関近さ	19.6	22.3	15.0	18.4	24.8	14.1	9.1	4.2	16.0
④都心利便性	5.1	1.2	1.1	3.7	0.8	1.9	2.9	0.8	2.2
⑤公共的サービス	0.6	1.2	0.4	0.5	0.0	1.3	0.0	2.5	0.7
⑥商業施設	2.5	1.8	2.5	0.5	0.8	1.3	6.9	4.2	2.5
⑦医療施設	1.3	3.0	3.2	3.7	0.0	0.6	2.3	0.8	2.1
⑧教育環境	13.3	18.7	12.9	8.9	11.3	19.9	16.0	16.0	14.4
⑨地域環境	22.2	28.9	33.2	24.7	36.1	34.6	40.6	43.7	32.5
⑩イメージ・ブランド	1.3	0.6	1.8	2.6	1.5	1.3	1.1	5.0	1.8

〈２番目に重要であったもの〉

	須磨	西神	泉北	千里	和泉	平城	三田	洛西	全体
①実家との距離	1.9	3.0	4.4	3.7	7.6	4.5	2.3	5.9	4.0
②通勤の便	8.3	8.5	12.9	10.6	10.6	13.5	10.3	8.5	10.7
③公共交通機関近さ	17.9	22.4	12.9	19.1	22.0	14.2	13.1	11.0	16.4
④都心利便性	5.8	3.0	3.7	9.6	3.0	2.6	5.7	5.1	4.8
⑤公共的サービス	1.9	1.2	2.6	2.7	0.8	1.9	2.9	3.4	2.2

⑥商業施設	21.8	16.4	9.6	6.9	7.6	5.2	15.4	5.9	11.2
⑦医療施設	6.4	4.8	7.7	2.1	0.0	5.2	5.7	4.2	4.8
⑧教育環境	11.5	10.3	16.5	12.8	14.4	14.8	10.3	20.3	13.8
⑨地域環境	23.1	24.2	25.0	28.7	27.3	31.6	25.7	28.0	26.5
⑩イメージ・ブランド	1.3	6.1	4.8	3.7	6.8	6.5	8.6	7.6	5.5

Q18. あなたは現在の住居に移り住んできた際，地域の行事や活動に対して，しいていえば次のどちらの考えに近かったですか。

	須磨	西神	泉北	千里	和泉	平城	三田	洛西	全体
積極的にかかわっていきたいと思っていた	44.4	35.4	44.9	42.3	43.9	45.8	48.0	51.7	44.4
できる限りかかわりたくないと思っていた	55.6	64.6	55.1	57.7	56.1	54.2	52.0	48.3	55.6

Q19. あなたは現在の住居に移り住んできた際，この住居に一生住み続けようと思っていましたか。

	須磨	西神	泉北	千里	和泉	平城	三田	洛西	全体
そう思っていた	58.1	66.9	55.3	55.5	60.3	52.6	62.2	63.2	58.7
そう思っていなかった	41.9	33.1	44.7	44.5	39.7	47.4	37.8	36.8	41.3

Q20. 住居の購入または借りるにあたって抽選はありましたか。あった場合には，その倍率をお答えください。

	須磨	西神	泉北	千里	和泉	平城	三田	洛西	全体
あった	45.8	72.7	61.6	62.8	45.6	33.8	59.2	77.2	57.6
なかった	54.2	27.3	38.4	37.2	54.4	66.2	40.8	22.8	42.4

	須磨	西神	泉北	千里	和泉	平城	三田	洛西	全体
平均倍率（倍）	12.3	28.2	17.7	17.0	18.3	16.8	20.7	7.7	18.3

Q21. あなたが現在の住居を決定された際に，他の有力な候補はありましたか。

	須磨	西神	泉北	千里	和泉	平城	三田	洛西	全体
あった	25.8	28.0	25.3	28.7	27.9	24.5	36.1	16.4	27.0
なかった	74.2	72.0	74.7	71.3	72.1	75.5	63.9	83.6	73.0

SQ 1．Q21で「1．あった」と答えた方にお聞きします。

① 最も有力だった住居の最寄駅はどちらでしたか。

1．近畿圏内　　鉄道会社名（　　　　　）（　　　　　）駅

2．近畿圏外　　（　　　　　　）都道府県

② その居住形態は次のどちらでしたか。

	須磨	西神	泉北	千里	和泉	平城	三田	洛西	全体
持ち家一戸建	55.3	68.9	46.6	25.4	41.7	59.0	64.1	60.0	51.4
購入マンション	27.7	26.7	19.2	27.1	47.2	10.3	29.7	15.0	25.6
賃貸マンション	12.8	2.2	11.0	23.7	8.3	28.2	1.6	15.0	12.3
公営住宅	0.0	0.0	13.7	23.7	0.0	0.0	0.0	10.0	6.8
その他	4.3	2.2	9.6	0.0	2.8	2.6	4.7	0.0	3.9

親戚づきあいについて

あなたの〈親戚づきあい〉についてお聞きします。

Q22．あなたおよびあなたの配偶者の親族（祖父母・親・子供・兄弟／姉妹の範囲）のなかで，最も頻繁に行き来している方はどなたですか。次の選択肢の中からひとつだけお選びください。

	須磨	西神	泉北	千里	和泉	平城	三田	洛西	全体
親	37.1	46.8	39.9	34.1	63.8	47.2	52.0	34.8	43.6
子ども	22.0	14.5	25.2	27.9	8.5	16.1	18.9	24.4	20.5
祖父母	6.5	7.5	3.1	2.7	4.3	5.0	5.1	3.7	4.6
兄弟姉妹	28.5	25.3	24.8	30.5	18.4	27.3	18.4	29.6	25.4
いない	5.9	5.9	7.0	4.9	5.0	4.3	5.6	7.4	5.8

SQ 1．その親族はどちらにお住まいですか。近畿圏内にお住まいの場合は，鉄道の最寄駅をお答えください。近畿圏外の場合は，都道府県名をお答えください。

1．近畿圏内　　鉄道会社名（　　　　　）（　　　　　）駅

2．近畿圏外　　（　　　　　　）都道府県

SQ 2．そのお住まいまでどのような交通手段を主に利用されますか。

	須磨	西神	泉北	千里	和泉	平城	三田	洛西	全体
徒　歩	16.0	9.3	8.6	11.8	4.7	3.8	4.7	7.5	8.6
自転車	1.8	0.6	1.1	3.3	3.9	1.9	1.2	1.7	1.9

バイク・原付	3.6	0.0	1.1	0.9	0.0	1.9	0.0	2.5	1.2
バ　ス	3.0	3.1	3.0	7.6	0.8	2.5	1.2	9.2	3.7
自動車	44.4	64.8	61.8	37.4	70.5	61.1	72.7	61.7	58.4
電　車	26.6	17.9	20.6	33.2	17.1	22.9	16.3	15.0	21.8
その他	4.7	4.3	3.7	5.7	3.1	5.7	4.1	2.5	4.3

SQ 3. あなたの自宅を出発してからその親族のお宅に到着するまでの総所要時間はどのくらいですか。

	須磨	西神	泉北	千里	和泉	平城	三田	洛西	全体
平均時間（分）	74.5	76.0	83.6	79.7	59.5	82.4	96.8	89.8	80.9

Q23. 今年（2004年）のお正月，あなたはどちらにいましたか。

	須磨	西神	泉北	千里	和泉	平城	三田	洛西	全体
現在の住居	86.4	80.4	82.4	83.2	75.3	79.4	78.9	86.2	81.7
両親の家	6.5	11.9	8.2	7.6	15.1	14.3	14.1	9.7	10.4
その他	7.0	7.7	9.4	9.2	9.6	6.3	7.0	4.1	7.8

隣人づきあいについて

Q24. あなたの〈隣人づきあい〉についてお聞きします。お宅の両隣（または向かい）の家を思い浮かべてください。そのなかで，あなたが最も親しくなさっている人を一人想定してください。その人とのつきあい状況についてお聞きします。

① その人の家族構成を知っていますか。

1．知っている（86.2）　2．知らない（13.8）

② 世帯主の職業を知っていますか。

1．知っている（67.1）　2．知らない（32.9）

③ その人と先月一ヶ月の間に一緒に出かけたり，買い物・食事等に行ったことがありますか。

1．はい（13.6）　2．いいえ（86.4）

④ その人におすそわけ（土産を含む）をしたりもらったりしたことがありますか。

1．はい（75.6）　2．いいえ（24.4）

⑤ その人の家に遊びに行ったり（来たり）したことがありますか。

1．はい（35.8）　　2．いいえ（64.2）

⑥　その人とは家族ぐるみのつきあいをしていますか。

1．はい（26.0）　　2．いいえ（74.0）

⑦　その人に頼み事（留守中の事など）をしたことがありますか。

1．はい（48.4）　　2．いいえ（51.6）

		須磨	西神	泉北	千里	和泉	平城	三田	洛西	全体
①家族構成を知っている	知っている	86.2	90.1	85.2	85.7	82.6	83.5	84.6	93.1	86.2
	知らない	13.8	9.9	14.8	14.3	17.4	16.5	15.4	6.9	13.8
②世帯主の職業を知っている	知っている	68.1	75.5	68.4	61.6	53.7	65.7	65.7	78.3	67.1
	知らない	31.9	24.5	31.6	38.4	46.3	34.3	34.3	21.7	32.9
③買い物・食事に行ったことがある	はい	12.4	14.6	17.6	15.5	8.7	10.7	11.4	13.2	13.6
	いいえ	87.6	85.4	82.4	84.5	91.3	89.3	88.6	86.8	86.4
④おすそわけ等をしたことがある	はい	74.5	79.3	77.3	76.3	69.1	71.8	73.1	81.3	75.6
	いいえ	25.5	20.7	22.7	23.7	30.9	28.2	26.9	18.8	24.4
⑤家に遊びに行ったことがある	はい	37.9	32.6	41.3	33.3	31.3	28.9	35.3	42.6	35.8
	いいえ	62.1	67.4	58.8	66.7	68.7	71.1	64.7	57.4	64.2
⑥家族ぐるみの付き合いがある	はい	24.2	27.4	29.7	26.3	19.7	18.3	26.4	32.1	26.0
	いいえ	75.8	72.6	70.3	73.7	80.3	81.7	73.6	67.9	74.0
⑦頼み事をしたことがある	はい	45.8	51.8	49.4	51.2	34.7	44.5	42.5	67.1	48.4
	いいえ	54.2	48.2	50.6	48.8	65.3	55.5	57.5	32.9	51.6

ご近所づきあいについて

Q25．あなたの〈ご近所づきあい〉についてお聞きします。今度は近所の人を小学校区内に居住している人とお考えいただき，該当する近所の人の人数をお答えください。

①　先月一ヶ月の間に一緒に出かけたり，買い物・食事等に行ったことがある近所の人は何人いますか　（1.3）人

②　これまでにおすそわけをしたり，もらったりしたことのある近所の人は何人いますか　（3.4）人

③　家に遊びに行ったり，来たりしたことのある近所の人は何人いますか　（2.3）人

	須磨	西神	泉北	千里	和泉	平城	三田	洛西	全体
①一緒に出かけた（人）	1.0	1.3	1.6	1.1	0.9	1.2	1.5	1.4	1.3
②おすそわけ等をした(人)	2.9	3.9	3.5	3.1	3.1	3.3	3.7	3.8	3.4
③遊びにいったり来たりした(人)	1.7	2.8	2.5	1.7	2.4	2.6	2.8	2.1	2.3

友人づきあいについて

Q26. あなたの〈友人づきあい〉についてお聞きします。日ごろから親しくおつきあいしている友人を，はじめて出会ったきっかけ別に分けて，それぞれの人数をお答えください。

出会ったきっかけ	人数
学校が同じだった友人	（ 3.8 ）人
仕事を通じて（職場が同じ等）知り合った友人	（ 4.9 ）人
地域（近隣・地域活動・子どもの学校関連など）で知り合った友人	（ 4.4 ）人
上記以外の友人	（ 3.9 ）人

	須磨	西神	泉北	千里	和泉	平城	三田	洛西	全体
学　校	4.4	4.0	3.2	4.2	3.7	4.4	3.8	3.2	3.8
仕　事	5.5	4.8	4.8	4.7	4.1	5.2	5.0	4.7	4.9
地　域	3.6	4.4	5.1	3.5	3.5	4.4	4.3	5.8	4.4
上記以外	4.0	4.0	4.1	4.4	3.3	4.7	2.8	3.5	3.9

SQ 1. **Q26**であげた友人の中であなたと同じニュータウンにお住まいの方は何人いますか。

	須磨	西神	泉北	千里	和泉	平城	三田	洛西	全体
平均人数（人）	3.9	4.6	5.6	3.6	2.3	4.2	4.4	5.5	4.4

SQ 2. Q26であげたすべての友人の中で，現在あなたが最も親しいと思う友人を一人決めて下さい。

① その人とは，次のどのきっかけで出会いましたか。

	須磨	西神	泉北	千里	和泉	平城	三田	洛西	全体
学　校	37.1	32.8	28.9	28.6	36.2	34.8	31.9	29.9	32.0
仕　事	27.5	30.0	26.9	29.9	35.4	27.2	34.6	29.9	29.8
地　域	25.8	25.0	31.9	26.3	18.5	24.1	29.2	28.3	26.8
上記以外	9.6	12.2	12.3	15.2	10.0	13.9	4.3	11.8	11.3

② その人はどちらにお住まいですか。近畿圏内にお住まいの場合は，鉄道の最寄駅をお答えください。近畿圏外の場合は，都道府県名をお答えください。

1．近畿圏内　　鉄道会社名（　　　　）（　　　　）駅

2．近畿圏外　　（　　　　）都道府県

③　そのお住まいまでどのような交通手段を主に利用されますか。

	須磨	西神	泉北	千里	和泉	平城	三田	洛西	全体
徒　歩	27.6	25.3	28.1	30.1	13.8	18.4	19.1	26.1	24.4
自転車	4.5	5.4	2.8	2.9	4.3	2.8	7.5	4.3	4.2
バイク・原付	2.6	0.6	2.5	0.5	2.6	0.0	0.6	4.3	1.6
バ　ス	2.6	2.4	1.8	7.3	0.0	3.5	3.5	4.3	3.2
自動車	34.0	38.0	42.1	25.2	50.9	41.1	42.2	43.5	38.9
電　車	25.0	27.1	20.4	31.6	23.3	32.6	23.1	14.8	24.8
その他	3.8	1.2	2.5	2.4	5.2	1.4	4.0	2.6	2.8

④　あなたの自宅を出発してからその友人のお宅に到着するまでの総所要時間はどのくらいですか。

	須磨	西神	泉北	千里	和泉	平城	三田	洛西	全体
平均時間（分）	47.3	50.4	42.4	46.4	59.5	56.5	53.4	37.6	48.5

地域活動・余暇などについて

Q27. あなたの地域活動・余暇などについてお聞きします。

①　あなたは町内会・自治会に加入していますか

1．加入している（77.9%）　　2．加入していない（22.1%）

②　あなた自身が町内会・自治会の班長または役員をしたことがありますか

1．ある（54.8%）　　2．ない（45.2%）

③　あなたは地域の公民館・地区センター等を利用したことがありますか

1．ある（60.4%）　　2．ない（39.6%）

④　あなたは地域の図書館を利用したことがありますか

1．ある（70.8%）　　2．ない（29.2%）

⑤　あなたは現在，習い事とは別に何らかのグループ活動やサークル活動（草野球の会・ボランティアサークル等，趣味や共通の目的のために仲間が集まって行っている活動）に参加されていますか

1．参加している（37.0%）　　2．参加していない（63.0%）

⑥　普段の休日の過ごし方は，しいていえば次のどちらに近いですか

1．できるだけのんびり過ごし，休養するようにしている　（52.0%）

2．趣味などをし，できるだけ余暇を楽しむようにしている（48.0%）

⑦　余暇時間は，夫婦で過ごすことが多いですか

1．非常に多い　（22.8%）　2．多い方だ　（34.1%）

3．少ない方だ　（18.0%）　4．非常に少ない（6.7%）

5．配偶者はいない　（18.4%）

⑧　あなたのお宅では，夫はどの程度家事や育児に参加していますか

1．よく参加している　（16.8%）　2．ある程度参加している　（27.1%）

3．少しは参加している　（28.3%）　4．全く参加していない　（9.7%）

5．配偶者はいない　（18.1%）

		須磨	西神	泉北	千里	和泉	平城	三田	洛西	全体
①町内会	加入している	68.0	79.9	76.7	80.6	60.3	80.3	86.0	89.6	77.9
	加入していない	32.0	20.1	23.3	19.4	39.7	19.7	14.0	10.4	22.1
②班長・役員経験	ある	51.8	47.4	63.9	56.2	32.9	53.8	52.5	72.9	54.8
	ない	48.2	52.6	36.1	43.8	67.1	46.2	47.5	27.1	45.2
③公民館等利用	ある	61.2	64.8	59.6	62.2	45.3	59.1	64.0	64.3	60.4
	ない	38.8	35.2	40.4	37.8	54.7	40.9	36.0	35.7	39.6
④図書館利用	ある	54.1	80.5	74.9	68.7	81.1	54.1	76.0	76.9	70.8
	ない	45.9	19.5	25.1	31.3	18.9	45.9	24.0	23.1	29.2
⑤サークル	参加している	41.1	35.2	40.1	33.9	25.0	38.4	37.5	42.4	37.0
	参加していない	58.9	64.8	59.9	66.1	75.0	61.6	62.5	57.6	63.0
⑥休日の過ごし方	のんびり過ごす	47.9	51.8	51.7	49.8	57.5	59.2	54.0	45.0	52.0
	余暇を楽しむ	52.1	48.2	48.3	50.2	42.5	40.8	46.0	55.0	48.0
⑦夫婦で過ごす時間	非常に多い	20.2	19.2	26.2	23.5	28.4	21.8	20.7	20.8	22.8
	多い方だ	36.8	34.2	33.8	27.5	35.1	36.5	39.4	31.3	34.1
	少ない方だ	16.6	20.2	17.8	17.4	13.5	21.2	17.7	20.1	18.0
	非常に少ない	6.7	6.7	7.4	5.7	6.1	5.9	8.6	5.6	6.7
	配偶者はいない	19.7	19.7	14.8	25.9	16.9	14.7	13.6	22.2	18.4
⑧夫の家事参加	よく参加している	17.9	14.3	17.1	16.0	20.7	14.4	17.1	17.7	16.8
	ある程度参加	24.7	28.6	28.6	23.0	26.2	30.5	30.6	24.1	27.1
	少しは参加	27.4	28.6	28.6	23.5	31.0	32.3	29.5	27.7	28.3
	全く参加せず	10.0	10.1	11.7	11.1	4.8	9.6	9.3	7.8	9.7
	配偶者はいない	20.0	18.5	14.0	26.3	17.2	13.2	13.5	22.7	18.1

⑨　あなたが一番よく利用される百貨店はどちらになりますか。百貨店名と店名をお答えください

百貨店名（　　　　　　　　　　　）（　　　　　　　　　　　）店

住居の満足度について

Q28. あなたは現在のお住まいに関して，次の①～⑧についてどの程度満足されていらっしゃいますか。それぞれについてあてはまる番号に○をつけてください。

	満足している	不満である
①通勤の便がよいこと	76.8	23.2
②公共交通機関（駅・バス停留所など）までの近さ	86.4	13.6
③都心（梅田・難波・三宮・河原町など）までの利便性	68.0	32.0
④公共的サービス（保育所・福祉サービス・図書館など）の充実	77.1	22.9
⑤商業施設（スーパー・専門店など）の充実	83.5	16.5
⑥医療施設の充実	78.0	22.0
⑦子供の教育環境（学区・校区など）がよいこと	88.8	11.2
⑧地域環境（町並み・緑・静けさなど）がよいこと	92.9	7.1

		須磨	西神	泉北	千里	和泉	平城	三田	洛西	全体
①通勤の便	満足	84.3	73.2	75.4	95.1	80.4	77.5	67.2	51.2	76.8
	不満	15.7	26.8	24.6	4.9	19.6	22.5	32.8	48.8	23.2
②公共交通機関近さ	満足	88.7	85.1	83.5	96.0	90.5	83.5	82.8	78.9	86.4
	不満	11.3	14.9	16.5	4.0	9.5	16.5	17.2	21.1	13.6
③都心までの利便性	満足	81.8	60.1	61.0	95.5	63.4	69.0	52.5	53.2	68.0
	不満	18.2	39.9	39.0	4.5	36.6	31.0	47.5	46.8	32.0
④公共的サービス	満足	71.5	86.6	84.5	80.9	86.2	59.8	64.1	78.3	77.1
	不満	28.5	13.4	15.5	19.1	13.8	40.2	35.9	21.7	22.9
⑤商業施設	満足	89.6	90.8	87.5	80.2	81.6	82.6	85.4	61.7	83.5
	不満	10.4	9.2	12.5	19.8	18.4	17.4	14.6	38.3	16.5
⑥医療施設	満足	84.0	89.7	76.7	82.5	56.5	78.8	75.9	73.2	78.0
	不満	16.0	10.3	23.3	17.5	43.5	21.2	24.1	26.8	22.0
⑦教育環境	満足	91.1	91.5	86.0	90.6	90.2	93.6	85.7	82.6	88.8
	不満	8.9	8.5	14.0	9.4	9.8	6.4	14.3	17.4	11.2
⑧地域環境	満足	90.7	94.4	91.6	94.4	91.9	95.3	95.0	89.6	92.9
	不満	9.3	5.6	8.4	5.6	8.1	4.7	5.0	10.4	7.1

Q29. 現在の住生活を総合的にみて，どの程度満足していますか。

	須磨	西神	泉北	千里	和泉	平城	三田	洛西	全体
非常に満足している	13.7	18.3	15.8	21.7	27.0	14.5	11.4	8.2	16.4
まあ満足している	71.6	71.6	69.7	63.0	64.2	76.9	77.1	71.2	70.4
やや不満である	12.7	9.6	13.0	13.8	8.1	8.1	10.4	15.8	11.7
非常に不満である	2.0	0.5	1.5	1.6	0.7	0.6	1.0	4.8	1.5
満　足	85.3	89.9	85.5	84.7	91.2	91.4	88.5	79.4	86.8
不　満	14.7	10.1	14.5	15.3	8.8	8.6	11.5	20.6	13.2

将来について

Q30. あなたの将来についてお聞きします。

① あなたは，現在の住居に一生住み続けたいと思っていますか（希望）

1．そう思っている（53.5%）　2．そう思っていない（46.5%）

② あなたは，現在の住居に今後も住み続ける予定ですか

1．おそらく一生住み続けるだろう（61.1%）

2．おそらく転居するだろう（38.9%）

③ 子供の成長や家族構成の変化に応じて転居していくことに，あなたは抵抗を感じますか

1．抵抗を感じる（38.3%）　2．抵抗を感じない（61.7%）

④ あなたは，条件が許せば3世代同居（祖父母・親・子の同居）をしたいとお考えですか

1．したい（30.7%）　2．したくない（69.3%）

⑤ 現在の住居以外に，あなたが所有している住居（相続した家など）はありますか

1．ある（14.7%）　2．ない（85.3%）

⑥ 現在，介護の必要なご家族（配偶者のご家族を含む）はいらっしゃいますか

1．いる（17.1%）　2．いない（82.9%）

⑦ 現在の住居には，比較的大規模な修理・修繕の必要性がありますか

1．ある（19.1%）　2．ない（80.9%）

⑧ 現在の住居は，居住人数に対し，狭すぎる・広すぎるという問題がありますか（子供が成長して狭くなった・子供が独立して広くなった等）

1．ある（29.0%）　2．ない（71.0%）

⑨ あなたは現在お住まいのニュータウンが好きですか

1．好きである（93.1%）　2．嫌いである（6.9%）

		須磨	西神	泉北	千里	和泉	平城	三田	洛西	全体
①一生，住み続けたいか	そう思っている	51.8	58.2	55.5	54.2	52.7	50.9	50.2	52.1	53.5
	そう思っていない	48.2	41.8	44.5	45.8	47.3	49.1	49.8	47.9	46.5
②今後も住み続ける予定か	おそらく一生住む	64.1	66.1	61.8	56.6	60.4	54.0	61.5	65.1	61.1
	おそらく転居する	35.9	33.9	38.2	43.4	39.6	46.0	38.5	34.9	38.9
③転居に対する抵抗	抵抗を感じる	35.7	41.3	44.4	33.9	31.3	40.4	30.3	47.5	38.3
	抵抗を感じない	64.3	58.7	55.6	66.1	68.7	59.6	69.7	52.5	61.7

④三世代同居したいか	したい したくない	24. 1 75. 9	24. 3 75. 7	38. 5 61. 5	30. 3 69. 7	32. 1 67. 9	29. 7 70. 3	27. 9 72. 1	36. 4 63. 6	30. 7 69. 3
⑤別住居の所有	ある ない	12. 2 87. 8	11. 9 88. 1	15. 4 84. 6	12. 7 87. 3	17. 6 82. 4	18. 5 81. 5	14. 5 85. 5	16. 6 83. 4	14. 7 85. 3
⑥介護が必要な家族	いる いない	12. 3 87. 7	16. 3 83. 7	22. 4 77. 6	18. 7 81. 3	14. 2 85. 8	16. 7 83. 3	13. 1 86. 9	19. 6 80. 4	17. 1 82. 9
⑦修理・修繕の必要	ある ない	22. 1 77. 9	11. 8 88. 2	23. 2 76. 8	29. 7 70. 3	2. 7 97. 3	14. 0 86. 0	13. 5 86. 5	28. 7 71. 3	19. 1 80. 9
⑧住居が狭すぎる・広すぎる	ある ない	31. 4 68. 6	29. 4 70. 6	27. 4 72. 6	33. 6 66. 4	16. 9 83. 1	24. 4 75. 6	31. 3 68. 7	34. 9 65. 1	29. 0 71. 0
⑨住んでいるニュータウンが好きか	好きである 嫌いである	91. 8 8. 2	92. 9 7. 1	92. 9 7. 1	95. 6 4. 4	92. 7 7. 3	93. 6 6. 4	93. 1 6. 9	91. 7 8. 3	93. 1 6. 9

移動・通信手段について

配偶者がいらっしゃる方は，配偶者のことについてもお答えください。

Q31. あなたおよび配偶者の移動・通信手段についてお聞きします。

① あなた（および配偶者）は自動車免許をお持ちですか。

あなた　1．持っている（75. 5%）　2．持っていない（24. 5%）

配偶者　1．持っている（72. 2%）　2．持っていない（27. 8%）

② あなた（および配偶者）は自動車をお持ちですか。

あなた　1．持っている（52. 5%）　2．持っていない（47. 5%）

配偶者　1．持っている（50. 9%）　2．持っていない（49. 1%）

③ あなた（および配偶者）は日ごろ，自動車をよく利用しますか。

あなた　1．非常によく使う（36. 1%）　2．まあ使う（22. 9%）

3．あまり使わない（16. 8%）　4．ほとんど使わない（24. 2%）

1．使う（59. 0%）　2．使わない（41. 0%）

配偶者　1．非常によく使う（36. 7%）　2．まあ使う（25. 4%）

3．あまり使わない（13. 7%）　4．ほとんど使わない（24. 3%）

1．使う（62. 1%）　2．使わない（38. 0%）

④ あなた（および配偶者）は携帯電話をお持ちですか。

あなた　1．持っている（70. 1%）　2．持っていない（29. 9%）

配偶者　1．持っている（69. 5%）　2．持っていない（30. 5%）

⑤ あなた（および配偶者）はパソコンをお持ちですか。

あなた　1．持っている（53.7%）　2．持っていない（46.3%）

配偶者　1．持っている（47.0%）　2．持っていない（53.0%）

⑥　あなた（および配偶者）は日ごろ，インターネットをよく利用しますか。

あなた　1．非常によく使う（20.2%）　2．まあ使う（23.1%）

3．あまり使わない（14.4%）　4．ほとんど使わない（42.3%）

1．使う（43.3%）　2．使わない（56.7%）

配偶者　1．非常によく使う（17.1%）　2．まあ使う（22.4%）

3．あまり使わない（13.5%）　4．ほとんど使わない（47.0%）

1．使う（39.5%）　2．使わない（60.5%）

			須磨	西神	泉北	千里	和泉	平城	三田	洛西	全体
①免許	あなた	持っている	67.9	82.7	75.2	64.8	83.1	75.7	83.4	75.5	75.5
		持っていない	32.1	17.3	24.8	35.2	16.9	24.3	16.6	24.5	24.5
	配偶者	持っている	58.1	77.6	69.9	60.4	87.9	79.6	79.7	70.2	72.2
		持っていない	41.9	22.4	30.1	39.6	12.1	20.4	20.3	29.8	27.8
②自動車所有	あなた	持っている	47.8	52.7	54.9	39.4	57.3	60.6	56.1	55.7	52.5
		持っていない	52.2	47.3	45.1	60.6	42.7	39.4	43.9	44.3	47.5
	配偶者	持っている	41.1	51.7	48.5	42.2	67.2	51.7	59.9	48.7	50.9
		持っていない	58.9	48.3	51.5	57.8	32.8	48.3	40.1	51.3	49.1
③自動車利用	あなた	非常によく使う	24.3	35.7	42.7	23.9	44.1	36.5	44.3	37.3	36.1
		まあ使う	27.7	21.1	19.7	19.6	21.7	25.9	23.2	29.1	22.9
		あまり使わない	15.3	18.9	17.3	19.1	13.3	16.5	17.0	14.2	16.8
		ほとんど使わない	32.8	24.3	20.3	37.4	21.0	21.2	15.5	19.4	24.2
		使う	51.9	56.8	62.3	43.5	65.7	62.4	67.5	66.4	59.0
		使わない	48.1	43.2	37.7	56.5	34.3	37.6	32.5	33.6	41.0
	配偶者	非常によく使う	32.4	32.7	36.9	26.3	39.2	36.6	49.7	40.7	36.7
		まあ使う	25.9	24.7	25.4	23.4	25.8	27.6	23.4	28.7	25.4
		あまり使わない	10.8	15.3	13.1	17.0	15.0	15.9	11.4	10.2	13.7
		ほとんど使わない	30.9	27.3	24.6	33.3	20.0	20.0	15.6	20.4	24.3
		使う	58.3	57.4	62.3	49.4	65.0	64.2	73.1	69.4	62.1
		使わない	41.7	43.6	37.7	50.6	35.0	35.8	26.9	30.6	38.0
④携帯電話	あなた	持っている	65.5	72.8	68.3	66.3	80.5	69.0	75.9	66.0	70.1
		持っていない	34.5	27.2	31.7	33.7	19.5	31.0	24.1	34.0	29.9
	配偶者	持っている	63.6	72.4	64.1	59.2	84.8	66.0	81.4	72.2	69.5
		持っていない	36.4	27.6	35.9	40.8	15.2	34.0	18.6	27.8	30.5
⑤パソコン	あなた	持っている	50.8	60.3	47.8	48.1	62.3	55.8	59.5	52.5	53.7
		持っていない	49.2	39.7	52.2	51.9	37.7	44.2	40.5	47.5	46.3
	配偶者	持っている	43.4	51.0	43.4	42.2	61.3	51.0	46.2	43.0	47.0
		持っていない	56.6	49.0	56.6	57.8	38.7	49.0	53.8	57.0	53.0

⑥インターネット	あなた	非常によく使う	20.7	18.8	15.9	16.5	28.1	21.3	27.7	16.7	20.2
		まあ使う	16.8	29.0	19.3	22.5	21.9	26.2	28.7	22.5	23.1
		あまり使わない	15.8	17.7	15.0	10.0	20.5	14.6	12.2	10.9	14.4
		ほとんど使わない	46.7	34.4	49.8	51.1	29.5	37.8	31.4	50.0	42.3
		使う	37.5	47.8	35.2	39.0	50.0	47.5	56.4	39.1	43.3
		使わない	62.5	52.1	64.8	61.0	50.0	52.5	43.6	60.9	56.7
	配偶者	非常によく使う	14.8	17.8	15.3	13.9	25.2	17.1	21.9	11.9	17.1
		まあ使う	24.6	30.1	17.3	19.1	23.6	22.9	25.9	21.1	22.4
		あまり使わない	8.5	13.7	16.1	14.5	18.7	17.1	10.0	7.3	13.5
		ほとんど使わない	52.1	38.4	51.4	52.6	32.5	42.9	43.1	59.6	47.0
		使う	39.4	47.9	32.6	33.0	48.8	40.0	46.9	33.0	39.5
		使わない	60.6	52.1	67.4	67.0	51.2	60.0	53.1	67.0	60.5

フェイスシート

F 1. あなたの性別をお答えください。

1．男（47.2%）　　2．女（52.8%）

	須磨	西神	泉北	千里	和泉	平城	三田	洛西	全体
男	48.2	46.7	49.4	40.9	43.2	51.4	46.0	53.1	47.2
女	51.8	53.3	50.6	59.1	56.8	48.6	54.0	46.9	52.8

F 2. あなたとあなたの配偶者の出身地をお答えください。出身地とは15歳までに主に過ごされた住居とお考えください。近畿圏内にお住まいだった場合は，鉄道の最寄駅をお答えください。近畿圏外の場合は，都道府県名をお答えください。

①あなた　1．近畿圏内　鉄道会社名（　　　）（　　　）駅

　　　　　2．近畿圏外　（　　　）都道府県

②配偶者　1．近畿圏内　鉄道会社名（　　　）（　　　）駅

　　　　　2．近畿圏外　（　　　）都道府県

F 3. あなたおよび配偶者の学歴は次のどちらですか。

		須磨	西神	泉北	千里	和泉	平城	三田	洛西	全体
あなた	中学校	13.3	3.6	10.9	12.3	5.4	4.0	4.5	9.2	8.4
	高校	44.9	34.7	42.4	37.0	34.7	30.9	34.0	43.3	38.1
	高専・短大	11.7	17.1	16.2	18.1	19.0	12.6	19.5	15.6	16.3
	大学・大学院	30.1	44.6	30.5	32.5	40.8	52.6	42.0	31.9	37.3

配偶者	中学校	13.4	5.1	10.2	10.8	2.5	3.3	4.0	11.4	7.8
	高校	47.1	39.9	46.4	33.5	38.5	35.1	39.9	50.0	41.4
	高専・短大	12.7	13.9	10.3	18.4	19.7	15.2	17.9	11.4	14.8
	大学・大学院	26.8	41.1	32.5	37.3	39.3	46.4	38.2	27.2	36.0

F 4．あなたおよび配偶者の続柄は次のどちらですか。

		須磨	西神	泉北	千里	和泉	平城	三田	洛西	全体
あなた	長男もしくは長女である	38.6	28.1	32.1	32.4	34.5	35.6	32.0	30.6	32.9
	それ以外である	61.4	71.9	67.9	67.6	65.5	64.4	68.0	69.4	67.1
配偶者	長男もしくは長女である	33.7	35.8	28.1	36.4	46.0	38.3	36.6	28.4	34.8
	その他	66.2	64.2	71.9	63.6	54.0	61.7	63.4	71.6	65.2

F 5．あなたの世帯のこの一年間の収入（ボーナス・税込み）は，どれくらいですか。

	須磨	西神	泉北	千里	和泉	平城	三田	洛西	全体
200万円未満	9.2	4.2	7.9	12.7	2.0	5.2	2.0	7.7	6.8
200万～400万円	28.7	19.0	24.0	28.2	8.2	16.2	10.7	28.2	21.1
400万～600万円	13.8	9.0	22.1	17.1	18.4	16.2	15.8	19.7	16.8
600万～800万円	13.3	16.9	12.9	10.6	22.4	13.9	18.4	11.3	14.6
800万～1000万円	12.3	27.0	11.7	7.8	14.3	17.9	21.4	14.1	15.3
1000万以上	11.3	17.5	13.9	13.1	22.4	22.5	19.4	10.6	16.0
答えない	11.3	6.3	7.6	10.6	12.2	8.1	12.2	8.5	9.5

＊ 詳細については，関西学院大学社会学部大谷研究室，2005,『ニュータウン住民の住居選択行動と生活実態』を参照のこと。

あとがき

私は，瀬戸内の小さな島に生まれ，そこで高校卒業まで過ごした。大学入学を機に島を離れ，それ以来ずっと阪神間で暮らしている。そして2007年には双子を出産した。

私が近居に着目したのは，子どもを産み育てるようになってからである。

子どもたちは大阪市内の幼稚園に通っていた。そこで気がついたことは，「意外に多くの人が，親の近くに住んでいる」ということであった。母親の代わりにお迎えや参観に来るおばあちゃん。「今日はおじいちゃんの家で夕ご飯食べる」と日常生活に溶け込んでいる祖父母。あるいは母親の体調不良時や出産時に助けてくれる祖父母。

田舎育ちで地元に住み続けるつもりがまったくなかった私は，「親とは離れて暮らすものだ」と思い込んでいた。そして都会とはそうした人々で構成されていると思っていた。しかし都会である大阪は，親が近くに住んでいるとか，生まれてからずっと大阪から出たことがないとか，意外なほど「土着社会」であった。

私たちのように夫婦揃って近畿外出身というのはめずらしいほうであった。私たちが夏休みなどに実家へ帰省するときは，「いいなあ，帰るとこがあって。うちはどっちも大阪やから行くとこがない」と，うらやましがられた。お正月やお盆の帰省ラッシュというものは，都市住民に共通する季節の風物詩であると思っていたが，決してそうではなかった。

一方，私の地元では，「田舎の親が都会に出た子どものところに引っ越す」という話が聞かれるようになった。都会に暮らす息子や娘の自宅近くのマンションを借りた，住民票も移した，といった内容である。体が元気なうちは都会と田舎の二重生活を送り，体が弱ってきたら医療施設も整った都会のほうに落ち着くつもりなのだろう。田舎に生まれ育ち，長年そこのコミュニティで生活し，しかもある程度高齢になった人が，生活の拠点を変更するという決断をしていることに，高齢者がひとりで暮らしていくことの切実さや限界を感じた。

もし私が都会で生まれ育っていたら，近居は当たり前の現象だったかもしれない。私の場合，地方出身者であったからこそ，近居に関心を持つようになったといえる。

両実家とも遠方でそもそも近居ではなかったが，私はできる限り手助けを受けずに，自力で子育てをしていきたいと考えていた（傲慢な考えだったとは思う）。それでも，やはりいざという時には実家の母に助けてもらった。いつでも来てくれる，他の用事をおいても来てくれる，そういう「あてになる存在」として頼りにしていた。このことは，「親子の絆」と映る一方，「高齢女性の軽視」や近年聞かれる「祖父母の‘孫疲れ’」といった問題もはらんでいる。親によるサポートを一面的にとらえてはいけないだろう。同様に，近居の状態も，プラスの面と同時にマイナスの面を持ち合わせているだろう。今後はこうした〈近居の内容〉，人々の生活実態との関連や，家族関係との関連についても研究を進めていきたい。

本書のもととなる博士論文「都市居住と家族——関西都市圏における〈近居〉の実態」を提出したのは2015年である。後期課程に入学したのが2005年であるから，ほぼ10年と非常に時間がかかってしまった。これは個人的な事情であるが，この10年の半分くらいを研究生活から退いていたためでもある。当時は，研究する環境に戻れないことも覚悟していたし，半ば諦めていたのも事実である。

今こうして大学で研究や教育に携わり，本を出版できるようになっているのは，ひとえに恩師・大谷信介先生のおかげである。先生には大学３年時のゼミから現在にいたるまで，ずっとご指導を賜ってきた。決して優秀でもセンスがいいわけでもない私を忍耐強く指導していただいたと思う。まして個人的事情で研究を中断するという私を，これまた忍耐強く見捨てないでいてくださった。

いわゆる「優しい先生」ではないが，本当の意味で優しい先生であられたと思う。その優しさに甘えてここまで来てしまった。本当に感謝してもしつくせない。

また，大学院生時代からずっとお世話になっている社会調査法研究会の先生方（後藤範章先生，木下栄二先生，小松洋先生）にもお礼を申し上げたい。先生方の議論をオン・オフにわたり聞くことができ，社会学者のものの見方や社会学的センスを身をもって学ぶことにつながったと思う。そして博士論文の査読をしてくださった盛山和夫先生，陳立行先生，木下先生にもお世話になった。先生方の鋭いご指摘がありながら，本書に反映できなかった部分は今後の課題として励みたい。

出版にあたっては，ミネルヴァ書房の岡崎麻優子氏に大変お世話になった。厚くお礼を申し上げたい。

2018年 9 月

松川尚子

索　引

あ　行

か　行

さ　行

た　行

な・は行

ま・や・ら行

《著者紹介》

松川　尚子（まつかわ・なおこ）

1979年　生まれ。
2008年　関西学院大学大学院社会学研究科博士課程修了。
2015年　社会学博士（関西学院大学）。
現　在　関西学院大学社会学部非常勤講師。
主　著　「質問の測定可能性の検証とその蓄積の重要性――回顧法を用いて家族構成の変化を測定する試みを事例として」『社会と調査』社会調査協会，2号，2009年，57-68頁。
「高齢化と家族構成の変化――ニュータウンにおける高齢化現象」『都市研究』近畿都市学会，5・6号，2006年，175-189頁。

MINERVA 人文・社会科学叢書㉛
〈近居〉の社会学
――関西都市圏における親と子の居住実態――

2019年 3 月15日　初版第1刷発行　〈検印省略〉

定価はカバーに
表示しています

著　者　松　川　尚　子
発行者　杉　田　啓　三
印刷者　藤　森　英　夫

発行所　株式会社　ミネルヴァ書房
607-8494　京都市山科区日ノ岡堤谷町1
電話代表　（075）581-5191
振替口座　01020-0-8076

©松川尚子，2019

亜細亜印刷・新生製本

ISBN978-4-623-08461-6
Printed in Japan

大谷信介 編著
マンションの社会学
——住宅地図を活用した社会調査の試み——　本体3,000円

大谷信介 編著
これでいいのか市民意識調査
——大阪府44市町村の実態が語る課題と展望——　本体2,600円

大谷信介・木下栄二・後藤範章・小松　洋 編著
新・社会調査へのアプローチ
——論理と方法——　本体2,500円

谷　富夫・芦田徹郎 編
よくわかる質的社会調査　技法編
本体2,500円

谷　富夫・山本　努 編
よくわかる質的社会調査　プロセス編
本体2,500円

S. B. メリアム 著
堀　薫夫・久保真人・成島美弥 訳
質的調査法入門
——教育における調査法とケース・スタディ——　本体4,200円

S. B. メリアム・E. L. シンプソン 著
堀　薫夫 監訳
調査研究法ガイドブック
——教育における調査のデザインと実施・報告——　本体3,500円

ミネルヴァ書房

http://www.minervashobo.co.jp/